KB206052

성서 해석의 길잡이

성서 해석의 길잡이

유태엽 지음

kmc

설교자는 곧 성서 해석자다

기독교의 예배나 기독교인의 삶에서 설교가 차지하는 비중은 매우 크다. 두말할 것 없이 훌륭한 설교는 적절한 성서 해석의 기초 위에서 가능한 것이다. 칼 발트의 정의에 따르면 설교란 "거룩한 교회에 의해 부름 받은 자를 통해 성서 본문을 현대인들에게 해석해 주는 자유로운 연설 중에 행해지는 봉사 속에서 하나님 스스로에 의해 선포된 하나님의 말씀이다. … 성서 본문을 통해 현대인이 하나님 자신으로부터 들어야 하는 것에 대한 선포로 해석하는 것이다." 사실상 설교와 성서 해석은 밀접한 관계가 있다. 설교자는 곧 성서 해석자다.

어느 시대, 어느 나라에 사는 사람이건 동일하게 성서 안에서 하나님을 만나고 그의 음성을 듣게 된다. 성서를 통해 오늘의 역사 현장에서 말씀하시고 활동하시는 하나님을 만날 수 있다. 성서는 신적인 차원에 속하는 하나님의 말씀이다. 적절한 해석을 통해 완고한 인간의 마음을 열 수 있고(눅 24:7 이하), 다른 사람을 믿음으로 인도할 수 있다(행 8:26~39). 또한 어려운 하나님의 말씀을 쉽게 설명할 수 있는 것이다(마 4:10 이하). 따라서 해석자는 적합한 해석의 과정을 통해 하나님의 진정한 계시와 본래의 의미를 파악하려는 자세가 필요하다.

하지만 성서 해석은 쉬운 작업은 아니다. 현대의 해석자들이 성서에 다가갈 때에 커다란 장애물이 가로막는다. 즉 텍스트와 현대 독자 사이에는 역사적, 문화적, 사회적 간격이 존재한다. 해석자는 다양한 정보와 도구를 통해 이러한 장애물을 넘어서야 하는 과제를 안고 있다.

이 책은 성서 해석의 과제를 맡은 거룩한 봉사자들의 길을 인도할 목적으로 쓰였다. 성서 해석은 어려운 일이지만, 그렇다고 황당한 과제만은 아니다. 1장에서는 성서 해석과 관련한 용어의 의미와 해석자의 과제에 대해 정리하고, 2장에서는 해석의 역사를, 3장에서는 해석을 위해 필요한 전제들을 알아보고, 4장에서는 해석의 방법론을 살펴보았다. 또 5장에서는 성서 해석의 과정을 정리하고, 6장에서는 해석의 실례를 들어 보았다.

해석에는 정도(正道)가 있는 것은 아니다. 그러므로 이 책은 성서 해석을 위한 하나의 길을 안내할 것이다.

유 태 엽

I. 서론

성서는 세상에 존재하는 여러 종교 중 하나에 관한 책이 아니라, 인간을 위한 하나님의 구원 사역과 인간의 경험에서 얻어지는 가장 깊은 신학을 담고 있는 문서다. 이러한 면에서 하나님의 계시인 성서를 해석하기 위한 노력은 순수한 신앙적 행위라고 말할 수 있다. 성서를 해석한다는 것은, 성서가 기록될 당시의 세대를 넘어 이 시대에 우리에게 주시는 하나님의 진정한 뜻을 묻고자 하는 노력이다.

1. 성서 해석의 필요성

성서는 하나님이 인류에게 나타내신 계시이기에, 우리는 그 안에서 팔레스타인을 무대로 전개되는 그분의 사역과 특성을 발견할 수 있다. 하지만 초월적 존재인 하나님이 인간에게 계시를 주실 때는 언제나 인간이 사고할 수 있는 한계 내에서 자신의 뜻을 드러내 보여 주셨다. 그레코-로마 세계 (Greco-Roman Period)[1]의 신들은 세상을 창조하였지만 '인간사' (human affairs)에 관여하지 않고, 천상의 세계에서 자신들의 애정과 향락, 그리고 권력의 문제에 집착한 것으로 알려지고 있다. 반면에 성서의 하나님은 이러한 신관으로 이해될 수 있는 분이 아니다. 그는 자신이 창조하신 세상과 인간들의 삶을 돌아보기 위해 자신을 낮추신 분이다. "여호와 우리 하나님과 같은 자 누구리요 높은 위에 앉으셨으나 스스로 낮추사 천지를 살피시고 가난한 자를 진토에서 일으키시며 궁핍한 자를 거름 무더기에서 드셔서 방백들 곧 그 백성의 방백들과 함께 세우시며 또 잉태하지 못하던 여자로 집에 거하게 하사 자녀의 즐거운 어미가 되게 하시는도다"(시 113:5~9). 따라서 하나님의 계시는 그분이 관여하였던 인간의 구체적인 삶과 밀접한 관련이 있다. 즉 하나님의 계시는 인간과의 교통을 목적으로 하기 때문에 인간이 이해하지 못하는 하나님의 일방적인 계시는 계시로서 기능하지 못하며, 더 이상의 의미가 없다. 따라서 계시를 수용하는 이해의 범위는, 그것이 주어졌을 때 그것을 받은 인간들의 '삶의 정황'과 직접적인 관련이 있는 것이다.

하나님의 계시는 그것을 받는 사람들의 삶의 정황을 고려하여 여러 가지

---

1) '그레코-로마 세계'란 알렉산더 대왕부터 로마제국의 처음 3~4세기의 통치 기간의 지중해 주변 상황을 묘사하기 위하여 역사가들이 사용하는 용어다.

형태로 전달되었다. 예를 들어, 하나님이 직접 말씀하시거나 혹은 역사적 상황을 고려하여 선지자의 입을 통해 전달되기도 하고, 때로는 자연 현상을 통해서 간접적으로 전달되기도 한다. 따라서 계시의 의미를 바르게 이해하기 위해서는 당시의 삶의 정황에서 주어진 하나님의 뜻이 무엇인가를 물어야 한다. 여기에서 인간의 '삶의 정황' 이라 함은 철학 · 문학 · 사회 · 정치 · 종교 등을 망라한 당시의 모든 삶의 자리를 의미한다. 기독교는 역사적 종교이기 때문에, 텍스트가 생산된 시대의 역사와 문화에 대한 이해는 그것의 의미를 발견하기 위해 불요불가분의 요소임을 인식해야 한다.[2]

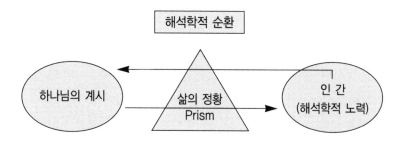

성서는 세상에 존재하는 여러 종교 중 하나에 관한 책이 아니라, 인간을 위한 하나님의 구원 사역과 인간의 경험에서 얻어지는 가장 깊은 신학을 담고 있는 문서다. 따라서 성서의 메시지를 이해하고 적용하는 일에 우리의 모든 노력이 바쳐져야 할 것이다.[3] 이러한 면에서 하나님의 계시인 성서를 해석하기 위한 노력은 순수한 신앙적 행위라고 말할 수 있다. 성서를 해석한다는 것은, 성서가 기록될 당시의 세대를 넘어 이 시대에 우리에게 주

2) Grant R. Osborne, (The) Hermeneutical Spiral: A Comprehensive Introduction to Biblical Interpretation (S.A.: InterVarsity Press, 1991), 127.
3) F. Furman Kearley, ed., Biblical Interpretation (Grand Rapids: Baker Book House, 1986).

시는 하나님의 진정한 뜻을 묻고자 하는 노력이다. 적절한 과정을 통해 성서가 해석되어야 하는 필요성을 다음과 같이 정리할 수 있다.

첫째로 우리는 올바른 해석의 과정을 통해서 성서에 대한 여러 가지 그릇된 이해를 방지할 수 있다. 예를 들면, 성서의 절대적 권위와 무오성을 주장하는 사람들은 문자 하나하나마다 하나님의 영감이 담겨 있다고 주장한다. 그들은 스스로 신비적 열광주의에 빠져서 성서가 직접 자신에게 영적 의미를 전달한다고 믿는다. 이러한 자들에게 성서는 특수한 사람들에게만 전해지는 전유물로 전락할 수 있다. 그들은 인간의 어떠한 노력 없이도 다만 기도와 명상을 통해서 성서를 통한 하나님의 음성과 성서에 담긴 의미를 깨달아 알 수 있다고 말한다. 더욱이 신비적 종교 행위를 통하여 성서가 기록될 당시의 상황을 이해할 수 있다고 주장한다. 하지만 이러한 태도는 결과적으로 신앙적 독단과 신학적 오해에 빠질 위험성이 크다.

반면에 어떤 이들은 성서를 지나치게 그레코-로마 세계의 문학의 일부로 간주하여 당시의 문헌들과 비교함으로써 기독교를 종교사의 일부로 취급하고, 성서를 문학작품의 하나로 간주하려고 하였다. 이러한 자들은 성서의 신학적 다양성과 객관적 역사성을 보게 해 주는 데 공헌하였다.[4] 하지만 성서가 어떤 의미에서 하나님의 말씀이 되는지에 대한 회의를 가져다주었다. 즉 성서를 지나치게 당시의 문학적 그리고 역사적 상황과 연관시킴으로써, 성서가 영감을 받은 책이라는 측면을 잊게 해 주었다. 물론 성서는 당시의 문학 양식과 장르, 사상과 어휘, 격언 등을 사용하여 집필된 책이기

---

4) 하나의 예를 들자면, D. R. Macdonald는 신약성서, 특히 마가복음을 호모의 서사시와 비교하여 해석하였다. 그는 마가복음의 기자는 자신의 책을 호모의 영웅설화를 기초로 작성하였다고 주장한다[(The) Homeric Epics and the Gospel of Mark (New Haven: Yale University Press, 2000)].

는 하지만, 개인의 저작이란 차원을 떠나 당시의 신앙공동체의 산물로 간주해야 할 것이다. 성서는 단순한 인간의 삶의 정황에서 나온 부산물이 아닌, 공동체의 갈등과 신앙적 결정체임을 기억해야만 한다. 성서가 하나님이 공동체를 통하여 어떠한 일을 행하셨고, 또한 무엇을 원하시는가를 말해 줌으로써 오늘날 성서를 읽는 현대인들에게 동일한 의미로 와 닿을 수 있는 것이다. 따라서 성서를 해석하려는 노력에는 해석학적 방법을 통하여 시대를 거슬러 말씀하시는 하나님의 진정한 계시와 의미를 파악하려는 태도가 포함되어야만 한다. 그리고 그리할 때에 성서를 통해서 오늘의 역사 현장에서 말씀하고 활동하시는 하나님을 만날 수 있는 것이다.

둘째로 우리는 적절한 성서 해석을 통해 특정한 세대를 통과하는 역사의 주로서의 하나님의 초월성을 발견할 수 있다. 성서가 갖는 이러한 특징은 시간과 공간을 초월하여 모든 시대에 걸쳐 모든 사람에게 똑같이 적용된다. 하지만 최초로 주어진 하나님의 계시와 이 시대를 살아가는 현대인 사이에는 여러 가지 간격이 존재한다. 더욱이 해석자를 가로막는 가장 큰 문제점들은 그러한 간격에 쉽게 접근할 수 없다는 것이다. 성서를 해석할 때 메시지의 원래 의미에 대한 다음과 같은 걸림돌을 만나게 된다.

(1) 원래의 저자들과 오늘날의 독자들을 분리하는, 시대에 의해 야기된 역사적 간격이다. 구약성서는 B.C. 1200년에서부터 200년까지 1000년이라는 오랜 기간에 걸쳐서 선지자, 왕, 제사장, 군인, 농부, 법관 등 30여 명의 사람들에 의해 기록되었다. 그리고 신약성서는 A.D. 50~150년 사이의 100년 동안에 걸쳐 기록되었다.

(2) 고대 히브리 세계 혹은 1세기 지중해 세계와 오늘날 우리가 경험하는 문화적 간격이다. 즉 문화적으로 접근하기 힘든 거리가 있는 것이다.

(3) 철학적 간격이다. 삶, 환경, 세계의 본질에 대한 견해들이 문화마다 차이가 있다.

(4) 언어의 간격이다. 성서는 세 개의 언어로 기록되었다. 구약은 히브리어와 아람어로, 신약은 헬라어로 작성되었다. 고대 성서 언어의 어원적 의미에 대한 문제가 있다.

(5) 문학 장르에 대한 이해의 차이에서 오는 간격이다. 신약성서 해석에 있어서 각각의 장르는 그것 자체의 규칙들에 따라 해석해야만 한다.

(6) 사회적 정서에서 오는 간격이 존재한다. 성서 기자는 자신이 염두에 두고 있는 공동체에게 메시지를 전달하기 위한 목적을 가지고 당시의 상황에 맞게 텍스트를 암호화하였다.

이처럼 하나님 말씀의 정확한 의미와 이해를 가로막는 여러 걸림돌이 우리 앞에 놓여 있다. 따라서 다양한 정보와 도구를 통해서 이러한 걸림돌을 넘어서야 하는 해석자의 작업이 남아 있다.[5]

셋째로 우리는 적절한 성서 해석을 통해 당시의 신앙 공동체에게 주셨던 인간과 세상에 대한 진정한 하나님의 사랑을 바르게 이해할 수 있다. 한 마디로 말해서 성서는 하나님의 사랑을 담고 있는 책이다. 이 점에서 성서는 다른 일반 문학작품과 크게 다르다. 먼저 구약성서에서는 이스라엘 백성으로 대변되는 인류에 대한 하나님의 사랑을 엿볼 수 있다. 죄를 범해 징벌을 받았으나 끝까지 그들에게 은혜를 베푸시는 궁극적인 하나님의 사랑이 전반적으로 표현되어 있다. 신약성서에서도 예수를 통한 하나님의 사랑은 이어지고 있다. "하나님이 세상을 이처럼 사랑하사 독생자를 주셨으니"(요

---

5) Henry A. Virkler, *Hermeneutics: Principles and Process of Biblical Interpretaion* (Grand Rapids: Baker Academic, 2007), 19-20.

3:16). 따라서 우리는 적절한 해석을 통해서 다양한 초기 기독교 공동체가 당면했던 문제와 그에 합당한 하나님의 깊은 은혜를 바라볼 수 있다. 즉 그 책을 낳은 공동체의 삶의 상황에 관여하시는 하나님의 사랑을 이해할 수 있는 것이다. 이것은 어느 시대, 어느 나라에 사는 사람이건 똑같이 성서를 통해서 하나님을 만나고 그의 음성을 듣게 됨을 의미한다. 이러한 특성으로 인해 성서는 초월성을 가지며, 그것은 단순한 문서가 아닌 하나님의 말씀이라는 신적인 차원에 속하게 된다. 성서는 곧 하나님의 책인 것이다.[6]

2. 성서 해석에 관한 이해

1) 용어의 의미

'성서 해석학'(Biblical Hermeneutics)이란 용어는 성서 본문을 해석하기 위한 방법들과 관련이 있다. Hermeneutic이란 용어의 기원은 신들의 메신저로 일했던 헬라의 신 헤르메스(Hermes)에서 유래하였다. 헤르메스는 그의 청중에게 행운 혹은 불운한 소식을 전달하고 해석해 주었다. 헬라어 동사인 '헤르메뉴오'(ἑρμηνεύω)는 '설명하다', '해석하다', '통역하다' 그리고 '번역하다'라는 뜻으로 사용되었다.

'해석학'과 더불어 몇 가지 유사한 용어들이 성서 해석과 관련돼 사용되고 있다. 즉 '주해'(Interpretation)와 '주석'(Exegesis)이 그것이다. 모두가 동일하게 성서 해석과 관련이 있지만, '주석'과 '주해'는 같은 의미로 텍스트의 의미를 풀어서 실제적 적용을 의도하는 것이고, '해석학'은 해석을 위한 학문적 기술과 정돈을 의미한다는 점에서 차이가 있다. 명사인

---

6) 강성열, 오덕호, 정기철, 「성서 해석학 입문」 (대한기독교서회, 2002), 17.

exegesis(ἐξεγέσις) 또는 hermeneia(ἑρμηνεία)와 연관된 헬라어 단어들은 사건, 연설, 율법과 같은, 다루어지는 연구 대상에서 유래된 이해 혹은 의미를 말한다. 우리 관심의 범위에서 두 용어는 기록된 텍스트의 '해설, 해석, 혹은 의미'를 지칭한다. 그리고 그것의 동사들은 텍스트를 '해석하고, 해설하고, 해명하는 행위'를 뜻한다.

'해석학'이란 용어를 제일 먼저 사용한 사람은 단하우어(J. C. Dannhauer)로, 그는 *Hermeneutica Sacra*란 명칭을 성서 분야에서 사용하고 있다.[7] 반면 '주석'이란 용어는 이미 2세기 초에 파피아스(Papias)의 *Exegesis of the Lord's Sayings*에서 사용되었다.[8] 다른 고대 작가와 마찬가지로 파피아스는 '주석'과 '해석학'을 서로 중복되는 개념으로 인식하였다.[9]

해석과 연관하여 성서 자체에서도 히브리어와 헬라어 단어들이 사용된다. 그러나 구약(70인역)[10]에서 사용된 ἐξεγέσις는 헬라어 동사 ἐξηγέομαι에서 나온 것으로, '이끌어 내다'라는 의미를 지닌다. 이 단어는 신약에서는 나타나지 않으며, 단지 그것과 어원이 같은 동사만이 여섯 번 사용되고 있다(요 1:18; 눅 24:35; 행 10:8; 15:12, 14; 21:19). 반면에 '해석학'이란 단어들은 성서 전반에 걸쳐 나타나고 있다(참조. 에스 4:7; 창 42:23; 시락 47:17; 마

---

7) J. C. Dannhauer가 1654년에 처음으로 Hermeneutics란 용어를 사용한 것으로 알려지고 있다.
8) 파피아스(Papias)는 히에라폴리스(Hierapolis)의 감독으로, 2세기 중엽에 *Exegesis of the Lord's Sayings*란 제목 하에 다섯 권의 책을 기록하였다. 이 책은 4세기 역사가인 유세비우스의 「교회사」에 인용되었다.
9) 하나의 예로, 파피아스는 마태복음의 기원에 대해 다음과 같이 말하고 있다. "마태는 히브리어로 말씀들을 수집하였고, 그것들 각각을 자신이 할 수 있는 최선을 다해 해석하였다"(「교회사」 3.39.16).
10) 기원전 3~2세기에 알렉산드리아에서 디아스포라 유대인들을 위해 히브리어 성경을 헬라어로 번역하였다. 이때 참여한 유대학자들이 70명에 달했기 때문에 70인역(LXX)이란 칭호가 붙었다.

1:23; 막 4:34; 15:22, 34; 요 1:38, 41~42; 행 4:36; 히 7:2). '헤르메니아' 의 뚜렷한 예들은 바로의 꿈을 해석한 요셉(창 40~41장)과 방언 해석에 관한 바울의 교훈(고전 12~14장)에서 찾아볼 수 있다. 결론적으로 다음 네 개의 신약성서 구절에서 '해석' 에 대한 성서적 견해의 명확한 이해를 구성해 볼 수 있다.

첫째로 '해석' 이란 성서를 통하여 인간의 마음을 여는 것이다. 부활하신 예수께서는 엠마오로 향하던 두 제자에게 나타나 성경에 기록된 것을 상세하게 설명하고 그것의 의미를 풀어 주셨다(눅 24:27, 32). 그러자 그들의 마음이 뜨거워지고 눈이 밝아져 예수를 알아보게 되었다. 이처럼 성서를 해석하는 궁극적인 목적은 숨겨진 성서의 의미를 찾아 사람들을 이해시키는 것이다.

둘째로 '해석' 이란 성서를 통하여 다른 사람을 믿음으로 인도하는 것이다. 예를 들면, 이사야의 글을 읽었지만 그것의 의미를 알지 못했던 에디오피아 내시는 빌립의 안내를 받고 나서 복음을 받아들이고 세례를 받았다.(행 8:26~39)

셋째로 '해석' 이란 성서를 통해서 진리를 분별할 수 있는 능력을 제공하는 것이다. 바울은 디모데에게 다음과 같이 권면한다. "너는 진리의 말씀을 옳게 분별하며 부끄러울 것이 없는 일꾼으로 인정된 자로 자신을 하나님 앞에 드리기를 힘쓰라."(딤후 2:15)

넷째로 '해석' 이란 무엇보다 성서의 어려운 의미를 쉽게 설명하는 것이다. 하나님의 계시는 현대인들에게는 시간적, 그리고 공간적 간격으로 남아 있다. 따라서 여전히 이해할 수 없는 많은 부분들이 있다. 예수께서 비유로 하나님 나라의 비밀을 전하였으나 제자들이 그 의미를 깨닫지 못하자, 쉽게 '씨를 뿌리는 사람의 비유' (막 4:1~9)를 설명해 주셨다.

2) 해석자의 과제

해석자에게 가장 중요한 것은, 어떤 문서이건 그것의 의미를 훼손하지 않도록 신중해야 한다는 것이다. 특히 성서 해석의 경우에는 그러한 신중함이 더욱 요구된다. 왜냐하면 성서에 나타나는 역사, 인물, 제도, 교훈 등이 모든 것에 하나님의 직접적인 메시지 혹은 계시가 포함되어 있기 때문이다. 따라서 디모데는 이러한 권위 있는 메시지를 다룰 때 주의 깊게 행하라는 명령을 받는다. "너는 진리의 말씀을 옳게 분별하며 부끄러울 것이 없는 일꾼으로 인정된 자로 자신을 하나님 앞에 드리기를 힘쓰라"(딤후 2:15). 해석자가 올바르게 진리의 메시지를 취급하기 위해서는 해석에 필요한 확고한 원칙들을 준수해야만 한다.

어떤 사람들은 기계적이고 이성적인 전제를 가지고 성서에 접근하고자 한다. 그들은 신비적 경건주의를 비난하면서 성서 해석을 위해서 무엇보다 인간의 지적 능력에 깊은 신뢰를 두고자 한다. 그들은 인간은 자신의 지적 노력을 통해서 성서의 진정한 그리고 깊은 의미를 발견할 수 있다고 생각한다. 이와는 반대로 어떤 기독교인들은 원칙에 대한 지나친 강조는 성령의 '계몽'(illumination)을 무시하는 것이라며 거부감을 드러낸다. 믿는 자의 가슴에 와 닿는 성령의 증거는 그로 하여금 자동적으로 성서의 모든 구, 절 혹은 단어의 정확한 의미를 알 수 있게 해 준다고 믿는다. 성령의 '계몽'을 수용하는 것은 성서를 대하는 본질적인 태도에 속한다. 하지만 '계몽'에 대한 전적인 의존은 성서에 대한 그릇된 태도를 낳을 수 있다. 해석자는 성서의 의미를 발견하기 위한 노력의 방편으로, 개발된 도구들을 사용해야 한다. 이 점에 대해서 바울은 강하게 말한다. "우리는 수많은 사람들처럼 하나님의 말씀을 혼잡하게 하지 아니하고 곧 순전함으로 하나님께 받은 것 같이 하나님 앞에서와 그리스도 안에서 말하노라."(고후 2:17)

'계몽기'(17~18세기) 이전에는 성서 해석에서 인간적 노력이 중요한 비중을 차지하지 못했다. 일반적으로 성서는 무비판적으로 받아들여졌다. 이러한 이유 가운데 하나는 계몽기 이전에는 비판적 연구를 위해 필요한 적절한 도구가 없었기 때문이다. 그러나 르네상스의 사조는 성서를 교회의 신성한 문학으로뿐만 아니라 고대의 문학으로 보고자 하는 학자들의 욕구를 각성시켰다. 계몽기의 분위기와 함께 성서를 고대 문학의 일부로 보고자 하는 경향성이 생겨나게 되었다. 사실상 계몽기는 성서의 본질과 관련된 개념들에 대해 중요한 변화를 가져다주었다. '합리주의'(rationalism)[11]는 많은 사람들로 하여금 인간의 문제를 이해함에 있어서 어떤 초월적 개입을 인정할 필요성이 없다고 주장하였다. 결과적으로 성서는 이성의 급진적인 적용을 통해 그 동안 지니고 있었던 초월적 혹은 신적 차원을 빼앗기게 되었고, 단순히 이성의 지평적 계획의 차원에서 다룰 수 있는 인간의 산물로 전락하였다.

비록 계몽기 이후의 성서 연구가 이러한 이성적 혹은 인간적 전제들을 수용하면서 성서를 인간 중심적 견해로 해석하도록 유도하였지만, 한편으로 그것은 성서의 진정한 이중적 본성의 새로운 인식과 더불어 궁극적으로는 성서에 대한 건강하고 비평적인 접근을 가져오게 하였다. 비평적 시도의 결과로 텍스트가 나온 시기의 언어를 풍성하게 사용함으로써 성서와 관련된 많은 문제점들이 더 깊고 넓은 이해의 차원으로 열리게 되었다.

계몽기로부터 기원한 이러한 비평 연구의 방법은 오늘날 '성서 비평'(Biblical Criticism)으로 알려지고 있다. 앞에서 언급한 것처럼 인간 중심적 견

---

11) '이성주의' 혹은 '합리주의'는 사물을 판단할 때 인간의 감각이나 본능에 의존하지 않고 인간이 지니고 있는 사고력에 바탕을 두어 논리적으로 처리하고자 하는 태도다. '계몽주의'로 인한 이러한 사상적 흐름은 기독교 신앙에도 영향을 주어, 기독교 전통과 성서를 해석할 때 이성적으로 접근하고자 하였다.

해로만 접근할 때 '성서 비평'은 오히려 성서에 대한 부정적 결과를 낳게 된다. 그러나 이것은 성서 비평을 통해 성서를 이해하고자 하는 적절한 태도가 아니다. 왜냐하면 성서 비평으로 야기된 질문들은 성서를 연구함으로써 생겨난 문제점들에 답할 수 있는 정당한 시도이기 때문이다.

전통적으로 이러한 시도는 '저등 비평'(lower criticism)과 '고등 비평'(higher criticism)이라는 두 개의 범주로 나뉜다. 전자는 의미상으로 어떠한 열등성을 뜻하기 때문에 오해도 있었다. 하지만 그것은 단지 오늘날의 본문 비평의 형태를 지칭하는 것으로서, 텍스트에 사용된 원래의 어휘, 혹은 텍스트를 파악하거나 원래의 텍스트를 재구성하는 학문을 지칭한다. 후자는 텍스트가 지니고 있는 내용에 관해 관심을 돌리는 학문적 노력이다. 역사 비평, 문학 비평, 자료 비평, 양식 비평, 편집 비평, 전승 비평 등이 있다.

모든 성서 해석은 두 가지 차원에서 진행되어야 한다. 하나는 성서 본문이 전하고자 하는 원래의 의미를 발견하는 것과 연관되며, 다른 하나는 오늘날 독자들이 동일한 본문들을 통해서 생각하는 의미의 변화를 고려하는 것이다. 많은 관점과 연구가 최근에 두 번째 차원에 모아졌다. 1세기부터 중세시대까지 신약성서의 세계와 후기 세대들 사이의 간격은 크지 않았다. 그러나 르네상스로부터 19세기까지 이해의 폭은 넓어졌으며, 더욱이 오늘의 현대인들이 고대세계의 많은 특징들과 성서 저자들에 의해 가정된 단순한 이야기들은 쉽게 감지할 수 없을 정도로 간격은 커졌다.

간단히 말해서 성서 해석자의 과제는 개발된 연구 방법들을 통하여 처음 독자들에게 전해진 본문의 의미를 찾아 내고, 그것에 근거해서 그 의미를 현대 독자들에게 전달하는 것이다. 따라서 해석자는 주어진 진술이 고대 저자가 의도한 의미와 동일하거나, 유사하게 혹은 다르게 현대 독자에 의해 이해되고 있는지 관찰해야 한다. 이러한 작업을 위해서 해석자는 먼저 마음에 순수한 동기를 가져야 한다. 또한 자신이 하나님으로부터 성서를 해석하도록 위임받았다는 의식을 지니고 있어야 한다.

3) 해석을 위한 방법들

기술적 의미에서 '해석학'은 종종 성서 해석의 학문과 기술로 규정되었다. 해석학은 하나의 학문으로 간주된다. 왜냐하면 그것은 규칙을 가지고 있기 때문이다. 그리고 이러한 규칙들은 질서적인 체계 안에서 분리될 수 있다. 해석학적 이론은 때로 두 개의 부수적인 영역, 즉 '일반적 해석학'과 '특수한 해석학'으로 나눠진다. '일반적인 해석학'은 성서 전체 텍스트의 해석을 지배하는 규칙들에 대한 연구다. 그것은 역사, 문화, 상황, 어휘, 신학적 분석의 주제들을 포함한다. '특수한 해석학'은 비유, 우화, 유형, 그리고 예언과 같은 특수 장르에 적용하는 규칙들에 관한 연구다. 따라서 해석학은 성서 연구의 다른 분야와 격리되어 있지 않다. 우선적으로 해석학은 정경 비평, 본문 비평, 역사 비평 등의 연구와 밀접하게 연관돼 있다. 이러한 성서 연구의 다양한 분야 가운데, 개념적으로 가장 선행되는 분야는 정경성에 관련된 연구다. 즉 하나님의 영감을 받은 책들과 그렇지 않은 책들 사이의 차이점을 다루는 연구다. 어떤 책들은 정경 안에 놓이고 또 다른 책들은 배제되는 과정은 오랜 역사를 통해서 이루어졌다. 본질적으로 정경화의 과정은 성령이 교회로 하여금 어떤 책들이 하나님의 권위의 표현을 지니고 있는지를 인식하도록 인도하였던 역사적인 과정이다.

정경의 발전 과정을 살펴본 후에 이어지는 중요한 연구 분야는 본문 비평에 관한 것이다. 본문 비평이란 한 텍스트의 원래의 단어를 확인하는 작업이다. 이러한 시도는 본문의 정확한 의미를 파악하기 위해 필요한 과정이다. 왜냐하면 우리는 원래의 사본이 아닌 복사본만을 가지고 있고, 이러한 사본 사이에도 뚜렷한 차이가 있기 때문이다. 하나의 사본을 다른 사본과 깊이 있게 비교함으로써, 본문 비평은 원래의 문헌에 가장 근접한 성서 본문을 우리에게 제공한다.

성서 연구의 또 다른 방법론으로 '역사 비평'(Historical Criticism) 혹은 '고등 비평'(Higher Criticism)이 알려지고 있다. 이 분야를 연구하는 학자들은 책의 저자와 청중, 작성 시기, 역사적 환경, 책에 담겨져 있는 내용의 진위성과 문학적 단위를 연구한다. 고등 비평에 참여하는 많은 학자들은 성서는 전적으로 인간에게 주어진 하나님의 영감을 받은 말씀이란 신념에 질문을 던지면서 작업을 시작한다. 이러한 이유 때문에 보수적인 기독교인들은 역사 비평을 자유주의와 동일시하려고 한다. 하지만 이러한 행위는 정당한 태도가 아니다. 성서의 권위를 유지하면서 성서에 접근하는 역사 비평도 얼마든지 가능하기 때문이다. 그러한 예들을 보수적인 주석들에서 찾아보게 된다. 성서에 담겨 있는 여러 문서들을 둘러싼 역사적 상황에 대한 지식은 그것의 의미를 적절히 이해하기 위해서는 꼭 필요한 것이다. 해석자는 이러한 본문 비평과 역사 비평의 연구를 통해서 '주석'에 대한 준비를 갖추게 된다. 해석자는 텍스트의 정확한 이해에 도달하기 위해 해석에 필요한 방법론들을 적용할 수 있을 것이다. 전치사 *ex-*는 해석자가 텍스트 '안으로'(*eis-egesis*) 들어가 자의적인 의미를 찾기보다는 텍스트로부터 의미를 유출하려는 시도임을 기억해야 한다.[12]

---

12) Virkler, *Hermeneutics*, 17.

Ⅱ. 성서 해석의 역사¹⁾

'새로운 해석학'은 이해와 실재에 대한 언어의 관계성을 분석하였다. 하이데거, 불트만, 그리고 다른 학자들과 더불어 '새로운 해석학'은 신학적 토론에서 '해석학적 문제'와 '해석학적 원칙'과 같은 용어들을 낳았다. '새로운 해석학'은 실제로 말씀에 관한, 그리고 말씀을 통한 사건으로서 무엇이 발생하였는지에 대한 이론이다.

1. 유대교와 초기 기독교 해석학에 대한 헬라문화의 영향

헬라의 체계화된 해석학 이론을 접하기 오래 전부터 이스라엘에서도 해석학은 실행되고 있었다. 히브리 성서 안에서 새로운 상황(예식적·개인적·사회적·정치적 등)에 맞추어 고대 텍스트들을 차용하였던 많은 방법들을 찾아볼 수 있다. 일반적으로 모세, 레위, 예언자들, 그리고 왕들과 같은 특별한 인물들은 변화하는 역사적 상황에 답하기 위한 히브리 성서 텍스트의 권위 있는 해석을 위해서 중요한 역할을 하였다. 그러한 차용의 기록들은 당시에 다음과 같은 질문들이 제기되었음을 보여 준다. '어떻게 텍스트를 적절하게 이해할 수 있는가?', '비성서적 질문들을 해결하기 위하여 어떻게 성서의 구절들을 사용할 수 있는가?', '하나의 텍스트가 얼마나 많은 의미들을 지니고 있으며, 그 가운데서 어떤 것이 가장 적절한지를 결정할 수 있는가?' 공동체 내에서 이러한 질문들에 답하기 위해 해석자가 당면한 주석적 과제를 촉진하기 위한 수단으로 해석학적 원칙들이 생겨나게 되었다. 이러한 원칙들은 텍스트에 대한 언어학적 시도와 특수한 역사적 환경에서 텍스트의 의미가 지니는 폭넓은 실존적 그리고 신학적 해석 모두를 수용하였다.

이와 유사하게 새롭게 시작된 기독교 운동은 성서의 이해를 둘러싼 문제들을 해결하여야만 했다. 유대인처럼 구약성서의 텍스트들을 권위 있는 것으로 고려하면서, 기독교인들은 예수 그리스도의 삶, 죽음, 그리고 부활과 관련된 그들의 특수한 종교적 경험들이 새로운 해석학적 적용을 필요로 하

---

1) 이 장을 위해서 J. W. Rogerson and Werner G. Jeanrond, "History of Interpretation," in *The Anchor Bible Dictionary* Vol.3, 424-443; R. M. Grant, *A Short History of the Interpretation of the Bible* (Minneapolis: Fortress Press, 1984), 8-150를 참조하였다.

는가에 대한 질문에 직면하였다. 예를 들어, 토라는 초기 기독교인들을 위한 신성한 텍스트로 계속하여 존재하였다. 그러나 그것은 이제 하나님의 통치에 대한 나사렛 예수의 선언의 빛에서 이해되었다. 어떤 신약성서의 구절들은 히브리 성경의 텍스트에 대한 영적인 시도로써 예수 그리스도 안에서 이스라엘에게 주어진 그리고 히브리 성경에 기록된 예언들이 성취되었다는 믿음에 의해 해석되었다(예. 마 1:22~23). 또 어떤 구절들은 예수 그리스도와 그것에 대한 구약에서의 유형들을 동일시함으로 예언-성취의 구조를 사용한다(예. 로마서 5장에서의 아담과 그리스도). 신약성서의 형성에 영향을 준 구약 인물들의 특수한 경험들로부터 초래한 이러한 새로운 해석학적 움직임과는 별도로, 신약성서는 랍비 문헌에 대해서도 많은 이해력을 지니고 자신들의 문서를 작성하였음을 보여 준다.

이와 같은 성서 이해의 과정에 대한 비판적 그리고 조직적인 통찰력이 헬라파 유대교 안에서 개발되기 시작하였다. 특히 헬라사상과 유대(그리고 후에 기독교)의 해석학적 응용을 필요로 했던 알렉산드리아, 안디옥, 그리고 예루살렘과 같은 교육의 중심지에서 생겨났다. 해석 이론에 대한 헬라적 고찰은 헬라 사회의 기초적인 텍스트들 – 즉 호모의 서사시 – 에 관한 적절한 유형을 개발하게 하였다. 텍스트의 문법적·문학적 읽기와 우화적 읽기를 시도한 두 학파가 헬라-문학 비평을 사이에 두고 출현하였다. 안디옥 학파에 의해 적용된 처음의 해석학적 프로그램은 호모 텍스트의 '문자적' 의미를 회복하는 데 목적을 두고 있었다. '문자적'(literal)이란 해석자들이 명백하게 텍스트의 저자에 의해 의도된 것으로 이해하였던 단어들의 의미에 관심을 두는 것이다. 알렉산드리아 학파에 의해 방어된 두 번째 해석학적 프로그램은 텍스트 뒤에 있는 의미를 찾아 내는 데 목표를 두고 있다. 즉 단어들이 언급하는 깊은 의미에 대해서 관심을 갖는다. 이 방법은 호모의 작품들이 지니고 있었던 권위와 후기 세대 해석자들의 사회적 분위기 사이에 존재했던 모순에 의해 출현하였다. '우화적'(allegorical) 방법은 성서 해석에 적용되었고, 알렉산드리아의 유대학자 필로(Philo)에 의해 더욱 개발되었다.[2] 필로는 성서 본문의 숨겨진 의미가 들어날 수 있는 비성서적인 방법의 필요성에 대해 주장하였다. 더욱이 우화적 방법은 어떤 구절들이 모순되거나 혹은 명백하게 비상식적이라는 비난에 맞서서 성서 텍스트의 신성함과 고결함을 보존하는 최상의 방식이 될 수 있음을 보여 주었다. 따라서 우화적 방법은 신학적 확신을 뒷받침하는 것으로 간주되었다.

2. 랍비들의 해석의 원칙들

헬라문화가 성전 멸망 이전과 이후에 랍비들의 해석 이론에 얼마나 큰 영향을 미쳤는지에 대해 정확하게 파악할 수는 없지만, 기본적으로 헬라파와 유대 랍비 모두는 동일한 목표를 지니고 있었던 것으로 보인다. 즉 그들은 새로운 문화적, 언어적, 윤리적, 정치적, 사회적, 그리고 경제적 환경에서 그들의 고전 텍스트들을 해석하고 적용하였다. 따라서 그들이 해석학적으로 서로 유사성을 지니고 있었던 것은 지형적이고 문화적인 친화력들뿐만 아니라 해석을 필요로 하였던 유사한 상황들 때문이었던 것으로 보인다.

성전 파괴는 유대교 안에서 새로운 해석학적 도전을 낳게 하였다. 즉 이

---

2) 알렉산드리아의 필로(Philo, 20 B.C.~A.D. 45)는 1세기의 헬라 유대철학자다. 그는 두 세계를 살았던 사람이라고 일컬어진다. 구약(헬라)의 유대 세계와 헬라의 철학 세계. 그는 전자를 후자에 적용시키기 위해 자신의 삶을 바쳤다. 즉 오경을 플라톤 철학이나 스토익 철학의 용어로 해석하였다. 영문으로 번역된 그의 저작들은 *The Loeb Classical Library* (Cambridge, MA: Harvard University Press; London: William Heinemann, Ltd.; Philo, Vols. I–X, 1929, 1962)에서 찾아볼 수 있다.

스라엘 종교의 과거와 현재를 묶어 주는 독특한 수단이 사라져 버렸을 때 소유하고 있는 정경들이 유대 정체성의 영적인 면을 이전보다 더 대변하게 되었다. 이제 랍비 해석자들은 이방 세계에서 토라를 적용해야만 하는 새로운 상황에 직면하게 되었다. 그러나 기록된 법은 유대의 종교적 현실이 대면하고 있는, 변화하는 외적 그리고 내적 상황이 요구하는 모든 대답을 제공하지 않았다. 이러한 상황에서 미드라쉼(기록된 토라의 구전 유래와 적용)[3]이 발전되었다. 일상적으로 히브리어 *middot*로 일컬어지는 다양한 원칙들은 어려운 과제에서 미드라쉬적 해석자에게 길을 제공하였다.

이러한 해석학적 원칙 중에서 가장 잘 알려진 것은, 랍비 힐렐(Hillel The Elder, 20 B.C.~15 A.D.)에 의한 7개 규칙들[4]과 랍비 이스마엘(Ishmael)의 13개 규칙들[5]이다. 이 규칙들은 많은 해석학적 토론의 대상이 되었고, 점차적으로 수정되었다. 그것들은 논리적 절차들의 도움으로 하나 혹은 그 이상의 성서 구절들로부터 어떤 '구전법'들을 이끌어 낼 수 있는 가능성을 열어 주었다. 전해진 그러한 '구전법'의 성서적 기원들을 논증할 필요가 있었다. 이로 인해 정경의 기록된 법(즉 닫힌)이 새롭고 예측할 수 없는 상황에 적용될 수 있는 길이 열렸다. 해석학적 방식에서의 차이점은 2세기 두 랍비 사이의 논쟁을 관찰함으로써 찾아볼 수 있다. 이때에 새로운 성서 해석의 랍비적 응용을 위한 기초가 놓여졌다. 즉 랍비 아키바(Akiba)는 성서 텍스트에 대하여 더 창조적인 시도를 선호하였던 반면, 랍비 이스마엘은 토라의 텍스트들은 전통적인 규칙들에 따라 해석되어야만 한다고 주장하였다. 두

---

3) 미드라쉬(Midrash, 복수는 미드라쉼)는 총체적 의미로 성서의 주석과 해석을 의미하는 랍비적 용어다. 더 세밀하게는 성서의 어떤 특별한 해석의 예를 지칭하기도 한다.
4) 참조. C. A. Evans, "Midrash," in *Dictionary of Jesus and the Gospels*, 544-545.
5) Ibid.

사람의 차이는 랍비의 언어적 그리고 신학적 사고의 다른 개념들의 고찰로 써 또한 해석되었다. 즉 아키바는 신비적으로 텍스트에 접근했던 반면에, 이스마엘은 언어학적인 해석을 시도하였다.

3. 신약에서의 구약 해석

기독교는 사실상 구약성서에 대한 독특한 해석을 전제로 발전하였다. 구약성서를 처음 접한 독자들은 하나님이 성육신하여 이 세상에 내려와 활동하다가, 공개적으로 십자가형을 당한 후에 삼일 만에 다시 살아나리라고는 기대하지 않았다. 또한 그의 삶과 죽음을 통해 대제사장과 희생 제물의 역할을 함께 담당하리라고도 기대하지 않았다. 다만 이러한 사상들에 대한 어떤 암시들을 구약에서 찾아볼 수 있을 뿐이다. 이러한 암시들은 중간기 유대교에서 생겨나기 시작했다고 볼 수 있다. 예를 들면, 쿰란의 11동굴에서 발견된 문서는 천상의 인물로서 멜기세덱의 사상을 개발하였고,[6] 솔로몬의 지혜서는 지혜를 창조 전에 하나님과 함께 있었던 선재의 '인물'로 보았으며,[7] 창세기 22장의 이삭의 '희생'은 이삭의 구속적인 피에 관한 사상들을 생겨나게 하였다. 그러나 예수의 생애와 죽음에 관한 신약의 해석은 이러한 개념들과 다른 사상들을 새로운 방식으로 결합하였다. 이러한 사실은 17세기와 18세기까지 구약에 대한 해석 방식에 깊은 영향을 미쳤다.

신약성서가 전체를 통해 은연중에 말하고 있는 것은 예수의 생애, 죽음,

---

6) 쿰란의 11번째 동굴에서는 레위기, a Psalms Scroll, 욥기의 탈굼(아람어 번역), the Temple Scroll 이 발견되었다. 이 가운데 멜기세덱에 관한 언급은 the Temple Scroll에서 찾아볼 수 있다.

7) '솔로몬의 지혜서'(Wisdom of Solomon)는 외경문학으로, 1672년에 동방교회가 정경으로 받아들였다.

그리고 부활을 통해서 구약성서의 예언이 성취되었다는 확신이다. 복음서들, 특히 마태복음은 빈번히 예수의 생애가 성취되었음을 말하기 위해 구약성서를 인용한다(동정녀 탄생, 애굽으로의 피신, 나사렛에서의 성장, 공생애를 위한 가버나움으로의 이주, 사람들이 그의 메시지를 거부함 등).[8] 예수의 수난 설화는 많은 구약성서를 암시하고 있다.(나귀를 타고 예루살렘으로 입성, 유다의 배신, 로마 병사에 의해 옷이 나누어짐, 십자가에서의 외침까지)

바울서신은 복음과 율법 사이의 반명제로 인한 갈등으로 채워져 있다. 바울은 구약을 사용하면서 두 명의 중요한 인물을 첨가하였고, 결과적으로 그것의 해석에 영향을 미쳤다. 갈라디아서 4장 21~31절에서 바울은 하갈이 초기 예루살렘인 시내산을 대변한다는 것을 입증하기 위해 우화의 방식을 사용한다. 그리고 그것을 통해서 암시적으로 유대 율법을 준수하기 원했던 기독교인들을 말하고자 한다. 그는 아브라함이 그랬던 것처럼 그의 독자들에게 "여종과 그 아들을 내쫓으라"(창 21:10~12)고 촉구한다. 바울의 해석에 관한 이러한 단면은 구약성서를 영적화하기 위한 신약의 주요한 증거가 되었다(물론 바울은 우화적 해석을 창조하지는 않았다). 즉 구약성서를 표면적 차원에서 해석하지 않고, 더 깊고 영적인 혹은 도덕적 · 신비적 의미를 그 안에서 찾고자 하였다. 고린도전서 10장 1~4절에서 바울은 그리스도가 구약에 나타난다고 주장한다. 그는 모세가 목마른 이스라엘 백성을 위해 물을 제공하였던 반석과 그리스도를 동일시하였다. 이러한 바울의 해석은 후기 해석자들에게 구약에서 그리스도를 조망하도록 용기를 주었다.

---

8) 마태복음에는 '인용 어구'(Quotation Formula)를 포함한 구약성서 인용이 12회 나타나고 있다. 더불어 12는 유대인에게 의미가 있는 숫자다(1:23; 2:6, 15, 18, 23; 3:3; 4:15~16; 8:17; 12:18~21; 13:35; 21:5; 27:9~10).

신약성서 가운데 대표적으로 히브리서에서 이러한 주석이 실행되었음을 쉽게 찾아볼 수 있다.[9] 이러한 방식은 서신을 전달받은 청중의 특성을 고려하면서 전개되었다. 즉 히브리서는 최근에 기독교 공동체에 합류한 열광적인 개종자들을 염두에 둔 것이 아니라 오래전에 기독교인이 된 사람들을 위해 기록된 것이다. 그들은 구약성서를 이미 알고 있었다. 서신은 구약의 계시에 대한 부적합성과 불완전성에 대한 장엄한 수사학적 진술과 하나님의 아들의 본성과 그가 지상에서 행하신 사역에 대한 진술로 시작한다(히 1:1~3). 그런 다음에 저자는 갑자기 한편으로는 천사들보다 나은 아들의 우월성을 보여 주기 위하여, 다른 한편으로는 천사들의 열등성을 보여 주기 위해 구성된 증거 본문으로 관심을 돌린다. 왜 이것이 필요한가? 시편 8편이 그리스도에 대한 언급으로서 메시아에 관한 구절로 취해졌다는 사실에서 해답을 찾을 수 있을 것이다. "주의 손으로 만드신 것을 다스리게 하시고 만물을 그의 발 아래 두셨으니"(시 8:6). 이 구절은 고린도전서 15장 27절에서 바울에 의해 인용되었다. 이렇게 말하면서 동시에 이 구절은 '인자'에 대해 말한다. "그를 하나님보다 조금 못하게 하셨습니다"(시 8:5). 시편 독자들에게, 특별히 쿰란을 선호하는 자들처럼 천사론에 친숙한 사람들에게 예수가 우월하다는 것을 보여 주는 성서 구절들을 열거한 후(히 1:5~13), 이어서 조심성 있게 예수의 영광됨을 지적하는 구절들을 강조하면서 일시적인 예수의 복종을 강조한다(히 2:5~10). 쿰란 종파의 방식대로 구약성서 구절을 직접적으로 새로운 상황에 적용함으로 시작한다. 그러나 히브리서 저자는 그들이 행했던 것보다 한 걸음 더 나아간다. 궁극적으로 구약의 완전한 실

---

9) Grant and Tracy, "The Old Testament in the New," in *A Short History of the Interpretation of the Bible*, 28–38.

제성은 히브리서에서는 부인된다. 율법은 참 형상이 아니라, 다가올 좋은 것들의 그림자다(히 10:1). 즉 "믿음은 바라는 것들의 실상이다."(히 11:1)

히브리서 저자는 그리스도의 인격과 사역을 설명하기 위해 두 가지 예를 제시하고 있다. 살렘의 제사장-왕인 멜기세덱(창 14:7 이하; 히 7장)과 레위 계통의 제사장직 사역이다(히 8~10장). 먼저 시편 110편이 당시의 기독교에서 메시아의 특성을 설명하기 위해 사용되었던 관습에 따라 저자는 멜기세덱에 대해서 언급한다. 초기 기독교인들은 단지 시편의 첫 절을 인용하였지만, 저자는 4번째 절을 직접적으로 예수에게 적용한다. "너는 영원한 제사장이라." 창세기로부터 멜기세덱 이야기의 부분을 인용한 후에, 히브리서 저자는 하나의 유형으로 그의 의미를 설명하고 있다. 그는 '의와 평화의 왕'이다. 왜냐하면 저자에 의하면 어원적으로 멜기세덱은 '의의 왕', 살렘은 '평화'를 의미하기 때문이다. 이러한 이름들의 의미는 중요하다. 이사야는 오실 구세주는 '평화의 왕'이라 불리어질 것이라고 예언하였기 때문이다(사 9:6 이하). 이러한 구절에 의해, 예수는 멜기세덱을 통해서 예고된 것으로 보일 수 있다.

그러나 멜기세덱은 이름뿐만 아니라, 그의 의미가 더 완전하게 파악될 수 있는 구약의 신비로운 인물이다. 구약의 다른 인물들과는 달리 그의 가족에 대해서는 어떠한 내용도 알려지지 않고 있다. 그는 갑자기 나타났다가 갑자기 사라졌다. 그러므로 히브리서 저자는 그 안에서 영원한 그리스도의 유형을 발견할 수 있었다. "아버지도 없고 어머니도 없고 족보도 없고 시작한 날도 없고 생명의 끝도 없어 하나님의 아들과 닮아서 항상 제사장으로 있느니라"(7:3). 더욱이 멜기세덱의 제사장직은 레위의 직보다 더 높은 직책이다. 왜냐하면 멜기세덱은 그에게 십일조를 드린 후에 아브라함을 축복하였기 때문이다. 열등한 사람이 우월한 사람에게 축복을 받는 것은 당연한 이치다(7:7). 이것은 레위의 직책보다 멜기세덱의 제사장직이 우월함을 증명한다. 우리의 위대한 대제사장인 예수는 실제로, 레위적 제사장직에 속하지 않는다. 모세의 문헌에는 유다지파로부터 일어날 한 제사장에 대한 어떠한 예언도 없다(7:14). 그가 성취한 예언은 멜기세덱의 이야기다. 멜기세덱의 반차에 따른 제사장으로서의 예수에 대한 그의 이해를 요약함에 있어서, 저자는 구약을 통해 그리스도의 인격과 그의 행위에 대한 묘사를 끝맺는다. "지금 우리가 하는 말의 요점은 이러한 대제사장이 우리에게 있다는 것이라 그가 하늘에서 지극히 크신 이의 보좌 우편에 앉으셨으니 성소와 참 장막에서 섬기는 이시라 이 장막은 주께서 세우신 것이요 사람이 세운 것이 아니니라 대제사장마다 예물과 제사 드림을 위하여 세운 자니 그러므로 그도 무엇인가 드릴 것이 있어야 할지니라."(8:1~3)

그리스도의 인격과 사역을 설명하기 위한 또 다른 예는 레위 계통의 제사장직의 사역이다. 히브리서 저자는 예수의 사역을 새롭고 영원한 계약의 사역으로 간주한다. 모세적 제사장직의 세상적 사역은 단지 진실한 천상의 사역에 대한 모방이다. 왜냐하면 출애굽기 25장 40절에서 하나님은 모세에게 "너는 삼가 이 산에서 네게 보인 양식대로 할지니라"고 지시하셨기 때문이다. 세상적 모방에서 모든 것은 특별한 의미를 지닌다. 그러나 여기에서 저자는 그의 관심을 가장 중요한 결과에 집중한다(9:5). 옛 계약 하에서는 대제사장만이 일 년에 한 번 지성소에 들어갔다. 그는 소와 염소의 피로 희생 제사를 반복해 드려야 하였다. 이러한 희생 제사는 일 년마다 갱신되었다. 그리고 그는 단지 백성뿐만 아니라 대제사장 자신의 죄를 위해서도 제사 예식을 행하였다. 그러나 새로운 계약 하에서 예수는 모두를 위해 한 번 진정한 하늘 지성소에 들어갔다(9:24). 그의 희생은 자신의 피였다. 왜냐하면 "황소와 염소의 피가 능히 죄를 없이 하지 못하기 때문이다"(10:4). 그리고 그는 자신의 죄를 위한 희생 제사로서 그의 피를 드리지 않았다. 왜냐하면 그는 죄가 없기 때문에 단지 죽음에 이르는 그의 복종으로 인해 완전하게 되었기 때문이다(4:15; 5:9). 그리고 "그가 거룩하게 된 자들을 한 번의 제사로 영원히 온전하게 하였다"(10:14). 그는 그들로 하여금 그의 육체의 아픔을 통하여 참 지성소인 천국에 들어가는 길을 열었다.(10:20)

히브리서는 결코 온전하거나 정확한 구약의 희생 제사를 반향하지 않는다. 그러나 저자는 구약을 역사 혹은 고고학을 위한 자료집으로 생각하지 않았다. 그는 예수의 희생의 의미에 대한 자신의 이론을 지지할 예들을 그곳에서 찾아 낸다. 그에 의하면 그리스도 중심적인 성서 해석만이 구약에 의미를 제공하였다. 그리고 11장에서 저자는 그리스도의 계시의 빛에서 이해되어야만 하는 것으로 이스라엘 역사를 열거한다. 즉 족장들과 선지자들 모두는 믿음에 의하여 그리스도의 오심의 성취를 기대한다. 믿음 없이 읽어가는 구약 이야기는 역사가 아니다. 그것은 단편들의 수집이다. 저자는 믿음에 의한 구약의 인물들이 기독교인들처럼 예수를 바라보는 '구름과 같은 증인들'이었음을 발견하였다.(12:1)

이처럼 히브리서 저자는 주석의 역사에서 중요한 역할을 하였다. 그것은 구약에서 숨겨진 의미를 찾고자 하였던 우화자들과 다른 자들의 상상력을 개발하도록 격려하였다. 초기 교회에서 모형적인 방식에 의존하지 않고 구약성서를 이해하기란 거의 불가능하였던 것으로 보인다.

4. 교부들과 변증가들

'정경'이 확증된 이후에도 해석에 대한 필요성은 이어졌다. 초기 교회는 증빙 텍스트, 모형론, 그리고 우화의 기술들을 사용하면서 해석에 대한 유대적 유산을 이어갔다. 지역적으로 문법적·역사적 시도가 안디옥에서 선호되었던 반면에, 우화적 시도는 알렉산드리아의 환경에서 선호되었다. 초기 교회에서의 성서 해석의 적절한 방식에 대한 토론은 헬라문화가 유대 해석학에 미친 영향들을 살펴보면서 개괄적으로 고찰한 구분들과 유사하였다. 오리겐(Origen, 254년)과 같은 알렉산드리아 기독교 신학자들은 우화적 방식을 변호하였던 반면, 디오도러스(Diodorus of Tharsus, 394년), 데오도르(Theodore of Mopsuestia, 428년), 크리소스템(Chrysostom, 407년)과 같은 안디옥 신학자들은 성서 텍스트에 대한 우화적 '남용'에 반대하면서 성서 해석의 적절한 방식으로 문자적 읽기를 선호하였다.

이러한 해석학적 토론의 기초적인 특성을 구체적으로 살펴보는 것이 중요하다. 안디옥 학자들은 정경에 포함된 성서 텍스트의 내용에 제기되는 비판적 평가에 대해 기본적으로 개방되어 있었다. 예를 들어, 안디옥 주석가들은 아가서를 어떤 신학적 의미를 지니고 있지 않은 고대의 결혼 노래로 구분하였다. 반면에 알렉산드리아 주석가들은 아가서의 모든 구절을 성스러운 책(정경)들의 일부로 보았다. 우화적 방식은 모든 구절이 언어적 문제와 신학적 비평에서 쉽게 벗어나도록 해 주었다. 그러나 이러한 상반된 두 해석학적 진영은 히브리 성서는 모형적으로 접근하여야 한다는 점에서는 동의하였다. 많은 성서 텍스트들은 이미 그리스도의 모형을 포함하고 있다고 받아들여졌다(예. 아모스 9장 11~12절과 같은 구절들은 장차 오실 그리스도를 모형적으로 계시한 것으로 해석되었다). "그 날에 내가 다윗의 무너진 장막을 일으키고 그것들의 틈을 막으며 그 허물어진 것을 일으켜서 옛적과 같이 세우고 그들이 에돔의 남은 자와 내 이름으로 일컫는 만국을 기업으로 얻게 하리라 이 일을 행하시는 여호와의 말씀이니라." 우화적 해석을 반대하는 신학자들조차도 어느 정도는 성서 텍스트 안에서 이중적 의미를 인정하였다. 결국 우화적 방식은 초기 교회에서 동(헬라)과 서(라틴)를 막론하고 성서 해석에 있어서 선도적인 방법으로 발전하였다. 반면에 성서의 문자적 혹은 역사적 읽기를 촉진하였던 안디옥 학자들의 시도는 점차로 사라져갔다. 하지만 안디옥 해석학의 영향은 종교개혁의 결과로 다시 출현할 수 있었다.

이 시대에 더 깊은 차원에서 구약 해석을 행했던 사람들은 변증가인 저스틴 마틸(Justin Martyr, 114~165년), 이레니우스(Irenaeus, 130~200년), 그리고 터툴리안(Turtilian, 160~225년)이었다. 왜냐하면 그들은 이방인, 유대인, 그리고 비 정통 기독교 종파에 속한 자들과 투쟁하고 있었기 때문이다. 유대인 트라이포(Trypho)와 저스틴의 대화에서 창세기 18장, 32장 22~32절, 출애굽기 3장 1~16절과 같은 구절들은 하늘 위에 계신 아버지가 아니라 여전히 아버지의 뜻과 목적에 따라 완전하게 활동하시는 주님을 말해 주고 있다는 것을 변증하기 위해 사용되었다(*Dialogue with Trypho*, 56장 이하). 각 경우에 있어서 저스틴은 텍스트의 모호한 의미를 개발하였다. 창세기 18장에서 아브라함을 찾아온 신비로운 방문자들은 인간과 천사다. 창세기 32장 22~32절에서 야곱은 하나님과 싸웠다고 언급된다. 반면 출애굽기 3장 12~16절에서는 주께서 불타는 가시덤불에 나타나 하늘로부터 말씀하신다. 이러한 해석들은 명백히 기독론적 해석학에 의존하고 있다.

터툴리안과 이레니우스는 유대 적대자들뿐만 아니라 구약을 완전하게 거부했던 기독교 종파의 창시자 마르시온(Marcion)과도 대면하였다. 마르시온은 구약을 대부분 문학적 방식으로 읽었으며, 거기에서 무지한 하나님(예. "아담아 네가 어디에 있느냐?")이 이스라엘에게 잔인하고 비도덕적인 요구를 하고 있음을 발견하였다. 그러한 하나님은 예수의 하나님이 될 수가 없었다. 그러므로 예수는 보이는 세계의 창조자와는 다른 하나님의 아들이다. 그는 보이지 않는 세계에 속하여 인간의 형태를 취했으며, 보이는 세계의 하나님에 대한 굴레로부터 인간을 벗어나게 하기 위해 죽었다.

마르시온에 대한 이레니우스의 방어는 구약과 신약의 일치에 대한 정통적인 기독교적 견해를 보여 준다. 즉 그리스도는 구약에서 예견되었다. 그리고 아브라함을 향한 하나님의 구원 약속은 모든 인류를 위한 것이다. 구약의 율법은 본질에 있어서 예수에 의해 확증된 '처음이며 위대한 계명'과 일치한다. 그는 마르시온의 문자적 읽기에 제동을 가했으며, 구약이 하나님에 관하여 인간의 감각과 언어를 사용할 때 언어를 문자적으로 고려해서는 안 된다고 주장하였다. 또한 터툴리안은 "하나님은 인간적인 의미에서 '오른손'도, '눈'도 가지고 있지 않다"고 주장하면서, 구약의 하나님은 불완전하고 비도덕적이라는 마르시온의 비난을 평가하려고 하지 않았다. 그는 구약의 폐기와 성경에서 신약의 많은 부분을 폐지할 필요가 있다고 지적한 마르시온에게 공격을 가했다.

5. 알렉산드리아와 안디옥의 주석학파

알렉산드리아와 안디옥은 2세기 후반부터 5세기까지 교회에 가장 큰 영향력을 행사할 정도로 학문이 번창하였던 도시다. 알렉산드리아에서 교리문답학파가 2세기에 설립되었고, 클레멘트(Clement, 180~215년)와 오리겐(Origen, 185~253년)에 이르러 절정을 이루었다. 클레멘트는 그리스도는 신약에서와 마찬가지로 구약에서 말씀하신 우월한 지식의 원천이라고 주장하면서, 그 시대의 이방인들에게 연설하는 일에 관심을 기울였다. 그리고 그리스도는 헬라철학에서 최상의 가치였던 모든 것의 근원이었다. 그러나 클레멘트는 자신의 입장을 전개하기 위해 모세의 법을 역사에 관한 법, 일반적 삶과 연관된 법, 그리고 희생 제사에 관한 법으로 구분해야만 했다. 그는 문자적 해석 방식을 사용하였는데, 특히 이스라엘 역사와 관련된 부분들에서 그러하였다. 그는 또한 직접적으로 율법들의 가치를 취할 수 있는 곳에서 그것들을 영적화하는 것을 피하였다. 예를 들면, 가난한 자를 위해 준비시키는 신명기 24장에서의 인간의 법들은 문자적으로 취해질 수 있다. 그러나 어떤 법들은 영적인 의미를 지닌다. 즉 정결하거나 혹은 불결한 짐승 사이의 구분은 어떤 유형의 사람들을 피하라는 말씀으로 이해하였다. 그리고 그것은 한편으로는 교회, 다른 한편으로는 유대인들과 이단자들과의 구분에 대해 언급하는 것으로 간주되었다.

또한 우화적 해석은 영지주의적 이단과 맞서는 데 유용하였음을 보여 주었다. 많은 영지주의자들이 우화적 주석의 방식을 사용하였다. 교부들은 거짓 혹은 이단적인 영지주의 주장들에 대항하기 위해 그들 자신의 우화적 방법들을 사용하였다. 영지주의적 해석학에 대면한 이러한 투쟁은, 어떤 특수한 주석의 적합성을 결정하기 위해서는 교회적 기준이 필요함을 자각하게 해 주었다.

초기 교회에서 우화적 해석의 선도적 역할을 했던 사람은 오리겐이다. 그의 신학적 작품인 *Peri Archon*(*on First Principles*)에서, 그는 해석 이론의 문제들을 제시하였다. Theoria는 그에게 우화를 의미하였다(반면에 안디옥 학파에게 'theoria'는 문자적 접근을 의미하였다). 성서는 신-인간 관계의 궁극적 신비를 포함하였기 때문에, 오리겐은 우화적 방법만이 이러한 텍스트를 이해하는 적절한 시도라고 생각하였다. 그것만이 텍스트의 감추어진 의미를 풀어줄 수 있는 열쇠를 제공한다고 보았다. 비록 오리겐이 그의 이론에서 텍스트의 의미를 세 가지 차원(문자적, 도덕적, 영적)으로 구분하였지만, 실제로 그는 두 개의 차원만을 인정하였다('문자'와 '영'). 그는 철저하게 문헌 비평에 그리고 텍스트 변이들의 다른 전승과의 비교에 몰두하였다. 이 것은 가장 신뢰할 만한 문헌 전승들과 텍스트에 대한 철저한 우화적 접근을 위한 탐구가 상반되지 않음을 보여 준다.

오리겐은 구약의 영적 의미를 옹호하는 방향으로 한 걸음 더 나아갔다. 실제로는 "네 아버지와 어머니를 공경하라"와 같은 법들이 명백하게 문자적으로 취해져야 하지만, 이것은 실행 불가능한 것으로 보이는 율법의 많은 부분과 함께 사실로 받아들여질 수 없었다. 또한 오리겐은 창세기 1장의 '해 이전의 빛의 창조' 와 같은 구약에서의 모순에 대해서 염려하였다. 하나님의 책은 상식적으로 볼 때 모순될 수 없기 때문에, 그는 창세기 1장은 문자적으로 읽도록 의도되지 않았다고 결론 맺었다.

한편 안디옥 학파의 두 번째 국면은 디오도르(Diodore of Tarsus, 378년)와 데오도르(Theodore of Mopsuestia, 350~428년)에 의해 전개되었다. 디오도르는 시편 2편을 예수에 관한 내용으로 받아들여 유대인들이 어떻게 예수를 헤롯과 빌라도에게 넘겨주었는가를 알기 위해 해석하였다. 그러나 그는 시편 22편이 그리스도의 수난에 대해 언급하였다는 견해에 대해서는 반대하였다. 왜냐하면 시편에서 묘사한 고난은 그리스도의 고난과 일치하지 않기 때문이다. 디오도르는 영감을 받은 책들의 목록에서 지혜문학과 역대기, 에스라, 느헤미야를 배제하였다. 소선지서에 대한 주석에서, 그는 신약에서 이루어지는 한에서만 그리스도에 관한 것으로 예언들을 해석하였다. 그렇지 않으면 그는 예언을 위한 역사적 언급을 찾았다. 따라서 그는 요엘 2장 28~32절이 사도행전 2장 17~21절에서 인용되었기 때문에 성령의 강림을 예언하였다고 수용한 반면, 미가 4장 2절이 그리스도에 대해 언급하였다는 견해는 거부하였다. 왜냐하면 "곧 많은 이방 사람들이 가며 이르기를 오라 우리가 여호와의 산에 올라가서 야곱의 하나님의 전에 이르자 그가 그의 도를 가지고 우리에게 가르치실 것이니라 우리가 그의 길로 행하리라 하리니 이는 율법이 시온에서부터 나올 것이요 여호와의 말씀이 예루살렘에서부터 나올 것임이라"는 구절이, 요한복음 4장 21절에서 하나님은 특수한 곳에서 예배받기를 원하지 않으신다고 말씀하신 예수님의 가르침과 상충되기 때문이다. 대신 미가 4장 2절 말씀은 예루살렘에서 유대 율법과 예배의 회복에 대해 언급한 것이라고 보았다.

6. 제롬과 어거스틴

제롬(Jerome, 331~420년)과 어거스틴(Augustine, 354~430년)은 성서 해석에 있어서 다음의 600년 동안 그 누구도 능가할 수 없을 만큼의 커다란 업적을 남겼다. 제롬은 위대한 언어학자였다. 그는 로마에서 교육을 받았고, 373년 경까지 안디옥에서 헬라어를 사용하는 집안에서 살았다. 그리고 그는 374/5년경에 히브리어를 배우기 시작했으며, 386년부터 죽을 때까지 베들레헴에 거주하였다. 그곳에서 그는 히브리어 구약성서를 라틴어로 번역하였으며, 수세기 동안 후기 해석자들을 위하여 구약 언어학과 관련된 많은 책들을 남겼다. 언어학에 관한 작품들과는 달리, 그의 주석들은 그가 385년에 알렉산드리아를 방문하여 만났던 디두무스(Didymus the Blind)의 영향을 받았다. 디두무스는 텍스트가 지니고 있는 영적 의미에 대한 위대한 해석가였으며, 제롬에게 많은 영향을 미쳤다. 예를 들면, 시편 3편 4절 "기자가 부르짖으매 하나님께서 그의 성산에서 응답하셨다"는 고백에서 '성산' 과 같은 표현들을 그리스도에 대한 언급으로 이해하였다. 즉 이것이 하나님의 아들과 교회를 의미할 수 있다고 보았다.

제롬은 안디옥 학파가 행한 문자적 주석을 선호하였다. 그는 원칙적으로 성서의 영적인 해석의 합법성을 인식하였지만, 그러한 영적 성서 읽기는 확고하게 텍스트의 문자적 이해에 근거를 두어야 한다고 주장하였다. 그의 성서 주석들은 최소한의 우화적 해석만을 전개하였다. 그는 또한 성서의 문자적 해석을 위한 적절한 문헌적 기초를 실행하기 위하여 오리겐이 행한 언어학적 공헌을 사용하였다. 제롬은 문자적 해석을 강력하게 강조함으로써, 후기 중세 해석학에서 성서의 문자적 이해를 선도한 선두주자가 되었다.

　성서 해석학의 발전에 있어 제롬의 공헌은 항상 칭송을 받았던 반면, 어거스틴의 해석학적 시도의 중요성과 중세신학에 대한 그의 영향력은 적절한 관심을 끌지 못했다. 먼저 어거스틴의 *De Doctrina Christiana*(427년)에서 그의 신학적 해석학의 성숙한 발전을 엿볼 수 있다. 해석학 분야에서의 어거스틴의 위대한 업적은, 첫째로 기독교 공동체를 위하여 안디옥 학파와 알렉산드리아 학파 둘을 결합하려고 한 그의 노력에 있었다. 둘째는 해석학이 기초하였던 기호언어(semiotic)에 대한 그의 고찰에 있었다. 어거스틴에게 있어서 성서는 세상에서의 하나님의 구원 행위를 독자들에게 깨우치는 전달 기능을 지니고 있었다. 따라서 성서 텍스트 자체는 그것들이 언급하는 실제성들 때문에 단지 기독교 독자에게만 중요하다. 성서 텍스트들을 구성하는 표시들은 의미자로 작동하는 것이라는 통찰력은, 어거스틴으로 하여금 그것을 해석하기 위한 최상의 방식을 연구하도록 동기를 부여하였다.

　여기까지 안디옥 학파의 영향을 볼 수 있다. 그러나 안디옥 해석자들과는 달리 어거스틴은 자신의 해석학에서 기독론적 내용과 성서 텍스트의 완전성을 전제하였다. 더욱이 그는 자신의 성서적 통찰을 통해 성서는 믿음, 소망, 그리고 사랑에 관한 것이라고 결론을 맺었다. "자신의 삶을 확고하게 믿음, 소망, 사랑에 기초를 두고 있는 사람은 다른 사람들을 가르치기 위하여 단지 성서만을 필요로 한다"(De Doc. Christ. 1.43). 따라서 이러한 텍스트의 강한 언어학적 연구와 해석학적 노력을 위한 필요성은 서로 연관이 있으며, 더불어 우화적, 특별히 모형적 읽기를 위한 신학적 구조가 설정되었다. 그러나 어거스틴은 거듭해서 과도하게 우화적 본문 해석을 시도하고자 하는 행위에 대해서 경고하였다. 그러므로 어거스틴을 성서 해석에서 무비판적으로 우화적 방식을 옹호하는 자들 가운데 한 사람으로 설정하는 것은 다소 잘못된 것으로 보인다.

어거스틴은 언어학자가 아니었다. 또한 학자나 수도승으로 살아가지도 않았다. 그는 영향력 있는 한 지역의 감독이었다. 그러나 그의 On Christian Culture과 The City of God과 같은 작품들은 구약 해석학에 깊은 공헌을 하였다. 「하나님의 성」(The City of God)은 구약에 포함된 역사를 다루는 방식에 커다란 영향을 주었다. 이러한 역사는 현 세상에 존재하는 그리고 한 개인의 궁극적 운명에 영향을 미치는 천상과 지상, 혹은 '하나님의 성'과 '사탄의 성' 이야기다. '하나님의 성'은 단순히 이스라엘과 교회와 동일시되지 않는다. 이스라엘과 교회 두 곳에서, 선한 그리고 악한 두 성의 회원들이 뒤섞여 있다. 다른 한편으로 두 성의 차이점을 명확하게 이야기에서 찾아볼 수 있다. 성서를 두 도성 사이의 갈등으로 보는 사상은 신구약을 가로지르는 하나의 일치를 제공하며, 구약이 신약에 종속된다는 주장을 최소화한다. 즉 구약은 현재와 미래의 의미에 대한 암시를 제공하는 과거로부터의 이야기로, 계시의 역사가 된다.

어거스틴은 이러한 커다란 구성을 마음에 지니고서 텍스트에 의해 제시된 많은 문제점들을 해결하려고 하였다. 예를 들면, 해가 생겨나기 이전의 빛의 창조, 홍수 이전의 영웅들의 삶, 홍수 이전의 거인들의 존재, 그리고 아브라함과 다른 이들의 명백한 비도덕성(아내의 종을 통해 낳은 아들에 대한 아브라함의 부성) 등. 어거스틴은 이러한 어려운 문제들을 영적화하려고 하지 않았다(참고. 해보다 먼저 창조된 빛은 천사들이다, 홍수 이전의 연수들은 실제 연도를 말해 준다, 거인들의 존재는 훌륭한 고대 기념비들로부터 증명될 수 있다, 아브라함의 혼외 성행위들은 성욕 없이 실행되었고 그의 행위는 변명될 수 있지만 모방되어서는 안 된다). 어거스틴이 때때로 성서 본문을 우화화하였다는 것은 사실이다. 예를 들면, 방주 옆면의 문은 그리스도의 옆구리에 생겨난 상처다. 그러나 어거스틴에 관해 더 인상적인 것은 구약 역사에 대한 그의 적극적인 읽기다. 그에게 그것은 단순히 과거에 대한 정보만도, 또한 그리스도의 오심에 대해 암시한 이야기들도 아니었다. 그것은 현재의 시점에서 하나님의 목적을 이해하기 위한 암시를 제공하였다.

7. 5세기부터 15세기까지

중세기 초, 즉 6세기부터 8세기까지의 성서 해석은 주로 수도사들의 작업에 의해 발전되었다. 당시 중세 교회에서의 주석은 주로 우화적 방식에 의존하였다. 그레고리(Gregory the Great, 540~604년)는 성서 해석에 우화적 방법을 적용한 대표적 인물이었다. 다른 중세 해석자들처럼 그는 성서 해석 작업을 집을 짓는 것에 비교하였다. "우리는 역사적 기초 위에 우리의 영적인 읽기의 도움으로 벽을 세운다. 그런 다음에 도덕적 교훈의 은총에 의해 전체 구조에 색을 칠한다." 이처럼 그레고리에게 있어서 성서 해석은 텍스트의 더 깊은 의미로 들어갈 때에 완전한 상태에 이른다. 왜냐하면 그러한 단계에 이를 때에만 그리스도 안에서 하나님의 계시 안으로의 통찰력을 얻기 때문이다. 어거스틴의 해석학처럼 그레고리의 해석학도 확고하게 신학적 그리고 교회론적 확신에 근거를 두고 있다.

후기 중세 시기의 대중적 경건이 우화적 해석에 깊은 영향을 주었던 반면, 해석학적 이론은 다소 다르게 진행되었다. 성서의 문자적 의미에 대한 관심이 어떻게 증가하였는지를 알기 위해서는 제롬과 어거스틴뿐만 아니라 그의 추종자 가운데 한 명인 라시(Rashi)와 같은 유대 학자들의 영향을 올바로 평가해야 한다. 특히 라시는 당시에 중요한 기독교 해석학적 사고를 지닌 자들, 즉 휴(Hugh of St. Victor, 1141년)와 니콜라스(Nicholas of Lyra, 1349년)에게 영향을 주었다. 휴는 파리에서 유명한 수도원학파의 선구자였고, 니콜라스는 파리대학의 프란시스파(Franciscan) 교사였다. 따라서 기독교 해석학이 논의되었던 장소는 이제 더 이상 믿는 자들의 공동체 자리가 아닌 아카데미로 옮겨졌다. 이러한 구조 변화는 지속적으로 우화적 입장을 지니고 있었던 대중적 성서 해석과 그것의 문자적 의미를 회복하기 위하여 텍스트의 언어학적 연구에 참여하였던 아카데미적 입장 사이의 넓어진 간격을 설명하도록 도왔다. 그러나 텍스트의 문자적 의미에 대한 관심에도 불구하고 아카데미 그룹 안에서조차 우화적 방식들의 사용을 배제하지 않았다. 다음 구절들은 성서 해석에 대한 중세의 방식을 특징짓는 것이라고 할 수 있다.

Littera gesta docet, quid credas allegoria
Moralis quid agas, quo tendas anagogia
'문자' 는 우리에게 하나님과 우리 조상들이 행하였던 것을 보여 준다.
'우화' 는 우리에게 우리의 믿음이 숨겨져 있는 장소를 보여 준다.

'도덕적 의미' 는 우리에게 매일의 삶의 규칙을 제공한다.
'유추' 는 우리가 우리의 투쟁을 끝내는 곳을 보여 준다.[10]

아리스토텔레스의 재발견과 스콜라 신학의 부흥을 이룬 12세기 이후의 성서 해석학은 우화적 해석에 대해 매우 비판적이 되었고, 성서 텍스트의 문자적 의미의 회복에 더 많은 관심을 기울였다. 위대한 스콜라 신학자인 토마스 아퀴나스(Thomas Aquinas, 1225~1274년)는 성서의 사중적 의미를 원칙적으로 지지하였다. 그러나 동시에 우화적 해석과 그것의 결과에 근거를 둔 신학적 사고에 대해 질문 던지는 것을 주저하지 않았다. 그는 신학적 사고는 성서 텍스트의 문자적 의미에 확고한 근거를 두고 있어야 한다고 주장하였다.

아퀴나스는 모세 율법에 대한 문자적 그리고 영적인 시도들을 원숙한 형태로 조정하였다. 그는 이전의 많은 논평자들처럼 율법을 세 개의 영역, 즉 도덕법, 제의법, 재판법으로 구분하였다. 도덕에 관한 법들(예. 십계명)은 자연법의 준수를 포함하였고, 따라서 모든 사람을 구속하였다. 구약의 제의법과 재판법은 고대 이스라엘의 특수한 환경에 대한 자연법의 적응들이었다. 그러므로 그것들은 모든 사람을 구속하지 않았다.

아퀴나스는 희생 제사에 관한 법규들이 지니고 있는 매우 복잡한 항목들의 합리성에 대해 변증하였다. 특별히 구별된 짐승들은 우상을 섬기는 다른 백성에게 사용되지 않았다. 비록 하나님 자신은 희생 제사가 필요하지 않았지만, 구약이 명확하게 밝히고 있는 것처럼(시 50:13) 희생 제사는 하나님에 대한 이스라엘 백성의 마음에 초점을 두려고, 또한 우상을 방지하기

---

10) Grant, *A Short History of the Interpretation of the Bible*, 85.

위하여 드려졌다. 그러나 아퀴나스는 희생 제사에 그리스도를 암시한 영적 의미가 담겨 있다는 것을 인정하였다(Summa Theologiae, vol. 29, 114~5). 더욱이 구약의 의식들은 그리스도의 구속 사역 안에 신실한 이스라엘 백성들이 거하도록 하였다. 물론 그들은 그리스도에 대해 아무것도 알지 못했다. 그러나 모세의 법이 가능하게 만든 하나님에 대한 그들의 믿음은 그들을 그리스도의 사역과 연결시켰다.

이 시기에 히브리어 연구에 대한 관심이 고조되었다. 특히 성 빅터(St. Victor) 학파에서 이러한 관심이 높았다. 가장 유명한 사람은 휴(Hugh)와 안드레(Andrew)였다. 그들의 관심은 텍스트의 문자적, 그리고 역사적 의미에 관한 것이다. 예를 들면, 안드레는 이사야 53장이 그리스도에 관해서가 아닌, 유대인의 바벨론 추방에 대해 언급한 것으로 이해하였다. 또한 그는 하나님이 직접적으로 모세에게 과거를 드러내시지 않았으며, 모세가 구전으로 전해진 전승들을 사용하였고 아담의 시기로부터의 글을 기록했다고 주장하였다.

이 시기의 또 다른 특징은 구약을 해석하면서 철학을 사용하는 방식에 있었다. 아퀴나스는 물론 아리스토텔레스의 재발견과 자신이 연구하였던 메이모나이데(Maimonide)의 Guide of the Perplexed에서 아리스토텔레스가 어떻게 사용되고 있는가에 의해 깊은 영향을 받았다. 한편으로 아베라드(Abelard, 1079~1142년)는 플라톤의 Timaeu와 같은 작품들을 연구하였다. 그는 그것으로부터 창세기 이야기를 해석하기 위한 구조를 이끌어 냈다. 하나님은 이미 세상을 창조하기 전에 자신의 이성을 통하여 하나의 모형으로 세상을 정돈하였다. 그리고 세상 창조의 여섯 날은 인간의 구원 역사에서의 여섯 단계를 대변하였다. 따라서 네 번째 날의 빛의 창조는 율법 후에 나타난, 그리고 그리스도의 오심을 바라보았던 예언자들을 의미하였다. 반면에 다섯째 날의 수중 생물의 창조는 기독교 세례를 받았던 사람들의 갱신을 기대하는 것이었다.

성서 해석에 있어 철학을 아주 다르게 사용한 예를, 위클리프(Wycliffe)의 시도에서 찾아볼 수 있다. 그는 철학도로서 '유명론'(nominalism)[11]에서 '실재론'(realism)[12]으로 전환하였다. 그는 성서의 텍스트가 세상에서 사실적인 것과 일치한다고 보았으며, 철학적 추론과 완전히 일치해야 한다고 믿었다. 만약에 구약에 명백한 모순들이 있다면, 이것은 해석자들의 무지에서 기인하는 것이다. 성서의 사물들의 이름은 ─ 특히 헬라어와 히브리어로 연구할 때 ─ 형이상학적 실제들과 일치한다. 이러한 방식으로 위클리프는 성서만으로 자족할 수 있다는 믿음을 개발하였다.

이 시기에 구약의 책들을 '주석'(gloss)[13] 혹은 '해석'(postilla)과 함께 복사하는 관례가 생겨났다. 전자는 줄들 사이에 혹은 여백들 안에, 후자는 텍스트를 번갈아 가면서 주석을 행하는 행위였다. '주석'과 '해석'은 주로 이전 주석가들(이들 가운데 두드러진 인물들은 제롬, 어거스틴, 베데, 그레고리다)로부터의 인용이었다. 따라서 텍스트는 이러한 위대한 해석가들로부터 이끌어 낸 주석들을 참조하지 않고는 읽혀지지 않았다. '해석'의 유명한 수집자는 니콜라스(Nicholas of Lyre, 1270~1349년)였다. 그는 기독교 주석가와 마

---

11) '유명론'은 중세기 말에 활발히 전개된 철학 논쟁 가운데 하나로, 일반적으로 어떤 사물에 사용된 단어가 그것의 일반적 존재의 특성을 함축하지 않는다는 이유에서 보편자(공통적으로 개별 사물에 붙일 수 있는 단어)의 실재성을 부정하였다.
12) '실재론'은 '유명론'과는 달리 인간의 인식 대상이 인간의 지적인 사고와는 관계없이 독립적으로 존재한다는 철학적 견해다.
13) Gloss는 라틴어에서 유래한 말로, 의미상으로는 '해석을 필요로 하는 어려운 단어'란 뜻이다. 더 넓은 의미에서는 주석을 말하며, 좁은 의미에서는 어려운 단어의 간단한 해석 혹은 정의를 뜻하기도 하고, 외래어에 대한 설명을 뜻하기도 한다. '본문 비평'에서는 앞에서 언급된 단어의 동의어나 간단한 정의를 말하고자 할 때 사용하기도 한다.

찬가지로 유대 주석가들을 참조하였는데, 특히 라쉬(Rashi)[14]의 작품에 근거하였다. 후자의 '주석' 들은 유대교 내에서 가장 높게 평가되었다. 그리고 그것들은 니콜라스의 수집을 통하여 기독교 해석자들에게 사용되었다.

이 시기의 해석학이 크게 관심을 두고 있었던 내용은, 모세 율법의 지위에 관한 것이었다. 교리의 해석과 예식에 필요한 자료들을 8권의 책으로 묶은 「교황의 법령집」(The Apostolical Constitutions)[15]은 감독들, 제사장들 그리고 집사들의 계급 제도를 정당화하기 위해 구약의 제사장적 질서를 이끌어 냈다. 또한 이 법령은 황금송아지 사건(출 32장) 이후에 주어진 법들과 이전에 주어진 법, 예를 들면 십계명과 출애굽기 21장 1절~23장 19절 사이를 구분하였다. 출애굽기 32장 이후의 법들은 황금송아지를 만들고, 배교로 이어지는 이스라엘에게 주어진 것으로 이해되었다. 이 법들은 희생 제물을 다루었지만 기독교인의 삶과는 연결되지 않는다고 보았다. 그러나 출애굽기 32장 이전에 만들어진 율법은 만약에 그것들이 의식법이 아니라면 기독교인과 관계된다고 믿었다.

8. 종교개혁

성서 해석에 대한 종교개혁자들의 공헌은 때때로 성서 해석의 포괄적인 발전과 동떨어져 평가되었다. 비록 루터(Martin Luther, 1483~1546년)와 칼빈(John Calvin, 1509~1564년), 그리고 쯔빙글리(Ulrich Zwingli, 1484~1531년)가 위에서 언급한 비판적 아카데미 전승과 위대한 인문주의 사상가들[16]의 해석

---

14) Rabbi Solomo ben Isaac of Troyes, 그는 1105년에 죽었다.
15) 이 책은 4세기 후반(380년경) 시리아에서 나온 것으로 추정된다.
16) 대표적인 인물로 로이힐린(Reuchlin)과 로테르담의 에라스무스(Erasmus)를 예로 들 수 있다.

학적 방법들을 적용했지만, 종교개혁자들의 실제적인 성서 읽기의 응용은 앞선 자들과는 큰 차이가 있었으며 성서 해석에 새로운 발전을 가져다주었다. 그런 의미에서 종교개혁을 일종의 '해석학적 사건'으로 보는 것은 정당한 평가라고 말할 수 있다. 새로운 해석학적 응용은 텍스트 자체를 더 신선하게 바라보도록 자극하면서 성서를 모국어로 번역하도록 촉진하였다. 인문주의 해석에서 언어의 중요성을 강조하는 흐름은 텍스트의 문자적 의미에 대한 오래된 전통으로 이해되었다.[17] 반면에 이러한 해석 이론들과 성서에 대한 인문학자들의 시도에 있어 가장 큰 차이점은, 성서의 권위에 대한 새로운 이해와 급진적으로 형성된 성서 해석자의 자아이해 안에 있었다. 새롭게 해석된 성서의 의미와 교회 현상을 대조함으로써 종교개혁자들은 기독교 공동체 안에 생겨난 변화들을 위해 성서를 해석할 긴박한 필요성을 느끼게 되었다. 개혁자들에게 있어 교회 개혁을 위한 궁극적인 척도는 성서 안에 전달된 것으로 이해한 하나님의 말씀이었다(Sola Scriptura). 성서는 기독교 신앙의 기초를 대변하는, 그리고 그것의 내용은 완전히 명확하고 자아해석이 가능한 것으로 인식되었다(scriptura sui ipsis interpretes). 그러나 종교개혁자들은 성서 해석을 위한 이러한 전형적 기준에 자신의 신학적 견해를 첨부하였다.

종교개혁은 해석학적 사고에 있어서 근본적인 변화를 보여 준 사건이었다. 성서는 무엇보다 그리스도 자신이 선포되는 '살아 있는 하나님의 말씀'(viva vox)으로 이해되어야 한다는 루터의 주장은 텍스트의 실존적인 차원을 새롭게 자각시켜 주었다. 성서는 역사적인 문서가 아닌 설교를 위한 텍스트이기에 이원적이고 역사적인 탐구가 이러한 목표를 위해 제공되어야

---

17) 텍스트의 문자적 의미에 대한 관심은 안디옥 학파로부터 이후에 어거스틴, 아퀴나스, 그들의 추종자들, 그리고 중세 유대 사상가들의 성서 해석을 이끌었다.

한다. 성서의 중심 주제는 그리스도다. 그리고 이러한 전망으로부터 성서의 나머지를 해석해야만 한다. 해석학은 규칙 혹은 기술 이상의 것으로, 그것은 전체적으로 이해의 문제와 관련되어 있다.

텍스트에 대한 루터의 태도는 '이신득의'(믿음으로 의롭게 됨)에 대한 신념과 인간 본성에 대한 부정적 견해로부터 나온 것이다. 성서 해석자는 예수 그리스도 안에서의 하나님의 구원 행위에 대한 믿음을 통해서만 텍스트의 내용에 대한 자신의 견해를 강화할 수 있다. 그러나 후기 '루터교 정통주의'와는 달리, 루터 자신은 결코 성서를 모순이 전혀 없는 하나님의 책으로만 이해하지 않았다. 오히려 그는 성서 해석을 위해 자신의 신학적 입장과 조화시키면서 비평적인 언어학적 수단들을 사용하였다. 나아가 특별한 경우에는 우화적 해석도 함께 적용하였다. 그가 존경하였던 어거스틴처럼 루터는 그의 해석학적 입장이 허락하지 않을 때도, 자유롭게 텍스트에 대한 주석적 기술을 적용하였다. 때문에 그는 히브리 성서의 모형적 읽기를 주저하지 않았다. 그러나 어거스틴과는 달리 루터의 주석은 성경 전체를 정경적 지위로 완전하게 수용하는 문제에 제한받지 않았다. 그는 모든 텍스트를 자신의 기독론적 이해에 따라 취급하였다. 이에 신약성서에서 야고보서와 같은 문서의 신학적 합법성에 대해 부정적 판단을 내리게 되었다.

멜랑흐톤, 칼빈, 쯔빙글리와 같은 개혁자들은 인문주의와 언어학적 방법론의 결합, 성서의 전체적 내용에 대한 특수한 신학적 접근을 제공함으로써 해석학의 발전에 공헌하였다. 만약에 전통과 교회의 권위가 더 이상 해석 과정에서 통제의 힘으로 작용하지 않는다면 무거운 책임성이 주석 자체에 놓인다. 그러므로 종교개혁은 이후의 해석학의 발전을 형성한, 해석학적·주석적인 행위의 시작을 의미한다.

9. '정통주의' 시기의 성서 해석학

개혁자들 중에서 그 누구도 성서의 언어적 무오성을 주장하지 않았다. 그러나 그들의 신학적 계승자인 퀴엔스태드(Johannes Andreas Quenstedt, 1617~1688년)와 칼로비우스(Abraham Calovius, 1612~1686년)는 성경의 모든 단어에 주어진 영감을 주장하였고, 성서무오설의 원칙을 발전시켰다. 이러한 사상가들에게 있어서 성서는 하나님의 말씀과 동일하며, 이는 성서는 결함이 없다는 교리적 확신을 위한 기초가 되었다. 그러나 이 신학자들이 동일한 합리주의적 방식을 사용하여 교리적 진술에 도달했음에도 불구하고 '정통주의'의 이러한 진술들 사이에는 때때로 서로 큰 차이가 있었다.

로마 가톨릭에서 '트렌트 종교회의'(The Council of Trent, 1545~1563년)[18]는 성서와 전통 두 자료를 확증함으로써 성서 해석을 위한 '정통주의적' 상황들을 형식화하였다. 이 이론은 성서와 기독교 전통 모두가 진정한 기독교 신앙과 신학을 위한 자료들을 대변한다고 선언하였다. 이것은 성서만이 신앙을 위한 명백하고 충분한 자료가 된다는 개신교적 이론과는 크게 차이가 있었다. 두 '정통주의' 사이에서 발생한 논쟁에서, '오직 성서'를 주장하는 개신교 원칙에 대한 로마 가톨릭의 도전과 로마 가톨릭의 '두 자료'에 대한 개신교의 도전은 각각의 이상적인 방어와 함께 더욱 더 강하게 대립하게 되었다. 그러나 양진영의 '정통주의'를 지지하였던 성서의 전통적 세계관이 새롭게 형성된 세계관에 의해 도전을 받았을 때, 루터교, 개혁주의, 로마 가톨릭 정통주의자들은 그들의 해석학적 전통들뿐만 아니라 성서 읽

---

18) '트렌트 종교회의'는 종교개혁의 기치인 Sola Scriptura에 대해서 오직 성서만이 아니라 '성서와 전통'이라고 답함으로써, 교회에서 결정한 전통도 성서와 동일한 권위를 갖는다고 천명하였다.

기 방법들에 반대되는 이러한 새로운 그리고 공동의 적에 대항하여 동일한 종류의 논쟁으로 대처하였다.

새로운 세계의 영역에 대한 발견, 자연법에 대한 새로운 시각, 그리고 개발된 기술의 발전은 이전의 확신들에 대해 도전하였다. 즉 전통적인 성서 해석의 방법에 변화를 가져다주었다. 예를 들면, 성서의 연대기에 대한 신념과 아담이 인류의 아버지라는 여전히 폭넓게 사랑받는 신념에 도전하였다. 더욱이 이성이 믿음의 척도가 되어야 한다는 스피노자(Spinoza)와 데카르트(Descartes)와 같은 철학자들의 합리주의적 요구는 모든 '정통주의'를 자극하였다. 그들의 대표자들은 이제 합리주의적 사상과 경험에 기초한 새로운 운동에 대항하면서 기독교 유산을 방어해야 한다는 필요성을 실감하게 되었다. 네덜란드에서 활동한 몇몇 신학자들은 성서적 세계관의 도전을 용납하면서 전통적인 신앙과 새로운 이성을 연결하는 방법들을 발견하려고 노력한 반면, 독일 개신교 신학자들은 그들의 '정통주의' 견해를 더욱더 강화해야 할 필요성을 느꼈다.[19] 따라서 성서 해석학은 문자적 방식 안에서 텍스트를 읽는 규칙들의 발전에 의해 감소되었다. 그러나 새로운 철학적·과학적 도전들에 대한 이러한 부정적인 태도는 오래 지속되지 못했다.

흥미롭게도 '정통주의'의 문자주의에 대한 첫 비평은 성서 읽기의 교리적·형식직 방식을 탐구하였던, 그리고 성서 해석자의 개인적 경험에 대한 새로운 해석학적 강조를 주장하였던 경건주의 운동에서 나왔다. 이와 같이 성서 텍스트의 사적인 그리고 공적인 이해 사이의 관계 문제는 이제 성서 해석학에서의 신앙과 이성 사이의 관계 문제에 첨가되었다. 그것은 신선하

---

19) 그들 가운데 베커(Balthasar Bekker, 1643~1698년)와 비티히(Christoph Wittich, 1625~1687년) 등이 있었다.

고도 비판적인 정신을 지니고 이러한 문제들에 참여하도록 다음 세대의 새로운 해석자들을 포용하였다.

10. 계몽기 시대의 성서 해석학

초기 현대 시기의 혁신적 변화에 대한 개신교 정통주의의 태도와 그것의 해석학적 원칙들에 집착하려는 시도는 오래 지속되지 못했다. 성서와 하나님의 말씀의 동질성을 주장하는 영감의 교리는 신학에서의 해석학적 고찰을 중단시킬 수 없었다. 또한 과학적 탐구와 비판적·철학적 사고의 독립적인 학문을 억누르지 못했다. 더욱이 개신교의 '오직 성서'에 대한 반응으로 인해 로마 가톨릭 신학에서는 성서 해석학에 대한 새로운 관심이 생겨났다. 즉 기독교 신앙의 더 폭넓은 해석학적 근거와 성서 텍스트의 철저한 비평을 위한 필요성을 보여 주고자 하였다. 이러한 도전들은 18세기 개신교 해석학에 새로운 시작을 가져다주었다. 성서 해석학에서의 새로운 운동은 언어학적 방법론에 대한 보편적인 관심에 의해 더욱 더 강화되었다.

계몽주의 학문의 중심지 가운데 독일의 할(Hall)대학은 매우 중요한 역할을 하였다. 여기에서 제믈러(Johann Salomo Semler)와 철학자인 울프(Christian Wolff), 그리고 신학자인 바움가르텐(Siegmund Jakob Baumgarten)의 영향을 받은 새로운 성서 해석학이 발전하였다. 이러한 시도에는 성서 텍스트의 해석을 위해 상세한 규칙들을 확립했다기보다는 성서 해석학을 위해 새로운 방법을 적용했다는 특징이 있었다. 제믈러는 적절한 해석을 위해 교리적 전제들로부터 자유로운 성서의 비판적 읽기와 문법, 수사학, 논리, 텍스트의 역사, 번역들, 편집의 비평, 그리고 텍스트에 대한 다양하고도 전문적인 시도들을 요구하였다. 비록 그는 역사성의 문제로 깊숙이 들어가지는 않았지만, 텍스트의 역사에 대한 비판적 연구와 성서 저자들에 의해 의도된 의미에 대한 깊은 관심, 즉 성서 텍스트의 '역사적 의미'(*sensus litteralis historicus*)[20]를 요구함으로써 그러한 통찰력을 준비하도록 도왔다. 종교개혁자들 또는 개신교 정통주의의 대변자들과는 달리, 제물러는 현대의 독자와 고대 텍스트 사이의 역사적 간격에 대한 의미를 부각시켰고, 해석학적 과정을 위한 필요성을 이해하였다. 그는 또한 구약성서의 모형적 해석의 적합성에 대해 물음을 던졌다.

제물러는 성서 텍스트 뒤에 있는 전승들의 비판적 이해를 발전시키고, 성서의 어떤 책들에 한해서는 단일 저작에 대한 물음을 던지기도 했다. 더욱이 그는 성서 텍스트의 저자들이 청중의 전달 능력에 그들의 문체를 '융합'해야만 했다고 주장하면서 '융합'(accommodation) 이론을 촉진하였다. 다른 이론들의 도움으로 제물러는 성서에서의 언어학적 차이들과 교리적 특수성 모두를 설명할 수 있었다. 성서 텍스트의 비판적 연구를 보급시킨 제물러와 그의 동료 신학자들은 성서 해석학이 다시 이성의 요구에 응하여야 한다고 주장하였다. 결과적으로 텍스트를 비판적으로 이해하는 원칙들을 탐구하도록 자극하였다.

11. 슐라이어마허의 해석학

해석학의 발전에 있어서 슐라이어마허(Friedrich Schleiermacher, 1768~1834년)의 놀라운 업적은, 오늘날 발행된 그의 책들로 인해 더욱 정확하게 평가되고 있다. 신학적 선구자들과는 달리 그는 성서에 대한 특권적 접근, 즉 신

---

20) 성서의 사중적 의미의 하나로, 시대에 따라 다른 뜻을 지녔지만 일반적으로 성서 텍스트의 영적인 의미와는 대조되는 문법적 의미를 지칭하였다.

학적 주장들과 특수한 해석학을 위한 모든 요구들을 거부하였다. 대신에 그는 '일반적 해석학'(a general hermeneutics)을 요구하였다. 왜냐하면 그에게 있어서 '이해'(understanding)는 성서와 관련된 모든 분야의 비판적 판단을 요구하는 보편적인 과정이기 때문이다. 그러므로 신학은 모든 해석학적 특권을 포기해야만 한다. 그리고 고대 텍스트를 이해하려는 모든 노력들처럼 성서 텍스트를 이해하려는 해석학의 일반 원칙들을 따라야 한다. 예를 들면, 성서가 신의 영감을 받았다는 신념이 성서 해석을 주도해서는 안 된다. 그러한 신념은 해석 자체로부터 얻어진, 실제적으로 가능한 결과여야만 한다. 이와 같이 신학자 슐라이어마허는 '철학적 해석학'(philosophical hermeneutics)을 촉진시킨 개척자였다.

슐라이어마허는 철학적 해석학을 발전시키면서 의미를 찾아 내는 과정의 일반적인 측면(연설의 인습적 혹은 문법적 유형들을 발견하는 것)과 개별적 측면(모든 표현의 행위에서 그러한 일반적 유형들을 특수하게 적용하는 것)을 구분하였다. 이에 그는 해석의 과정에서 텍스트의 의미를 이중적으로, 곧 문법적 해석과 심리적 해석으로 재구성할 것을 요구하였다. 이 두 가지 의미의 결합을 통해 텍스트의 전체적 의미를 파악하고자 할 때, 슐라이어마허는 '예견'(divination)의 작업이 필요하다고 보았다. 해석자에게 이러한 예견의 작업이 요구되기 때문에, 어떠한 해석도 완전한 것으로 고려될 수가 없었다. 그러므로 슐라이어마허는 텍스트를 이해하기 위한 목표를 '근사치'(approximation)로 묘사하였다. 그리고 제물러처럼 궁극적으로 텍스트의 저자를 이해하려고 시도하였다. 저자들도 항상 창조성을 자각하지는 않았다는 것을 알았던 그는, 이해의 목표는 먼저 한 텍스트를 이해하려는 노력이고 다음으로는 저자가 행한 것보다 텍스트를 더 잘 이해하는 것이라고 정의하였다. 슐라이어마허는 성서 해석의 특수한 이론을 개발하지 못했기 때문에 해석학에 있어 그의 영향은 제한적이었다. 해석학 이론의 발전에 그의 해석학적 사고가 미친 지대한 영향은 다만 오늘날에 와서야 감지되고 있다.

12. '철학적 해석학'과 현대의 성서 해석

철학자 딜타이(Wilhelm Dilthey, 1833~1911년)가 인간과학을 위한 기초 이론을 형성하기 위해 슐라이어마허의 해석학적 노력을 차용하기까지, 슐라이어마허의 해석학적 질문은 세상의 관심을 끌지 못했다. 딜타이는 자연과학과 대조하여 그의 주요 과제를 '해설'(explanation)이라고 규정하고, 다른 삶의 표현들을 '이해'(understanding)하는 것이 인간과학의 목표라고 정의하였다. 따라서 성서 해석자들이 그들의 과제를 순수하게 역사-비평적 용어로 규정할 때, 딜타이는 비록 그것을 완성하지는 못했지만 슐라이어마허의 '일반적 해석학'을 다시 시도하였고, 인문학에서의 해석학적 관점도 강조하였다. 나아가 그것의 표현들을 통하여 '삶'을 이해하려는 그의 관심은 허슬러(Edmund Husserl)의 현상적 운동, 하이데거(Martin Heidegger, 1889~1976년)의 해석학적 철학을 위한 길을 준비하도록 도왔다.

하이데거의 작업, 특히 그의 저서인 「존재와 시간」(Being and Time)은 20세기 신학과 성서 해석에 커다란 영향을 미쳤다. 칼 발트와 같은 신학자들은 신학에 철학적 사고를 부과하는 것을 거부하였으나, 불트만(Rudolf Bultmann)과 에벨링(Gerhard Ebeling), 훅스(Ernst Fuchs) 그리고 다른 신학자들은 하이데거의 해석학적 이론을 환영하면서 성서 해석에 적용하였다. 특히 하이데거의 해석학적 순환, 즉 전제 없는 해석의 불가능성의 분석과 진정한 인간 실존에 대한 그의 기준은 그 이후에도 성서 해석학에 큰 영향을 미쳤다. 또한 존재에 대한 요청으로서의 언어 이해에 기초를 둔 철학에 대한 하이데거의 후기 움직임은 성서 해석을 자극하였다.

20세기 초의 철학적 해석학의 발전은 가다머(Hans-Georg Gadamer), 리코르(Paul Ricoeur)와 같은 철학자들에 의해 촉진되었다. 텍스트를 해설하고자 하였던 해석학은 이제 인간 경험을 이해하려는 해석학으로 발전하면서 신학의 범주 밖에 있던 사상가들의 관심 분야가 되었다. 몇몇 철학자들은 성서 해석과 당시의 신학 사상에 중대한 영향을 미쳤다. 특히 가다머는 '이해'의 보편적 이론을 발전시키고자 한 하이데거의 시도를 이어가면서 특별히 '심미적인'(aesthetic) 이해의 상황들에 대해 연구하였다. 저서인 *Truth and Method*에서 이러한 더 넓은 체계 안에서 해석학을 조사한 그는 이해의 이론을 다음과 같이 표현하였다. "이해를 객관성의 행위로 고려해서는 안 된다. 그것은 과거와 현재가 그 안에서 지속적으로 융합되는 전통의 과정에서의 자아의 위치 매김으로 고려되어야 한다. 이것이 해석학 이론에서 표현되어야 하는 것이다. 즉 하나의 과정과 하나의 사상에 의해 지배되는 것으로 보아야 한다."[21] 해석학적 과제는 텍스트의 과학적 탐구를 넘어서야 한다고 믿으면서, 가다머는 해석학은 진리와 통찰력을 얻는 데 관계가 있다고 하였다. 즉 해석학은 과학적 방법의 통제를 초월하는 진리의 경험을 찾는 것과 관련이 있다고 말한다. 가다머는 인간 과학의 방법론에 많은 관심을 갖지 않는다. 그 대신 왜 이러한 인간 과학이 있어야 하며, 그것들이 '우리 경험의 전체성'과 어떻게 연관이 있는지를 이해하려는 시도에 관심한다. 가다머의 견해에서 가장 중요한 것은, 해석자가 이해에 도달하기 위하여 언어를 통하여 과거의 전승과 만나는 방식이다. 해석자의 지평과 과

---

21) H. G. Gadamer, *Truth and Method* (London: Shees & Ward, 1975), 258 이하.

거의 지평의 융합으로 해석자는 이해를 생겨나게 할 수 있는 '실제의 역사적 의식'을 개발한다. 따라서 해석의 방식을 발전시키는 대신에, 가다머는 우리가 텍스트 해석에 참여하였을 때 어떤 일이 발생하는지 묘사하기를 원했다. 우리는 항상 텍스트를 우리의 전 이해를 형성하는 물음들을 통해 접근해야만 한다고 보았다. 그러나 이러한 전 이해는 이미 텍스트 자체의 효력의 역사에 의해 어떤 방식으로 조건이 주어져 있다. 이에 가다머는 텍스트가 지닌 '역사적으로 효력 있는 자각'(Wirkungsgeschichte)에 대해 말하였고, 그러한 자각의 구조를 "이해될 수 있는 본질은 언어다"[22]라는 말로 규정하였다. 따라서 언어는 진리에 대한 외적인 표현이다. 그리고 이러한 표현이 해석학적 경험의 목표이고, 해석학의 보편적 특성인 것이다.

리코르는 해석학적 물음은 본질적으로 주요한 철학적 물음이라는 선구자들의 견해와 함께한다. 그는 20세기 철학자들의 주제가 되었던 다른 분야에 관심을 집중했다. 즉 언어의 철학이다. 하이데거처럼 리코르에게 '인간'은 언어다. 리코르의 관심은 광범위하였다. 하지만 그의 주된 관심은 신앙 공동체를 위한 성서 주석에 관한 것이 아니라, 인간 실존의 상태를 이성적으로 명료하게 규정하는 데 있었다. 그는 이해(Understanding)와 해설(Explanation), 이 두 개념은 텍스트의 가장 잘 구성된 해석(Interpretation)을 가능케 하는 변증적 긴장에서 유지되어야 한다고 보았다. 저자의 의도(verstehen)와 실제적 언급(erklären)은 순환의 과정이다. 이러한 관점에서 해석이라는 용어는 해석과 이해를 포함하는 인간의식의 전 과정을 묘사하기 위한 의미로 사용될 수 있다. 따라서 리코르는 가다머가 텍스트 해석에서 방법론적인 수단들을 완전히 거부한 것에 대해 비판하고, 이해와 해설을 포

---

22) Ibid., 432.

함한 해석의 이중적 프로그램을 제안하였다.[23] 그래서 구조주의자와 형식론자(formalist)의 이데올로기에 동의하지 않고, 텍스트 해설의 형식론자, 구조주의자 방식들을 결합할 수 있었다. 하지만 가다머와 하버마스와는 달리, 리코르는 적절한 성서 해석에 대한 토론에 직접적으로 공헌하였다. 또한 슐라이어마허의 '일반적 해석학'의 프로그램을 새로운 차원으로 끌어올렸고, 동시에 성서 해석에서 그러한 일반 이론이 적용될 수 있는 길을 열어 주었다. 오늘날 리코르는 분명하게 성서 해석의 발전에 가장 큰 영향을 행사한 철학자로 평가될 수 있다.

13. 20세기 성서 해석학의 이론들

1) 발트와 불트만의 논쟁

칼 발트(Karl Barth, 1886~1968년), 루돌프 불트만(Rudolf Bultmann, 1884~1976년), 그리고 독일신학의 '변증법적 신학 운동'의 대표자들은 성서 텍스트의 단순한 역사-비평 연구가 텍스트들의 신학적 특성과 특별한 실존적 주장들을 정당하게 평가하지 못했다는 점에 동의하였다. 그들 모두는 거의 한 세기 동안에 성서 해석을 지배해 왔던 역사주의를 극복하기 원했다. 그러나 성서 해석의 새로운 방식에 있어서는 일치할 수가 없었다. 대표적으로 불트만은 하이데거의 존재론적 해석을 자신의 성서 해석 프로그램을 위해 차용하였으나, 발트는 철학적 방법론을 고려하지 않는 성서 해석을 옹호하였다.

성서 해석학의 존재론적인 차원은 변증법적 신학의 발전을 통하여 두드

---

23) P. Ricoeur, *Essays on Biblical Interpretation* (Philadelphia: Fortress, 1980).

러지게 되었다. 처음에는 발트에 의해, 그 후에는 불트만과 그의 제자들에 의해 더 확대되었다. 1차 세계대전(1914~18년)이 가져다준 황폐한 결과는 유럽의 자유주의적 낙관주의 정신에 심각한 충격을 주었다. 존재론적인 의미를 위한 탐구는 교회 안에서 설교를 비롯해 여러 분야에서 나타났다. 발트의 신학은 이러한 도전에 답하고자 하는 하나의 시도였다. 그의 목표는 '신학적 주석'의 개념을 가지고 학문적 주석과 실제적 주석 사이의 간격을 좁히고자 하는 것이다. 성서는 성육신의 견해에서 하나님의 언어와 인간의 언어의 결합으로 이해되어야 한다. 그러므로 역사적 주석은 피할 수 없는 과정이다. 그러나 텍스트의 주요 대상인 예수 그리스도를 더 잘 이해하려는 목적을 위해 모든 행위의 관심이 모아져야 하기에, 완전히 객관적인 주석은 불가능하다. 그리고 진정한 이해는 해석자 개인의 주관적인 견해를 요구한다.

성서 텍스트에 있어 발트의 해석학적 견해를 형성하였던 질문은, "하나님의 말씀은 무엇이고, 하나님의 말씀과의 관계에서 나는 누구인가?"라는 것이었다. 발트는 결코 하나님의 말씀을 성서 텍스트와 동일시하지 않았고, 성서를 어떤 방식으로 해석할 때 하나님의 말씀의 신비로운 비밀에 도달할 수 있는지에 대해서도 설명하지 않았다. 그는 하나님은 우리의 해석 이론의 대상이 되어서는 안 된다고 생각했다. "계시는 역사의 술어가 아니다. 그러나 역사는 계시의 술어다."[24] 따라서 발트의 성서 해석은 하나님의 계시의 속성에 대한 신학적 통찰력에 의해 자극되었다. 그는 신학적 전이해의 기초 위에서 성서 텍스트에 접근하였고, 로마서 주석의 두 번째 판[25]에서 역사-비판적 주석들에 도전하였다. 그는 그러한 비평을 통해서 성서의

---

24) Karl Barth, *Church Dogmatics*, Vol. 1. (Westminster: John Knox Press, 1994), 58.
25) Karl Barth, *The Epistle to the Romans* (London: Oxford University Press, 1968).

특수한 내용에 더 조심성 있게 귀를 기울여야 하고, 해석 과정에서 하나님의 자아교통의 행위에 마음을 열어야 한다고 주장하였다.

결과적으로 발트는 자신의 「교회 교의학」(Church Dogmatics)을 통해, 적절한 성서 해석을 위한 실제적인 세 가지 단계를 제안하였다.

(1) 관찰 : 텍스트의 문학적 · 역사적 제시에 주의하는 것.

(2) 고찰 : 자신의 사상들을 부과하지 않고 텍스트와 함께 생각하는 것.

(3) 차용 : 자신의 상황에 텍스트를 적용하는 것.(해석자가 성서 텍스트에 의해 증거되는 하나님의 목적에 자신을 승복시키는 것을 의미)[26]

따라서 발트의 해석학은 특성상 '전적으로'(totally) 신학적이라고 말할 수 있다.

불트만은 해석학적 고찰에 주관적 요소를 포함하기 위해 인간의 학문을 적용해야 한다는 딜타이의 제안을 수용한다. 따라서 성서 텍스트는 하나님과 인간 사이의 실존론적인 만남의 결과이고, 텍스트의 해석은 현재에서 가능한 유사한 만남을 이루는 데 목표를 둔다. 불트만의 해석학적 프로그램은 전체적으로 현대 청중에게 신약성서의 실존적 메시지인 '케리그마'[27]를

---

26) Barth, *Church Dogmatics*, 722-38

27) '케리그마'는 헬라어로 '선포, 설교'란 의미의 용어다. 성서신학 초기에는 복음서를 초대 교회가 선포한 가장 초기의 케리그마로 간주하였으나, 그 이후에는 바울서신에서 그러한 유형을 찾고 있다. 다드(C. H. Dodd)는 초기 교회의 가장 이른 형태의 '케리그마'를 다음과 같은 구절들에서 설정하고자 하였다. 행 2:14~39; 3:13~26; 4:10~12; 5:30~32; 10:36~43; 13:17~41; 갈 3;1; 4:6; 살전 1:10; 고전 15:1~7; 롬 1:1~3; 8:34; 10:8~9 등. 다드에 의하면 구전으로 전달된 '케리그마'의 축은 다음의 여섯 가지 요소를 포함하고 있었다. 1) 메시아의 도래에 관하여 구약성서에서 언급한 예언의 성취 2) 이러한 사실은 예수의 사역과 죽음, 그리고 부활을 통하여 입증되었다. 3) 부활의 결과로, 그리스도는 하나님의 오른편에 고양되었다. 4) 교회 안에서의 성령의 임재는 그리스도의 현존을 보증한다. 5) 그리스도의 재림은 메시아에 대한 기대를 가져올 것이다. 6) 세례받고 그리스도의 공동체에 들어가기 위해서는 회개해야 한다. idem., *The Apostolic Preaching and Its Development* (New York: Harper, 1964), 21-23.

전달하고자 하는 필요에 의해 움직인다. 그렇게 함에 있어서 그는 텍스트의 역사적 · 실존적 차원 사이의 괄목할 만한 변증을 개발하였다. 케리그마에서 이어지는 실존론적인 만남은 그 어떠한 언어의 완전한 의미를 통해서도 객관화될 수 없다. 이것은 불트만에게 있어서 본질적 케리그마를 위험에 빠뜨리지 않고 텍스트에 역사 비평적인 방법을 적용하는 것을 가능하게 하였다. 반면 후자는 역사적 항목들(Was)에 의존하지 않고, 예수의 생애의 사실(Das)에 의존한다.

이처럼 발트와 달리 불트만은 당시의 실존적 상황에 대한, 그리고 성서 해석의 원칙들에 대한 철학적 고찰의 필요성을 수용하고 옹호하였다. 그의 독특한 사상은 슐라이어마허의 '철학적 해석학'의 전통 안에 있으며, 하이데거의 실존철학에 크게 영향을 받았다. 불트만은 슐라이어마허처럼 성서 해석은 다른 어느 문학 작품의 읽기와 동일한 원칙을 따라야 한다고 주장하였고, 하이데거를 따라서 성서 해석의 어떤 '전제 없음'의 이해가 있을 수 없다고 말했다. 불트만은 편견과 전 이해를 구분하면서, 첫 번째 것은 버려져야 하고, 두 번째 것은 자각해야 할 것을 요구하였다. 더욱이 역으로 독자와 텍스트 사이의 실존적 만남에 의해 변형될 특수한 전 이해를 낳은 주석가와 텍스트 사이의 삶의 관계성이 존재하여야만 한다고 보았다. 이러한 만남의 주관적인 면을 인정할 때 성서 텍스트의 어떤 해석도 결정적인 것이라고 주장할 수 없을 것이다.

불트만의 해석학적 구조는 실존적 이해에 대한 하이데거의 주장에 영향을 받아 형성되었다. 불트만은 세상에서의 진정한 실존의 방법들을 나타내기 위한 목적을 가지고 성서 텍스트를 해석하고자 하였다. 그러나 텍스트와 독자 사이의 역사적 간격 때문에, 그리고 어떤 신약성서 텍스트의 특별한 '신화적' 특성으로 인해 불트만은 '비신화화'(demythologization)[28]의 프로그램을 제안하였다. 하지만 다소 오해를 가져오는 이러한 개념은 현대 해석자가 신약의 신화적 부분들을 제거할 것을 의미하지는 않았다. 오히려 불트만은 성서의 신화적 세계관과 오늘날 성서 독자의 과학적 세계관 사이의 차이를 인식하는 해석의 방식을 제공하고자 하였다. 그는 신화적 세계관을 현대 과학적 세계관으로 대치하는 것을 목표로 하지 않았다. 대신에 "신화적 혹은 과학적이건 간에, 신앙 자체는 인간의 사상에 의해 생산된 모든 세계관으로부터 자유롭게 될 것을 요구한다"[29]는 사실을 강조하기 원했다.

성서 해석학에 대하여 더 많은 토론을 촉진하고 극대화하였던 발트와 불트만의 논쟁은, 성서 해석에 있어서의 철학적 사고의 역할에 대해 다시 한 번 관심을 갖게 하였다. 발트는 성서 해석학에서의 철학적 해석에 대하여 그 어떠한 의존도 거부하였다. 반면에 불트만은 철학적 해석의 필요성을 수용하였을 뿐만 아니라, 성서 텍스트의 해석을 촉진하기 위해 초기 하이데거의 특수한 철학적 체계와 용어를 적용하였다. 성서 해석에 있어서 두 사람은 많은 비평을 받았다. 발트의 해석학이 지니고 있는 '실용주의적' (positivistic) 특성으로 인해 비난을 받았다면, 불트만의 해석학은 때때로 비역사적 특성, 특히 실존철학의 차용으로 많은 비판을 받았다. 하지만 이러한 결점에도 불구하고 불트만의 해석학적 프로그램이 철학과 다른 해석학

---

28) 불트만이 그의 성서 해석학에서 사용한 기술적 용어로, '비신화화'는 신화 자체의 '상' (imagery)에 표현된 실존의 이해에 의한 성서 신화들의 해석에 대해 말한다. 이 작업은 신화의 제거를 의미하는 것이 아니라, 그것을 실존주의자의 용어로 재해석함을 의미한다. 이러한 상황에서 신화란 용어는 이 세상에 의하여 다른 세상을 말하고, 인간에 의하여 신을 말하는 '상'을 의미한다.

29) R. Bultmann, *Jesus Christ and Mythology* (New York: Charles Scribner's Sons, 1958), 83.

적 훈련들과의 대화의 길을 열었다는 사실은, 다음 세대의 성서 해석을 위한 시도들의 발판이 되었다.

2) '새로운 해석학'

'새로운 해석학'(New Hermeneutics)이라는 용어는 미국과 유럽의 학자들이 하이데거와 불트만의 해석학적 프로그램에 긍정적으로 반응하였던 움직임을 총체적으로 지칭하는 것이다.[30] 이러한 움직임은 개신교 종교개혁자들의 사상에 이어, 하나님이 성서 안에서 증언되고 선포된 그의 로고스를 통해 말씀하였다고 주장한 1920년대의 '변증법적 신학'에서, 그리고 그러한 신학적 입장에 대한 반응에서 비롯되었다. '새로운 해석학'은 변증법적 신학을 수용하였다. 하지만 칼 발트와는 반대로 철학적 인류학에서 하나님의 말씀을 조사할 필요가 있다고 주장하였다.

'새로운 해석학'은 언어에 대한 실존적 이론을 발전시켰다. '새로운 해석학'에서 언어는 불트만의 경우에서처럼 텍스트의 주제와 해석자를 연결하는 방법이기보다는 성서 텍스트 이해를 위한 열쇠가 된다. 성서 본문에 대한 연구로부터 메시지 전달에 이르는 설교의 전체적 임무는 이러한 실존적 언어의 새로운 이론의 문맥에 따라 행해지는 것이다. 하나님에 대한 인간의 반응과 결단이나 믿음의 행동에 대한 하나님의 반응에 대해 만남 (Begegnung)이라는 용어 대신, '새로운 해석학'은 '언어 사건' (Sprachgeschehen 혹은 Sprachereignis)이라는 용어를 사용한다. 새로운 해석학의 학자들은 많은 방식에서 과거 100년 동안의 전통적 개신교 방식을 따르지만, 언어에 대한 그들의 실존적 이론에 따라 전혀 다른 방식으로 텍스

---

30) J. M. Robinson and J. Cobb, eds,, *The New Hermeneutics* (New York: Harper & Row, 1964).

트의 해석을 시도한다.

하이데거의 후기 작품들에 다가가면서, '새로운 해석학'은 이해와 실재에 대한 언어의 관계성을 분석하였다. 하이데거, 불트만, 그리고 다른 학자들과 더불어 '새로운 해석학'은 신학적 토론에서 '해석학적 문제'와 '해석학적 원칙'과 같은 용어들을 낳았다. '새로운 해석학'은 실제로 말씀에 관한, 그리고 말씀을 통한 사건으로서 무엇이 발생하였는지에 대한 이론이다. 이 운동의 대표적인 학자들인 훅스(Ernst Fuchs, 1903~1983년)와 에벨링(Gerhard Ebeling, 1912년)은 신앙을 '언어 사건'으로 이해하였다. 이러한 분석으로부터 '언어 사건'(language event)과 역사적 '예수에 대한 새로운 탐구'와 같은 용어들이 나왔다. 따라서 성서 해석과 관계된 신학적 연설 모두에 나타난 해석학적 문제에 그들의 신학적 관심을 쏟았다.

'변증법적 신학'뿐만 아니라 하이데거의 언어에 대한 철학적 고려에 영향을 받은 훅스는, 먼저 모든 성서 해석의 해석학적 상태를 강조하고, 다음에 신약 해석에서의 어떤 구체적 동기들을 제안하는 해석학을 발전시켰다.[31] 그는 발트와는 반대로, 성서에서의 하나님 말씀의 중재 과정에 대해 고찰해야 할 필요성을 강조하였다. 현대인은 그가 누구인지를 물어야 하고, 그러한 실존적 물음을 통해 성서 텍스트에 접근해야 한다. 따라서 신약성서에 다가가는 시도는 믿음에 관해서는 중립을 지켜야만 한다.[32] 결과적으로 그는 해석학적 고찰을 통해 자연신학의 문제를 신학에 다시 소개하였다. 그러나 그의 '철학적 해석학'에 대한 신뢰와 그것의 사용은 궁극적으로 성서적 사고 혹은 더 정확하게 특수한 신약적 사고를 회복하기 위한 토대가 되었다(구약은 불트만 혹은 훅스에게는 해석학적 고찰의 대상이 아니었다). 이러

---

31) E. Fuchs, *Hermeneutik* (Bad Cannstadt, 1954).
32) Barth, *Church Dogmatics*, 116.

한 관점에서 볼 때, 발트와 훅스의 신학적 관계성은 그의 해석학적 사고가 제안할 수 있는 것보다 더 밀접하였다. 훅스는 언어에 관심을 갖는다. 그는 인간을 존재의 요청에 답하는 언어학적 창조물로 묘사한다. 이러한 요청은 역사를 통해 인간에게 전달된다. 왜냐하면 역사는 기본적으로 언어의 역사이기 때문이다. 하나님의 말씀은 예수 안에서의 사랑의 언어인 진정한 언어의 실재다. 예수 자신은 주요한 '언어 사건'이다. 그리고 그는 우리에게 신앙의 언어를 가르치고, 하나님과 더 밀접한 관계를 맺기 위해 그것을 충분히 시험해 보도록 격려한다. 따라서 훅스에게 있어서 역사적 예수는 새로운 의미를 얻는다.

당시의 어떤 다른 신학자들보다 에벨링은 신학적 고찰에 많은 에너지를 쏟아 부었다. 전통적인 개혁적 신학의 방법론적 한계성을 인식하면서, 에벨링 역시 궁극적인 목표는 텍스트를 해석하는 행위에서 하나님의 말씀을 위한 길을 자유롭게 하는 것으로 보았다. 성서 해석학적 사고를 위한 새로운 기초를 발전시키기 위해 그는 하이데거의 언어 이해를 차용하였다. 에벨링에게 있어서 성서 해석의 적합한 상황은 성서에 대한 신실한 접근이며, 성서 해석에서의 유일한 진정한 일치는 말씀과 신앙의 일치다. 따라서 에벨링의 해석학적 사고는 엄격하게 말씀에 대한 개신교적 전통과 밀접한 관계가 있다. 그에게 있어서 해석학은 인간 언어의 영역에서 거듭하여 사건으로 다가오는 하나님의 말씀에 대한 이해다. 불트만은 성서의 언어 뒤에 담겨 있는 인간 실존의 이해를 조사하기 원한 반면, 에벨링은 언어 자체를 존재(Bing)의 음성으로 보았다. 그래서 그는 이렇게 주장한다: "이해의 영역에서 주요한 현상은 언어의 이해가 아니라 언어를 통한 이해."[33]

---

33) Gerhard Ebeling, *Word and Faith*, trans. James W. Leith (London: Fortress, 1963), 318.

Ⅲ. 성서 해석의 전제

신구약 중간 시기는 조용한 시기가 아니었다. 외경과 위경, 사해사본 그리고 나그
함마디 문서에 포함된 텍스트들은 현대 독자들에게 헬라와 로마 시기의 중요하고
도 영향력 있는 다양한 음성들을 소개한다. 만약에 이러한 텍스트들이 없다면, 교
회의 모체가 되는 유대교에 대한 우리의 인식은 불완전할 수밖에 없다. 이 문헌들
에 관한 연구는 우리를 유대교에 대한 더 깊은 이해로, 그리고 예수와 초기 교회의
선포를 형성하는 유대 전승의 범위에 대한 이해로 인도한다.

1. 신약에서의 구약 사용

기독교 신앙을 이해하는 데 있어 구약이 신약에서 어떻게 사용되고 있는 지 아는 것보다 더 중요한 주제는 없을 것이다.[1] 초기 기독교인들은 구약성 서를 예수 그리스도의 사역, 죽음, 그리고 부활의 새로운 빛에서 이해하려 고 하였다. 그들은 기독교 신학을 변증하기 위하여, 그리고 신학적 문제점 들을 해결하기 위하여 구약성서를 사용하였다. 구약은 신약 신학의 하부 구조를 제공하였고,[2] 신약 사상을 구성하기 위한 언어와 형태도 제공하였 다. 따라서 신약의 개념들은 구약의 구절들이 지니고 있는 의미를 통해 이 해해야 한다. 어거스틴이 말한 것처럼, "신약은 구약에 감추어져 있다. 반 대로 구약도 신약에 감추어져 있다."[3]

그러나 구약에 있는 모든 내용이 새로 시작된 기독교 신앙에 그대로 옮 겨지지는 않았다. 따라서 구약과 신약 사이에는 연속성도 있는 동시에 불 연속성도 존재한다. 즉 신약의 어떤 부분들은 구약 메시지의 직접적인 확 대인 반면, 어떤 부분들은 신약에서 새롭게 갱신되었다. 그 어떤 신약성서 기자도 구약성서가 하나님의 말씀임을 부인하지 않는다. 하지만 명백하게 기독교인들에 의해 무시된, 그리고 현재도 그러한, 많은 구약의 구절들이 있다. 결국 구약을 어떻게, 어떤 범위 내에서 수용할 것인가 하는 과제가 우 리에게 남아 있다.

---

1) Klyne Snodgrass, "The Use of the Old Testament in the New," in ed. by David A. Black and David S. Dockery, *Interpreting the N.T.: Essays on Methods & Issues* (Nashville: Broadman & Holman Publishers, 1991), 209-29 이하.

2) C. H. Dodd, *According to the Scripture: The Sub-structure of New Testament Theology* (London: Nisbet, 1952).

3) Augustine, *Quaestionum in Heptateuchum libri Septem* 2.73.

'구약을 어떻게 차용할 것인가?' 하는 물음은 이미 예수의 가르침에서 제기되었다. 구약에 대한 예수의 태도는 종교 권위자들을 격분시켰다(참고. 마 12:9~14; 막 3:1~6; 눅 6:6~11). 왜냐하면 예수께서는 그들처럼 안식일 준수와 정결법에 초점을 맞추지 않았기 때문이다. 사실상 복음서를 보면 예수께서 문둥병자, 혈우병 여인, 시체와 접촉함으로써, 또한 죄인과 세리들과 식사를 함으로써 정결법을 위반한 것으로 보인다(참조. 마 8~9장; 레 13장, 15:19 이하; 에 10:11). 누가복음 24장 44~45절에서 볼 수 있듯이, 부활하신 그리스도는 히브리 성서의 모든 부분(율법, 예언서, 성문서)이 성취되었다고 주장하였다. 그는 성서를 이해하도록 제자들의 마음을 열어 주었다. 분명 지상의 예수와 부활하신 그리스도의 과제 가운데 하나는, '어떻게 하면 히브리 성서를 정확하게 해석할 수 있는가' 하는 문제였다. 당시 종교 권위자들의 성서에 대한 이해만으로는 충분하지 않았다. 문제는 초기 기독교인들의 주된 관심이었다. 이사야 53장에서 무엇을 이해하였는지 질문을 받은 에디오피아 환관은 다음과 같이 대답하였다. "지도해 주는 사람이 없으니 어찌 깨달을 수 있느냐"(행 8:31). 빌립은 이사야 53장 7절 이하를 통하여 그에게 그리스도를 소개하였다(행 8:26~35). 이러한 설명은 구약을 해석한 기독론적 방식에 대해, 그리고 구약 이해에 대한 안내가 초기 교회에 필요했음을 말해 준다.

2세기에 구약 문제에 대한 하나의 급진적인 해결 방법이 대두되었다. 영지주의에 영향을 받은 시놉(Sinope)의 마르시온(Marcion)은 자신의 공동체를 향하여 - 비록 그가 구약의 어떤 곳에서 부분적인 가치를 발견한 것이 사실임에도 불구하고 - 구약성서 전부를 거부하라고 권면하였다. 그는 악을 창조한 구약의 하나님을 거부하였고, 어떤 유대적 특성으로부터 기독교를 분리하기 원했다. 결과적으로 그는 바울서신들(목회서신 제외)과 누가복음만을 정경으로 인정하였다. 다행스럽게도 대부분의 기독교인들은 마르시온을 따르지 않았다. 대신에 신약 저자들의 해석적 실행을 확대하고 새로운 방식으로 구약을 차용하려고 노력하였다. 기독교인들은 도덕성을 가르치기 위하여, 예수가 누구인가를 설명하기 위하여, 그리고 기독교 사상의 실례들을 제공하기 위하여 구약을 사용하였다. 그러나 불행하게도 일상적으로 확대된 텍스트들의 역사적 감각 혹은 이해가 부족하였다. 대신에 구약은 그리스도의 유형을 제공하는, 혹은 우화를 통해 영적으로 이해되는 사상과 상징들을 품고 있는 그리스도에 관한 예언으로 간주되었다. 그리하여 저스틴(Justin Martyr)과 많은 다른 교회 지도자들은 우리 대부분이 상상할 수 없는 구약의 텍스트에서 그리스도에 관한 언급을 발견하였다. 예를 들어, 다니엘 2장 45절의 손대지 않은 돌이 산에서 나온 구절은 동정녀 탄생으로 이해되었다. 또한 거의 모든 막대기, 나무 조각 혹은 나무는 예수의 십자가형을 암시하는 것으로 해석되었다.

3~4세기에 이르러 구약과 신약은 두 개의 상반된 방법에 따라 해석되었다. 요한 크리소스톰(John Chrysostem)과 데오도르(Thoedore)에 의해 대변되는 안디옥 학파는 우화화에 반대하였고 전적으로 솔직한 주석에 참여하였다. 반면 오리겐과 어거스틴으로 대표되는 알렉산드리아 학파는 훨씬 더 영향력이 있었지만, 현대적 관점에서는 그다지 수용되지 않았다. 이 학파는 우화적 주석에 관여하였고, 그러한 시도에 의해 특별히 문제가 있는 텍스트에 영적인 의미가 부과될 수 있었다. 우화화는 난해한 구약의 텍스트를 기독교 신학의 관점에서 쉽게 이해하도록 만들어 주었다. 우화적 주석은 종교개혁의 시기까지 지배적으로 실행되었다.

마틴 루터는 상황에 따라 성서를 우화적으로 해석하였지만, 개혁자들은 우화적 주석에서 텍스트의 단순한 의미에 대한 관심으로 방향을 바꾸었다.

루터와 칼빈은 구약과 신약의 일치점과 차이점을 인식하였다. 루터는 율법과 복음서에 대한 인식 때문에 두 성서 사이의 불연속성을 강조하였다. 반면에 칼빈은 두 성서의 연속성에 초점을 맞추었다. 이 때문에 칼빈은 루터가 아직 구약을 수용하기에는 준비가 덜 되어 있다고 주장하였다. 즉 율법은 여전히 기독교의 도덕성을 인도함에 있어서 어떤 역할을 하고 있다는 것이다. 구약을 이해함에 있어서의 이러한 차이점은 오늘날까지 루터와 칼빈의 추종자들을 특징짓고 있다.

'구약이 신약과의 관계에서 어떻게 보여질 수 있는가?' 하는 물음은 여전히 논쟁의 주제가 되고 있다. 이 주제에 있어서 현대 독자가 직면하는 주요 문제는 구약의 텍스트를 사용하는 신약 기자의 경향성이다. 특별한 표현이 이 문제에 대한 해결책을 제공하기 위해 사용되었다. *Sensus Plenior(full sense)*는 로마 가톨릭에서 대중적으로 사용하고 있는 용어다. 이 용어는 "성서의 단어들이 계시의 빛에서 혹은 계시의 이해에서 연구될 때 찾아볼 수 있는, 인간 저자에 의해 의도된 것이 아닌 하나님에 의해 의도된 더 깊은 의미"[4]를 뜻한다. 신약의 저자들은 이러한 더 풍부한 의미를 이해하고 적용하도록 성령에 의해 영감을 받은 자로 보인다. 어떤 이에게 이것은 하나의 해결책이다. 하지만 다른 이들에게는 쉽게 받아들일 수 없는 것이다.

분명히 모든 히브리 성서들은 하나님의 말씀으로 간주되었다. 그러나 '신학적 결론들이 배제된 텍스트를 어떻게 수용할 것이며 혹은 무시할 것인가?', '예수와 신약성서 저자들은 구약성서의 어떤 배경에서 복음의 본질을 발견하였는가?', '어떻게 그리고 어디에서 구약은 사용되었는가?' 이러한 물음에 대한 해답은 저자의 목적에 달려 있다. 마태는 구약의 성취로

---

4) 이 주제에 대해서는 R. E. Brown, *The Sensus Plenior of Sacred Scripture* (Baltimore: St. Mary's University, 1955)를 보라.

서의 예수에 초점을 맞춘 반면에, 바울은 그것을 믿었음에도 불구하고(롬 1:2) 그러한 언어를 사용하지 않았다. 분명 바울은 구약을 완곡하게 사용하고 있다. 그는 로마서에서 그리스도 안에서의 구원과 유대인의 연관성을 논하면서 구약성서를 54회 인용하였다. 그러나 다른 편지에서는 구약에 대해 그 어떠한 언급도 하지 않았다. 계시록의 저자는 결코 구약을 인용하지 않았으나 다른 저자만큼 구약의 단어들을 사용하였다. 그는 단지 자신의 관점을 이루기 위해 구약의 언어와 이미지를 새롭게 사용하였다. 저자가 예수의 정체성을 설명하거나 혹은 유대인 청중들에게 말할 때는 구약이 더 많이 사용되었고, 예수의 정체성이 이방인들에게 전달되는 상황에서는 구약성서가 드물게 사용되었다. 구약에 가장 많이 의존하는 신약의 책들은 히브리서, 계시록, 그리고 베드로전서다.

이러한 역사적 개관으로부터 다음과 같은 질문들이 제기될 수 있다. "실제로 구약은 기독교인들에게 아무런 거리낌 없이 하나님의 계시로 수용될 수 있는가?", "구약은 어떠한 범위 내에서 예수 그리스도에 대해 말해 주고 있는가?", "구약과 신약 사이의 불연속을 어떻게 다루어야 하는가?" 구약 사용이 신약의 이해를 위한 중요한 주제라는 것을 인정할 때, 다음과 같은 지침들이 신약 해석에 도움이 될 수 있을 것이다.

첫째로 구약성서의 텍스트가 지니고 있는 원래의 의도가 무엇인지 파악해야 한다. 즉 텍스트가 기록되었을 당시의 상황과 신학에 대한 면밀한 조사가 필요하다.

둘째로 텍스트의 형태를 분석해야 한다. 가능한 차원에서 신약에서의 인용과 구약의 본문, 그것에 대한 다양한 증언들을 서로 비교해 본다. '신약에 언급된 구약성서는 정확한 인용인가? 아니면 의역인가 혹은 암시인가?', '신약은 마소라 텍스트(Masoretic Text)[5]와 일치하는가? 혹은 70인역, 탈굼과 같은 다른 텍스트와 일치하는가?', '인용의 형태로부터 어떠한 이해를 얻을 수 있는가?' 등의 질문들이 제기될 수 있다.

셋째로 가능하다면 구약 텍스트가 어떻게 유대교에서 이해되었고 사용되었는지 조사할 필요가 있다. 좋은 주석서들이 그러한 정보를 제공해 줄 것이다.

넷째로 다음과 같은 질문들을 통해서 신약 저자들이 구약 텍스트를 사용한 방식을 분석해야 한다. "저자가 자신의 진술을 정당화하기 위한 거룩한 증거로 텍스트를 사용하였는가?", "사람들을 깨우치기 위해 구약의 단어들을 사용하였는가?"(참조. 요 1:14~18), "단어들이 저자 자신의 논증에서 수사학적 효과를 위해 적용되고 사용되었는가?"(참조. 벧전 1:3), "저자는 단지 구약 텍스트에 기초된 유추를 사용하고 있는가?"(참조. 요 3:14)

다섯째로 구약 텍스트 사용의 신학적 중요성과 관련성을 파악해야 한다. 예를 들면, 베드로전서 3장 14~15절에 인용된 이사야 8장 12~13절은 기독론적으로 대단히 중요하다. 구약 텍스트는 명백하게 그리스도에게 적용되었다. 바울이 자신의 사역을 종말론적으로 이해하며 이사야 49장 8절을 해석할 수 있었다.(참조. 고후 6:2)

여섯째로 구약 텍스트의 사용을 가능하게 했던 해석학적 전제들을 이해해야 한다. 우리의 관점에서 볼 때 구약의 텍스트를 적절하게 해석한 어떠한 랍비적 기술 혹은 언어 유희가 있었는지 물어야 한다.

마지막으로 구약의 어떤 텍스트들이 신약에서 사용되고, 어떤 것이 사용

---

5) '마소라 텍스트' (MT)는 성서 전승의 권위 있는 교사들(히브리어로 Masorah)인 마소라들이 악센트와 함께 구두점과 모음을 달아 놓은, 히브리 구약성서의 인정받은 텍스트를 지칭한다.

되지 않았는지 주목해야 한다.[6) 구약 언급의 대부분은 오경, 시편, 몇몇의 예언서, 특히 이사야의 일부분에서 나왔다.

2. 영감

지난 몇 십 년 동안에 복음주의 그룹에서는 성서의 영감과 권위가 강조되었다. 실제로 성서의 영감과 권위에 많은 비중을 두는 견해는 복음주의 기독교를 대변하는 명확한 특성이기도 했다. 우선적으로 '계시'(Revelation), '영감'(Inspiration), '계몽'(illumination), 이 세 단어의 차이를 이해하여야 한다. '계시'는 감추어진 것을 드러내는 것을 의미한다. 하나님은 자신의 특성과 목적을 드러내시기 위해 인간의 역사에서 어떤 사건을 택하셨고, 성서를 통하여서는 말씀을 수단으로, 그리스도를 통해서는 궁극적이고 개인적인 방식을 선택하셨다. '영감'은 기록된 말씀을 통하여 메시지를 전달하기 위해 하나님이 사용하신 과정이다. 정경에 주어진 영감은 단순한 인간적 영감보다 고도의, 질적으로 다른 차원을 지닌 영감에 속한다. 계시에 대한 그 어떤 후대의 주장도 성서에 담겨 있는 영감과 동등하거나 대신할 수 없다.

'계몽'은 성서의 영적인 식별이 성령에 의해 제공된 경험이다. 하나님의 영은 계시를 통하여 이미 알려진, 그리고 영감을 통하여 성서 안에 기록된 진리를 인식하고 이해하도록 인간의 마음을 열어 준다. '계몽'은 영감받은

---

6) 신약에서의 구약 사용의 분배와 빈도: 구약 인용과 암시에 대한 조사에서 흥미로운 결과가 나왔다. UBS의 처음 헬라어 성경에 두꺼운 글자로 인쇄된 401회 인용과 암시 중에서 3/4이 복음서, 사도행전, 로마서, 히브리서에 나타난다. 구약의 401회 사용 중에서 195회는 독자에게 성서 텍스트가 인용되었음을 알려 주기 위해서 'it is written'과 같은 형식을 수반하는 형태를 취한다. 나머지 사용에서 독자가 구약이 인용되었음을 알 수 있는 유일한 방식은 구약 텍스트로부터의 단어들을 알아 냄으로써 가능하다.

하나님의 말씀을 인식하게 해 준다. 그러나 결코 그것을 대신하거나 보충할 수는 없다.

성서 해석자가 취하는 영감에 대한 이해는 텍스트를 해석하기 위한 전제로서 중요한 의미가 있다. 성서의 영감에 관한 여러 가지 이론들이 있다. 렘케(S. Lemke)는 가장 넓게 인식되는 영감에 대한 주요 견해들을 다음과 같이 정리하고 있다.[7]

1) 영감에 대한 '계몽 견해'

이 견해를 지닌 자들은 영감의 범주에는 위대한 믿음을 소유한 인물들의 고상한 통찰력도 포함된다고 주장한다. 그들의 사상이 독자들에게 영감을 줄 수 있다는 것이다. 그러나 그들은 '신에 의해' 영감을 받은 자들로 간주되지 않는다. 성서는 다른 위대한 문학작품들과 동등하게 취급된다. 영감에 대한 자유주의자들의 이러한 입장은, 성서 기자들이 셰익스피어와 같은 위대한 저자들과 동일한 의미의 영감을 받았다고 여긴다. 성서 기자들이 서술한 것은 다른 문학작품과는 다른 하나님과 그의 활동에 관한 원시 히브리 종교 개념들이었다. 이러한 입장은 편집자들이 어떻게 이전의 문헌들로부터 고대 사본들을 모았고, 이러한 수집물들이 과연 수집자들의 영적인 인식을 드러냈는지에 대한 이론들을 뒷받침한다. 영감에 대해 이러한 견해를 지니고 있는 자들 가운데는 다양한 사람들이 있다. 어떤 이는 성서 기자들이 단순히 위대한 저자들처럼 영감을 받았다고 말한다. 다른 이들은 모

---

7) '영감'에 관한 본 단락은 S. Lemke, "The Inspiration and Truthfulness of Scripture," in B. Corley, S. Lemke, G. Lovejoy, *Biblical Hermeneutics: A Comprehensive Introduction to Interpreting Scripture* (Nashville: Broadman Pub., 1996), 149-54를 참조하여 정리하였다.

든 기독교인이 성령의 영감을 지니고 있다고 주장한다. 그들은 영감을 '계몽'과 동등한 것으로 간주하고자 한다. 또 다른 자들은 저자들이 자연적으로 알 수 없었던 성서의 어떤 부분들을 위해서 하나님의 영감을 받았다고 주장한다.

이러한 견해의 장점은 인간적 요소에 대해 강조함으로써 성서의 다양성과 명백한 모순에 대해 설명할 수 있다는 것이다. 성서에 나타난 명백한 모순, 불일치, 그리고 과학 이전의 세계관들은 인간의 오류에 의해 생겨난 것들로 설명된다. 성서의 다양성은 다른 시기의 서로 다른 개인들 혹은 다른 문화들로부터 생겨난 다양한 견해들로 이해된다. 이 견해는 초자연적인 영감을 그들의 이성에 대한 공격으로 보았던 자연주의적인 심성을 지닌 사상가들에게 적합한 것으로 보인다.

하지만 이러한 견해가 지니고 있는 약점은, 성서를 내용적으로 불일치하고 진정한 권위가 없는 것으로 간주한다는 점이다. 이 견해는 만약에 하나님으로부터 나온 말씀이 없다면 어느 한 개인의 견해가 다른 자의 견해보다 더 나을 수 없다는 논리로 성서의 권위를 평가절하한다. 다른 종교적·비 종교적 문학과 마찬가지로 이러한 견해에 의하면 모든 세계 종교들의 경전들은 동등한 가치를 지닌다. 하지만 이 견해의 어떤 주장도 성서에 드러난 계시의 초자연적이고 권위 있는 특성을 적절하게 설명하지 못한다.

2) 영감에 대한 '기계적인 받아쓰기 견해'

이 견해는 성서 기자를 하나님이 그의 메시지를 말씀하시기 위해 사용한 도구 혹은 속기사들로 이해하고자 한다.[8] 따라서 성서의 영감에는 인간적

---

8) 참조. 출 31:18; 32:16; 34:1; 34:27~28; 겔 2:9~3:4.

인 요소가 전혀 포함되지 않는다. 성서는 완전하고 일말의 잘못도 찾아볼 수 없는 완벽한 하나님의 작품이다.

이러한 견해가 내포하고 있는 장점은 일관성 있게 성서의 권위를 높이고 단순화된 해석학을 가능하게 한다는 것이다. 이 견해를 주장하는 자들은 하나님의 저작권에 관해 의심하지 않는다. 만약에 하나님이 모든 성서의 저자라면, 성서 저자들의 역사적, 문화적, 그리고 문학적 배경은 해석에 있어서 어떠한 요인으로 작용하지 않는다. 모든 구절은 성서적 배경과 언어의 이해와는 관계없이 절대적으로 믿어지는 대상이다.

하지만 이러한 견해는 상당한 약점을 지니고 있다. 성서의 영감의 비 인격적인 과정은 하나님이 일상적으로 인간을 통해서 역사하신다는 사실과 맞지 않는다. 왜 그 많은 성서 저자들이 그처럼 다른 문체들과 어휘들로 글을 썼는가? 어떤 사람들은 이 견해를 영지주의적 특성을 지닌 성경 광신적 견해라고 비평한다. 왜냐하면 그것은 영감에서의 인간적 요소를 배제하기 때문이다. 이 견해를 옹호하는 자들은 예수의 신성보다는 성서가 더 높은 신성을 지닌다고 주장한다. 예수를 완전한 인간이자 완전한 신으로 인정하는 반면에, 성서는 그 어떠한 인간적인 요소도 지니고 있지 않은 하나님의 차원에서 이해하기 때문이다. 또한 이 견해는 조화와 반복의 문제를 해결하여야 한다. 성서에서 찾아볼 수 있는 명백한 모순들은 어떠한 형태로든 조화를 이루어야 할 뿐 아니라, 그러한 모순에 대해 적절한 설명을 제공해야만 한다. 즉 '왜 그처럼 하나님이 반복적으로 자신의 말씀을 드러내야 할 필요가 있었는가?', '왜 네 개의 복음서가 있으며, 왜 사무엘, 역대기, 열왕기의 책들에서 동일한 이야기들이 반복되고 있는가?' 등의 질문들이다.

3) 영감에 대한 '역동적 견해'

이 견해는 성서를 하나님의 말씀을 포함하고 있는 책으로 정의한다. 하지만 이 견해는 말씀들의 영감보다는 저자들의 영감을 더 강조한다. 이러한 영감의 과정은 베드로후서 1장 20~21절에 나타나 있다. "먼저 알 것은 성경의 모든 예언은 사사로이 풀 것이 아니니 예언은 언제든지 사람의 뜻으로 낸 것이 아니요 오직 성령의 감동하심을 받은 사람들이 하나님께 받아 말한 것임이라." 하나님은 전달하고자 하는 메시지를 지닌 위대한 믿음의 사람들에게 영감을 주셨고, 성서 저자들은 영감받은 메시지를 그들 자신의 언어와 세계관으로 기록하였다. 다음 구절은 실제로 누가가 자신의 복음서를 어떻게 기록하였는지 설명하면서 묘사한 내용이다. "우리 중에 이루어진 사실에 대하여 처음부터 목격자와 말씀의 일꾼 된 자들이 전하여 준 그대로 내력을 저술하려고 붓을 든 사람이 많은지라 그 모든 일을 근원부터 자세히 미루어 살핀 나도 데오빌로 각하에게 차례대로 써 보내는 것이 좋은 줄 알았노니 이는 각하가 알고 있는 바를 더 확실하게 하려 함이로라."(눅 1:1~4)

이러한 견해에서 볼 때 성서는 구원을 위한 수단에 대해 설명하고 있는 것이다. 그러나 성서에 포함된 우주론, 문법, 역사는 그것을 기록한 저자의 시대 정신을 반영한다. 고대의 우주론과 명백한 모순들은 영감에서의 인간적 요소의 결과로 설명된다. 성서 저자들의 개성과 어휘가 그들의 문헌들에 반영되지만, 하나님께서는 기록된 내용이 자신이 의도하였던 것임을 확증해 주신다.

이 견해가 가지는 두 가지 주요한 장점은, 성육신의 유형과 병행된다는 것과 명백한 모순들을 적절하게 설명할 수 있다는 것이다. 첫째로, 예수가 신이며 인간인 것처럼, 성경도 그러하다. 예수가 자기 비움(빌 2:5~8)을 통해 그의 신적 특권의 일부를 내어놓았던 것처럼, 성서의 언어는 하나님의 영광의 충만함을 포함할 수 없다. 역동적 과정에서의 인간의 역할은 단순히 확증될 전제들이 되기보다는 오히려 성육신의 개인적 특성을 보유한다. 둘째로, 이 견해에 의하면 성서의 종교적·윤리적 교훈의 영감을 확증하는 한편, 역사적 혹은 과학적 자료에 나타난 명백한 모순들은 인간에게서 유래된 것으로 쉽게 설명할 수 있다.

하지만 이 견해는 모순을 설명하기 위해서 성서의 권위를 약화시키고 해결될 수 없는 논쟁을 유발한다는 약점이 있다. 권위의 위협은 어떤 비평가들의 관심의 대상이 된다. 왜냐하면 만약에 단지 성서의 어떤 부분만이 영감을 받았다면, 현대인들은 이례적인 해석학적 솜씨를 통해서 시대에 제약된 교훈으로부터 무시간적 진리를 식별할 것을 요구받는다. '만약에 우리가 성서의 모든 부분에서 확신을 가질 수 없다면, 어떻게 성서의 어느 한부분만을 통해서 그러한 확신을 가질 수 있겠는가?' 하는 물음이 제기된다.

4) 영감에 대한 '완전한 단어적 견해'

이 견해에 따르면 성서 전체는 곧 하나님의 말씀이다. '완전함'이란 '완벽하게'를 의미하고, '단어적'이란 영감이 모든 '단어들 자체'로 확대됨을 말한다. 즉 성서의 모든 단어들이 영감을 받았음을 의미한다. 하나님 자신이 영감의 과정을 감독하셨다. 따라서 성서에 사용된 모든 단어는 하나님이 원하셨던 것들이다. 하나님은 성서 기자 개개인을 통해 역사하였다. 그들은 자신들의 표현 형태와 자유를 포기하였다. 따라서 그들이 생산한 것은 문자적으로 '하나님의 숨결'(딤후 3:16, θεόπνευστος)이라고 주장한다. "모든 성경은 하나님의 감동으로 된 것으로 교훈과 책망과 바르게 함과 의로 교육하기에 유익하니 이는 하나님의 사람으로 온전하게 하며 모든 선한 일을 행할 능력을 갖추게 하려 함이라"(딤후 3:16~17). 디모데후서에 의하면 성서는 영감, 그 자체인 것이다. 디모데후서 3장 16절과 베드로후서 1장 21절과 같은 구절들에 근거해서, 전통적인 기독교는 '성서는 객관적인 진리를 전달한다'는 견해를 따른다. 개인의 실존적인 의미를 요구할 때 비로소 성서가 하나님의 말씀이 되는 것으로 이해한 신정통적 견해와는 달리, 전통적인 입장은 우리가 성서를 개인적으로 읽을 때나 수용할 때 혹은 그렇지 않을 경우에도 성서는 항상 진리로 남아 있는 것으로 이해한다. 영감에 대하여 이러한 이해를 견지한 사람들에게 해석학적 기술은 중요한 의미를 지닌다. 왜냐하면 그것은 성서의 진리들을 더 정확하게 발견할 수 있는 방법을 우리에게 제공하기 때문이다.

이러한 견해에서는 성서의 모든 이야기들을 확증될 진정한 진술로 읽을 수 있다. 하나님이 각 단어들에 영감을 주셨다는 것을 믿기 때문에, 모든 단어의 영감설을 옹호하는 자들은 성서에 나타난 모순들은 어떤 형태로든지 조화될 수 있다고 믿는다. 예수와 바울은 분명히 구약의 영감에 대해 이러한 입장을 지니고 있었다. 왜냐하면 두 인물은 구약성서 안에서 하나의 단어(요 10:34~35, 참조. 82:6), 동사의 시제(마 22:32, 참조. 출 3:6), 그리고 단수 명사 혹은 복수 명사 사이의 구분(갈 3:16, 참조. 창 12:7)에 대한 논쟁들을 전제하고 있기 때문이다. 더욱이 예수는 성서의 어떤 글자의 일점일획도 폐기될 수 없다고 말하였다(마 5:18). 그러나 하나님의 간섭은 인간적인 요소를 완전히 무용한 것으로 간주하지 않는다. 인간 저자들은 여전히 단어 선택에서 어떠한 역할을 담당하였다. 그러나 "정확한 영감의 과정이 어떻게 발생하였는가?", "하나님은 어떻게 인간 저자의 단어 선택에 간섭하지 않으시고 성서 작성을 감독하셨는가?" 하는 질문들에 답해야 할 과제가 주어졌다.

이 견해의 한 가지 주요한 장점은 영감에서의 인간적 요소를 허락하면서 성서의 고상한 권위를 유지한다는 점이다. 왜냐하면 성서의 모든 구절은 동등한 권위를 가지고 있기 때문이다. 해석자는 성서에 있는 모든 단어에서 확신을 가질 수 있다. 그러나 이러한 견해는 인간적 요소를 제거하지 않는다. 인간 저자들의 문체에 대한 어떤 역할은 그들의 신적 영감을 위태롭게 하지 않고 다양한 책들에서 반영된다.

하지만 이 견해가 지니는 약점은 인간적인 요소의 딜레마와 조화를 해결해야 하는 문제에 직면해 있다는 것이다. 모든 단어들은 하나님의 말씀이기 때문에, 단어의 완전한 영감설을 옹호하는 자들은 성서 해석의 모든 어려움과 병행에서의 차이점들을 설명해야만 한다. 이러한 문제들을 해결하려는 시도들은 종종 이 견해에 대해 비평적인 자들에게는 강요적이고 혹은 비현실적인 것으로 보인다. 이러한 견해가 전제하는 진리들은 개인적이기보다는 더욱 기계적인 것으로 보인다.

이 견해를 반대하는 어떤 자들은 옹호자들이 하나의 딜레마를 지니고 있다고 믿는다. 만약에 이 견해가 단어 선택에서의 인간적 요소를 강조한다면 해답은 인간의 잘못에 있는 듯 보인다. 하지만 이 견해의 주장자들이 인간의 단어 선택을 감독하시는 하나님을 강조한다면, 기계적 받아쓰기로 입장이 축소될 수 있다.

5) 영감에 대한 '다양한 방법론적 시도'

다른 학자들은 하나님이 그의 말씀을 다양한 수단을 통해 드러내시기를 선택하였음에도 불구하고(과정들), 성서는 동등하게 영감을 받은 것으로(영감의 생산) 보일 수 있다고 제안하였다. 영감의 방법은 영감과 권위의 차원을 제한하지 않는다. 구약학자 골딩게이(John Goldingay)는 그의 저서

*Models for Scripture*에서 영감의 네 가지 방법으로, 증거하는 전승(설화 또는 역사가의 일상적인 방식에서 모아진 역사적 자료들), 권위 있는 정경(토라, 기계적인 받아쓰기에 의한 말씀), 영감받은 말씀(예언에서 예언자가 "주께서 이와 같이 말씀하셨다"고 말할 수 있었던 매우 특별하고 완전한 메시지), 경험된 계시(영감의 역동적 유형에서 저자에게 드러난 묵시적이고 영적인 진리들)를 제안하였다.[9] 이 견해로부터 영감의 다른 과정들은 권위에 대한 언급을 지닌 다른 작품들을 필요로 하지 않는다. 모든 성서는 영감을 받았으나 그것은 그것의 장르에 따라 읽혀야 한다.

이 견해의 장점은 영감의 과정에 대한 성서 저자들의 자기묘사에 들어맞는다는 것, 다양한 성서 장르들 사이의 중요한 차이점들에 민감하다는 것, 그리고 여전히 성서의 권위에 대하여 높은 견해를 유지한다는 것이다. 다양한 과정을 통하여 영감받은 성서의 여러 부분들과 함께, 앞에서 말한 영감의 네 가지 견해 모두의 최상의 장점들을 결합한다.

비평가들이 지적하는 이 견해의 약점은 영감의 과정의 다양성에 관한 것이다. 영감의 단일 과정을 옹호하는 자들은 두 가지 측면에서 '다양한 방법론적 시도'를 공격한다. '계몽'과 '역동적 견해'를 지지하는 사람들은 성서의 한 부분이 기계적 받아쓰기 혹은 완전한 단어 과정에 의해 생산됐다는 주장에 동의하지 않는다. 반면에 '기계적 받아쓰기'와 '완전한 단어' 옹호자들은 성서가 부분적으로 계몽 혹은 역동적 과정에 의해 작성된 것으로 폭로되는 것에 대해 불편함을 느낀다.

이상의 다섯 가지 견해 중에서 성서의 영감에 관한 논쟁은 '3) 역동적

---

9) J. Goldingay, *Models for Scripture* (Grand Rapids: Eerdmans, 1994), Goldingay는 네 가지 방법을 장별로 서술하고 있다.

견해'와 '4) 완전한 단어적 견해'로 좁혀져 왔다. 이러한 논쟁에서 성서의 권위와 무오성은 성서 해석을 위한 중요한 전제가 되고 있다.

3. 성서의 무오성

성서의 무오성을 주장하는 사람들은 무오성의 정의에 대해 상당한 제한과 예외성을 내세우면서 자신들의 입장을 옹호한다. 사실상 학문적인 차원에서 무오성이란 현재의 성서 번역판들이 아닌, 원래의 원본들에 대해서만 언급할 수 있는 것이다. 그들은 다음의 두 가지 근거를 바탕으로 성서의 무오성을 주장한다.

첫째로 그들은 하나님의 특성을 근거로 자신들의 논쟁을 펼친다. 우리는 성서에서 하나님의 신실성을 발견할 수 있는데(민 23:19; 삼상 15:29; 요 7:18; 롬 3:4; 디 1:2; 히 6:18), 성서가 증거하는 것처럼 하나님은 참되시며, 그의 말씀은 믿을 만하다. 성서는 하나님으로부터 나온 것이기에 그것은 진리다(딤후 3:16). 따라서 다음과 같은 논리가 가능하다.

– 주요 논제 : 하나님은 흠이 없으시다.
– 소전제 : 성서는 하나님의 말씀이다.
– 결론 : 성서는 흠이 없다.

둘째로 성서의 무오성을 확증하는 구절들이 있다. "진실로 너희에게 이르노니 천지가 없어지기 전에는 율법의 일점 일획도 결코 없어지지 아니하고 다 이루리라"(마 5:18, 참조. 요 10:35; 살전 2:13; 벧후 3:15). 하지만 성서의 무오성을 말하는 사람들 내에서도 다양한 의견들이 제시되고 있다. 렘케(Lemke)는 성서의 영감에 대한 견해들과 함께 무오성에 대한 다양한 견해

들에 대해서도 구분을 짓고 있다.[10]

(1) **절대적 무오성**(propositional inerrancy) : 과학과 역사와 연관된 것들을 포함하여 성서의 모든 텍스트가 진정한 하나님의 말씀이라고 주장한다. 그 어떤 타협도 성서의 완전함을 위협하는 공격으로 간주한다. 이 견해는 사실상 영감의 기계적 받아쓰기와 거리를 두고자 하면서 단어 하나하나의 완전한 영감을 주장하는 것이다.

(2) **경건한 무오성**(pietistic inerrancy) : 이것은 성서의 모든 진술은 참되다고 주장하는 무비판적 시도다. 이 견해는 복음주의교회 내에서 대부분의 평신도들이 행하는 태도로, 단순한 성서주의로 알려져 있다.

(3) **차별적 무오성**(nuanced inerrancy) : 무오성을 이해하는 방식은 다루고 있는 텍스트의 문학 유형에 달려 있다고 주장한다. 십계명과 같은 부분들은 영감의 기계적 받아쓰기 형태를 통하여 주어진 것으로 보인다. 반면에 서신과 역사 자료들은 영감의 완전한 단어 형태로 주어진 것으로 묘사된다. 잠언과 같은 자료는 더 자유로운 형태인 영감의 역동적 견해를 요구한다.

(4) **비평적 무오성**(critical inerrancy) : 이 견해는 성서의 각 단어는 하나님이 원하신 것이라고 주장하면서도 많은 제한들을 허락한다. 이 입장은 양식 비평과 편집 비평 같은 비평 방법들을 조심스럽게 사용한다. 따라서 어느 정도의 범위 내에서 저자에 의해 의도된 것을 인정하나, 성서의 모든 것은 진리라고 확증한다.

(5) **기능적 무오성**(functional inerrancy) : 이 견해는 성서의 무오성을 인정하나 신앙 혹은 윤리와 관련된 것들을 말할 때에만 그러하다. 그러나 과학과 역사와 같은 분야에서는 그러한 주장이 필요하지 않다. 이 입장은, 성서

---

10) 성서의 무오성에 관한 다섯 가지 견해는 렘케의 위 논문 155-159에서 참조하였다.

의 목적은 사람들로 하여금 구원과 은총 안에서 성장하도록 인도하는 것이라고 주장한다.

위에 제시된 무오성에 대한 주장들은 여러 가지 이유에서 도전을 받는다. 첫째, 원래의 성서 원판은 오늘날 존재하지 않는다. 단지 사본만이 존재할 뿐이다. 사본이란 손(Manus)으로 기록한 문서(Scriptura)를 뜻한다. 고대 사회에서는 주변에서 찾을 있는 돌, 나무, 질그릇 조각, 파피루스, 양피지 등의 다양한 자료들을 사용하여 사본을 남겼다. 하지만 이러한 복사의 과정에서 여러 가지 원인으로 인해 사본 사이에 차이가 생겨나게 되었다. 예를 들면, 히브리어나 헬라어에서 쉽게 발생할 수 있는 눈의 실수가 있을 수 있으며, 다른 사람이 불러주는 내용을 받아 서기관들이 기록할 때 들음의 실수가 생겨날 수 있었다. 이 외에도 고의적으로 약간의 수정을 할 수도 있었다.[11] 따라서 이러한 과정에서 생겨난 사본상의 차이점들을 인정해야 한다. 하나의 예로, 마태복음 21장 28~32절의 두 아들의 비유를 말할 수 있다. 개역한글판에는 두 아들 가운데 맏아들은 아버지의 말에 순종하여 포도원으로 가서 일하겠다고 했지만 불순종하였고, 반면에 둘째아들은 처음에는 싫다고 했지만 나중에 뉘우치고 순종한 것으로 되어 있다. 하지만 개역개정판에는 이 두 아들의 행위가 반대로 되어 있어 교인들에게 혼란을 가져온다. 이러한 차이는 각각의 한글판이 다른 사본을 참조하여 번역했기 때문에 일어난 현상이다. 따라서 문자 하나하나마다의 하나님의 영감을 주장하며 성서의 절대적 무오성을 말하는 것은 무리다.

---

11) 사본에서 발생할 수 있는 과오에 대해서는 메쯔거, 「사본학」, 강유중 역 (기독교문서선교회, 1979), 230-256를 참조.

둘째, 성서의 중복되는 사건에서 명백한 모순을 찾을 수 있다. 예를 들어, 사무엘하 10장 18절과 역대상 19장 18절을 비교해 볼 수 있다.

"아람 사람이 이스라엘 앞에서 도망한지라 다윗이 아람 **병거 칠백 대와 마병 사만 명**을 죽이고 또 그 군사령관 소박을 치매 거기서 죽으니라."(삼하 10:18)
"아람 사람이 이스라엘 앞에서 도망한지라 다윗이 아람 **병거 칠천 대의 군사 와 보병 사만 명**을 죽이고 또 군대 지휘관 소박을 죽이매"(대상 19:18)

또 다른 예를 사무엘하 24장 1절과 역대상 21장 1절에서 보게 된다.

"**여호와께서** 다시 이스라엘을 향하여 진노하사 그들을 치시려고 다윗을 격동 시키사 가서 **이스라엘과 유다**의 인구를 조사하라 하신지라."(삼하 24:1)
"**사탄**이 일어나 이스라엘을 대적하고 다윗을 충동하여 **이스라엘**을 계수하게 하니라."(대상 21:1)

또한 마태복음 27장 9~10절에서 유다의 시신을 매장한 사건을 두고 선지자 예레미야의 선포를 인용한다. "이에 선지자 예레미야를 통하여 하신 말씀이 이루어졌나니 일렀으되 그들이 그 가격 매겨진 자 곧 이스라엘 자손 중에서 가격 매긴 자의 가격 곧 은 삼십을 가지고 토기장이의 밭 값으로 주었으니 이는 주께서 내게 명하신 바와 같으니라 하였더라." 하지만 사실 이 말씀은 예레미야가 아니라 스가랴 11장 12~13절로부터 인용된 것이다.

셋째, 같은 사건에서 찾아볼 수 있는 어휘의 차이는 성서의 문자적 영감 설에 대한 확신을 심어 주지 못한다. 예를 들면, 마태복음에서는 "하늘에 계신 너희 아버지께서 구하는 자에게 좋은 것으로 주실 것"(마 7:11)이라고 말한다. 하지만 누가복음에서는 "너희 하늘 아버지께서 구하는 자에게 성령을 주실 것"(눅 11:13)이라고 말한다.

많은 논쟁과 그것에 대한 반대 논쟁들이 무오설과 과오설 사이에서 제안되어 왔다. 성서의 무오성과 영감에 대한 이해는 성서 해석을 위한 전제로서 중요한 위치를 차지한다. 해석자는 성서를 해석하기에 앞서서 이러한 주제에 관심을 가져야 하고 영감에 대한 자신의 입장을 정리해야 한다.

4. 정경 외의 문서들

20세기 중반 이후까지 정경에 포함되지 않은 외경 문학들은 신학적으로 열등한 자료로 간주되었다. 따라서 학자들은 1940년대에 발견한 나그함마디 문서(Nag Hammadi Library)에 포함된 영지주의 문헌들이나 사해사본(Dead Sea Scrolls)에 깊은 관심을 기울이지 않았다. 하지만 21세기로 들어서는 길목부터 지난 몇 년 동안에 외경과 위경, 나그함마디 문서, 사해사본, 사회-정치적 세계, 그리고 고고학 등 모든 분야가 연구의 대상이 되고 있다. 바우어(Walter Bauer)의 저서인 *Orthodoxy and Heresy in Earliest Christianity*[12]는 신약학의 패러다임을 바꾸는 기폭제가 되었다. 바우어는 초기 기독교가 자신들만의 전통을 세운 독특한 그룹이었다는 후기 정통 교부들의 주장을 반박하면서, 기독교는 여러 사상이 혼합된 종교운동이었음을 보여 주었다. 이러한 주장은 당연히 외경문학과 초기 기독교 자료에 대한 새로운 연구를 촉진시켰으며, 초기 유대교를 포함하여 그레코-로마 시

---

12) Walter Bauer, *Orthodoxy and Heresy in Earliest Christianity*, trans. by G. Strecker (Philadelphia: Fortress, 1971).

기의 다른 종교들에 관심을 갖게 해주었다.

이러한 분위기에서 위에서 언급한 두 고대 문헌의 극적인 발견과 출간은 초기 기독교 내에 생겨난 종교적 논쟁의 한 면을 들여다볼 수 있는 새로운 창문을 제공하게 되었다. 그 동안 전통적으로 신약학의 연구 범위는 다음과 같은 몇 가지 경계 내에 머물렀다.

✓ 신약성서와 고대 기독교 역사 연구를 구분하였다.

✓ 초기 기독교 연구의 일부로 신약성서를 취급하지 않았다.

✓ 신약성서와 초기 기독교 문학의 연구는 그 시대의 그레코-로마 문화와 종교 현상과는 구분되었다.

하지만 최근 들어 이러한 경계들은 다음과 같은 근거로 무너지고 있다. 첫째로 그 동안 신약성서에 포함된 27권의 책들은 초기 기독교 문헌과는 다른 특별한 책으로 여겼다. 그러나 사실상 정경은 초기 기독교 시기에 어떤 다른 주장들을 배제하려는 신중한 시도로 나타난 결과들이었다는 것이다: 즉 기독교 이단, 마르시온 영지주의, 유대 기독교인. 따라서 오늘날 교회들이 이러한 주장을 다시 들을 수 있게 도와주는 것이 학자들의 책임이라고 믿는다. 그러므로 외경을 비롯하여 그 시대의 다양한 문헌들에 관심을 갖는다.

둘째로 그 동안 유대교는 예수 그리스도를 거부한, 기독교의 전통과는 다른 종교로 간주하였다. 하지만 학자들은 이러한 사실을 수용하지 않는다. 바울과 다른 선교사들은 이러한 구분에 대한 인식이 없었다.

셋째로 기독교인들은 경건과 도덕성 면에서, 비도덕적이고 다신교를 신봉하는 이방 세계와는 뚜렷이 구별되는 사람들이라고 믿어 왔다. 그러나 기독교인들은 그들과 동일한 도시에서 살았으며, 동일한 사회 계층에 속했으며, 동일한 언어를 사용하고, 동일한 무역에 종사했으며, 다른 신을 믿는 이웃과 동일한 종교 체계에 따라 자신들의 종교 형태를 구성하였다는 것이다.

이처럼 초기 기독교는 진지하게 자신들의 신을 믿었던, 그리고 추종자들에게 도덕적 요구를 강조하며 다른 종교들과 경쟁하였던 여러 헬라 종교들 중 하나에 불과했다. 결과적으로 신약학에서는 신약성서와 초기 기독교 역사를 더 잘 이해하기 위해 후기 헬라와 로마 시대의 종교들, 그리고 그러한 종교와 문화의 일부로서 초기 기독교와 유대교를 연구하기 위한 상당한 수준의 지식을 필요로 한다.

1) 외경과 위경

'정경화'(canonization)란 종교적 공동체가 어떤 문서들을 권위 있는 책으로 선택하였는지 그 과정에 대해 말해 주는 것이다.[13] 히브리어의 *qāneh*에서 온 헬라어의 *kanōn*은 '자' 혹은 '기준'을 의미하는 용어다. 따라서 '정경'이란 말은 '기준적인 목록' 혹은 '권위 있는 안내'를 의미한다. 이러한 정경의 과정에서 제외된 책들에 대해서는 '외경'이란 칭호가 주어졌다. '외경'(apocrypha)에 속하는 문서들은 로마 가톨릭, 콥틱, 동방정교회에서는 구약성서에 포함돼 있으나, 유대 혹은 개신교 정경에서는 찾아볼 수 없다. '위경'(pseudepigrapha)이란 용어는 더 많은 책들에 대해 언급하는 것으로, 그것들의 대부분은 이스라엘 역사에서 찾아볼 수 있는 위대한 인물들의 가명을 사용하면서 기록된 문학적 유산을 지니고 있다. 이러한 수집물들은 제2성전 시기의 유대교 내에서의 사상, 경건과 대화들에 대해 증언하는, 그

---

13) 초기 교회에서 정경의 선택을 위해 일반적으로 수용한 기준은 다음과 같다. 1) 사도성 (apostolicity) 2) 정통성(orthodoxy) 3) 고대성(antiquity) 4) 보편성(usage) 5) 영감(inspiration)

리고 신약 저자들의 신학, 우주론, 윤리, 역사와 문화를 위한 기본적인 배경을 제공하는 중요 내용들을 담고 있다.

(1) **외경** : '외경' 이란 원래 특수하고 비전적인 지혜를 포함하고 있는 책들에 대한 경의로운 칭호였다. 어떤 학자들은 이 용어의 기원을 4에즈라 14장 44~47절(=2에즈라 14:44~47)에서 찾고자 하였다. "40일 동안에 94개의 책들이 기록되었다. 40일이 끝났을 때 지존하신 분이 나에게 다음과 같이 말씀하셨다. '네가 먼저 기록한 24권의 책을 사람들에게 공개하고 그들에게 가치 있는 것과 무가치한 것을 읽도록 하라. 그러나 너희 백성 중에서 지혜로운 자들에게 주기 위해서 나중에 기록한 70개의 책은 보존하라.'"14) 즉 외경은 '백성 가운데 지혜로운 자'를 위한 하나님의 지혜를 포함하는 감추어진 책들을 말하는 것으로, 무가치하고 지혜로운 척하는 자들을 위한 하나님의 지혜를 포함하고 있는 정경적 수집과는 거리가 있다. 하지만 이 용어는 초기 교회와 종교개혁의 시기에 부정적인 의미를 갖게 되었다. 그것들은 '이차적인 설명을 지니고 있는' 15) 그리고 잠정적으로 '거짓되고 혹은 이단적인' 16) 것들을 의미하였다. 또 개신교에서는 다음의 13개에서 18개의 텍스트를 지칭하는 데 사용되었다. 역사서(1 · 2마카비, 1에즈라), 설화(토빗, 유딧, 3마카비, 확대된 에스더, 다니엘에 관한 부가적 이야기들), 지혜문학(솔로몬의 지혜, 벤 시라의 지혜), 예언 문학(바룩, 예레미야의 편지), 예식 문헌들(므낫세의 기도, 시 151편, Azariah의 기도, 세 명의 젊은이의 노래), 묵시록(2에스라)과

---

14) 4에즈라 14장 44-47절에 대한 저자의 사역임을 밝힌다.

15) 참조. R. H. Charles, *The Apocrypha and Pseudepigrapha of the Old Testament in English* (Oxford: Clarendon Press, 1913).

16) 참조. H. H. Rowley, *The Relevance of Apocalyptic* (London: Athlone, 1944).

철학적 찬사.(4마카비)

　　외경에 어떤 책들이 속하는지에 대해 서로 일치하지 않는다는 사실은, 기독교 교회 안에서 구약의 정경에 대한 다양한 견해가 있었음을 말해 준다. 이러한 책들은 어떤 기독교 공동체에서는 정경적인 것으로 간주되었다. 외경에 포함된 책들을 수용하면서 교회는 복잡한 역사를 경험하였다. 즉 18개(혹은 13개)가 모두 동일하게 취급되지 않았다는 면에서 그러하였다. 바울은 명확하게 솔로몬의 *지혜*를 알고 있었고 또한 그것을 사용하였다. 그리고 예수의 말씀에서 *벤 시라*의 흔적을 찾아볼 수 있다. 교부들(폴리캅, 클레멘트, 거짓-바나바)은 솔로몬의 *지혜*, 토빗 그리고 *벤시라*를 권위 있는 문헌들로 인용하고 암시하였다. 다른 외경에 대한 암시들도 많이 나타난다. 제롬과 오리겐과 같은 지도자들은 교회에서 사용된 구약 문헌들의 수집과 히브리 정경 사이의 차이를 인식하고 있었다. 특별히 제롬은 '정경적' 텍스트들과 – 유용하고 교훈적인, 그러나 동일한 순서가 아닌 – '교회적' 텍스트들 사이에 만들어져야 할 실제적인 구분을 요청하였다. 결과적으로 정경이란 용어는 '정통'의 종교적 신념과 실행을 규정하고 결정짓는 권위 있고 표준적인 문서들을 지칭하는 말로 사용되었다.[17] 권위 있고 표준적인 것으로 간주되지 않은 책들은 '외경' 혹은 '위경'이라고 불렀다. 알렉산드리아의 클레멘트와 어거스틴과 같은 인물들은 일치하는 영감과 가치로 더 폭넓은 문서들의 수집을 인정하였다.

　　종교개혁자들은 '정경'과 '외경'을 뚜렷하게 구분할 것을 요구하였다. 마틴 루터는 히브리 정경에 포함되지 않은 책들 혹은 책들의 일부를, 읽기

---

17) 구약성서는 90년 얌니아 종교회의에서, 신약성서 27권은 397년 카르타고 종교회의에서 정경으로 확정되었다.

에는 유용하고 좋으나 정경적인 책으로 간주할 수 없는 책들이라며 자신의 구약성서로부터 분리하였다. 다른 종교개혁자들은 루터의 판단을 따랐다. 외경에 속하는 책들은 계속 인쇄되었고 교훈적 자료로 추천되었다. 그러나 그것들은 정경으로부터 구분된 교리와 윤리를 위한 기초로는 사용되지 않았다. 로마 가톨릭교회는 트렌트종교회의에서 1·2에스라, 므낫세의 기도, 2·4마카비를 제외한 다른 책들을 정경적인 것으로 선언함으로써 종교개혁자들과 다른 입장을 보여 주었다.

외경에 관한 많은 개신교인들의 견해는 루터의 평가보다도 더 부정적이었다. '오직 성서'와 '성서의 완전성'에 대한 강조는 수백 년 동안 가톨릭과 개신교 교회 사이에 긴장감을 불어넣어 주면서 외경을 경의로운 문서보다는 혐오스러운 것으로 유도하였다. 그럼에도 불구하고 외경에 포함된 문헌들의 수집은 신구약 중간기 동안 유대교 내에서 사건들과 발전들에 대해 말해 주는 자료일 뿐만 아니라, 이러한 텍스트들이 교회에서 행사해 온 영향력에 대해 주의 깊게 살펴볼 것을 요청하고 있다.[18]

(2) **위경** : 이 용어는 '거짓된 신을 찬미하는 말을 지니고 있는 것들'이란 의미를 지닌다. 주로 헬라와 그레코-로마 시기의 문학들로, 먼 과거의 위대한 인물의 이름을 가장하여 기록한 문학적 특성을 보여 준다. 이 용어는 외경처럼 교회 내에서 부정적인 선입견을 가졌는데, 일반적으로 정경적 혹은 영감받은 것으로 간주되지 않는 허구의 작품들을 지칭할 때 사용되었다. 특히 이 용어는 학자들에 의해 외경에 있지 않는 외경과 유사한 문학을

---

18) 특히 외경문학은 신약의 본문들을 해석하는 데 유익하다. 예를 들어, B.C. 165년에 마카비의 예루살렘 입성과 예수의 입성을 비교함으로써, 왜 유대인들이 예수의 입성을 환호하였는지 주목하게 된다.

언급할 때 사용되었다. 비록 축소된 것이지만, 20세기 전환기에 두 개의 중요한 위경의 수집이 발간되었다.[19] 일반적으로 이 위경문학이 지니고 있는 특성을 다음과 같이 구분할 수 있다.

✓ 거의 독점적으로 유대 혹은 기독교적 작품이다.

✓ 종종 이스라엘 역사에서의 이상적인 인물들에 의해 기록된 것으로 주장되었다.

✓ 하나님의 말씀 혹은 메시지를 포함하고 있다고 주장하였다.

✓ 구약에 있는 설화 혹은 사상들에 근거해서 작성되었다.

✓ 기원전 200년과 기원후 200년 사이에 기록되었다.[20]

✓ 제 2성전 시기에서 유대인들은 자신들을 포로기 이후의 시기에 살고 있는 것으로 인식하였다.

이러한 인식은 저자들로 하여금 자신들의 작품을 포로기 이전 혹은 이후 시기의 어떤 인물과 연결짓도록 인도하였으며, 거짓된 이름의 선택은 자신의 작품을 그 이름과 연관된 '받은 교훈의 전승'과 연계시키려는 의식적 시도로 보인다.[21] 필로와 요세푸스는 많은 자료를 남겼다. 그러나 그것들은 위경의 범주에 들지 않았다. 사해사본에도 많은 위경 문학들이 포함되어 있다. 그러나 '전달의 채널'이 매우 잘 규정되기 때문에 이러한 책들은 독립된 작품들로 취급된다.

---

19) Charles, *The Apocrypha and Pseudepigrapha of the Old Testament in English*; E. Kautzsch, ed., *Die Apokryphen und Pseudepigraphen des Alten Testament* (Hildesheim: Georg Olms, 1962[1900]).

20) 하지만 찰스워스(J. H. Charlesworth)는 이러한 기준들은 위경 형성을 위한 엄중한 기준 제시가 아니라 하나의 수집을 묘사하기 위한 것이라고 주장한다. J. H. Charlesworth, *The Pseudepigrapha and Modern Research*, with a Supplement (SCS 7; Chico, CA: Scholars Press, 1981).

21) Charles, Ibid.

2) 사해사본[22]

포괄적 관점에서 [사해사본(*Dead Sea Scrolls*)은 1947년과 1956년 사이에 발견된, 사해의 서쪽 해변의 동굴들에서 발굴된 고대 문서를 가리킨다. 더 구체적으로는 쿰란 주변에서 발견된 11개 동굴에서 나온 B.C. 3세기 혹은 2세기 초기에서 A.D. 1세기 초기까지의 867개 문서들을 지칭한다. 일곱 개의 발굴 터에서 발견된 이 자료들은 성서와 연관성이 있다는 점에서 학계에 엄청난 파장을 가져왔다.

열한 개의 쿰란 동굴의 발견 과정과 그 안에 담겨진 문서들에 관해, 사해사본 전문가인 게자 버메스(Geza Vermes)는 유익한 자료를 제공한다.

여러 개의 성서사본과 비성서적 사본이 묶여 있던 첫 번째 문서들은 1947년 봄 우연히 아랍인 양치기에 의해 발견되었다. 1949년에 그 장소가 고고학자들에 의해 확인된 뒤 본격적으로 발굴되었고, 그 발견물의 진정성과 고대성이 확증되었다. 그 후, 1952년 2월과 1956년 1월 사이에 열 개의 동굴이 더 발견되었다. 그것들 중 고고학자들이 두 개(3 · 5번)를, 그 지역의 노동자가 네 개(7 · 8 · 9 · 10번)를, 그리고 다른 전문직 경쟁자들보다 끈기 있게 작업한 Ta'amireh 종족인들이 4개(2 · 4 · 6 · 11번)를 찾아 내었다. 그 중에서 둘(4 · 11번)에는 굉장히 풍부한 양의 문서들이 있었다. 그러다 마침내 1967년에 위대한 성전 두루마리(Temple Scroll)가 발견되어 예루살렘의 '책의 전당'(the Shrine of the Book, 사해사본 박물관)에 있는 다른 문서들과 합쳐지게 되었다.[23]

---

22) C. 마빈 패트, 「사해사본과 신약성서」, 유태엽 옮김 (감신대출판부, 2008), 29 이하 참조.

23) Geza Vermes, *The Dead Sea Scrolls in English*, 3rd ed. (New York: Penguin Books, 1987), 13. 패트, Ibid., 30에서 재인용.

동굴 1 이사야 전문, (사해사본 공동체의 행동에 관한) the Rule of Community, 하박국 주석, 감사 찬송의 모음집, 이사야의 일부분, the War Scroll('빛의 아들들'과 '어둠의 아들들' 사이의 마지막 전쟁을 묘사한 종말론적 텍스트), the Genesis Apocryphon.(창세기에 대한 주석서)

동굴 2 옛 히브리어체로 기록된 레위기 11장 22~29절을 포함한 구약성서의 18개의 단편 텍스트들.
히브리어로 기록된 Sirach 6장 14~15, 20~31절을 포함한 15개의 단편으로 된 비 성서 텍스트들.

동굴 3 3개의 성서(겔 16:31~33; 시 2:6~7; 애 1:10~12; 3:53~62)와 11개의 비 성서 텍스트. 이 중에서 가장 유명한 것은 이사야 1장 1절에 대한 *페세르*.(주석)

동굴 4 많은 보물이 묻힌 장소들(예루살렘 성전)의 목록을 포함한 청동 사본.(Copper Scroll)[24]
사해사본에서 발견된 가장 중요한 동굴로, 127개의 성서사본을 포함하여 약 584개의 단편 텍스트들을 포함하고 있다. 비 성서 텍스트 중에는 the Rule of the Community의 11개 복사본과 the Damascus Document의 8개 복사본, *the Testament of the Twelve Patriarchs*, *Jubilees*, a 'Son of God' 텍스트 그리고 아마도 모든 것 중에서 가장 중요한 4QMMT('Some Works of the Torah')가 있다.

---

24) 고고학자인 웬델 존스(Wendell Jones)는 유대 광야에서 '청동 사본'(Copper Scrolls)의 가치를 발견하기 위하여 수년 동안 사본을 연구하고 있다. 영화 '인디아나존스'가 그의 노력에 자극을 받았다고 알려져 있다.

동굴 5   18개의 성서 단편들.(예. 신 7:15~24; 사 40:16, 18~19)
         The Rule of the Community와 the Damascus Document의 복사본
         을 포함한 17개의 비 성서 텍스트들과 the New Jerusalem에 대한
         아람어 텍스트.

동굴 6   7개의 성서 텍스트들. 이 중에서 두 개는 옛 히브리어체로 기록.(창
         6:13~21; 레 8:12~13)
         예식과 법률 문서를 포함한 24개의 비 성서 텍스트들.

동굴 7   헬라어로 기록된 19개의 작은 단편들. 이 중에서 두 개는 출애굽기
         28장 4~7절과 the Epistle of Jeremiah 43~44.(비 정경문서인 Baruch
         6:43~44)

동굴 8   14개의 성서 텍스트들.(예. 창 17:12~19; 18:20~25; 시 17:5~9, 14; 18:6~9,
         10~13)

동굴 9   여섯 개의 히브리어 글자가 적혀 있는 한 개의 작은 파피루스 단편.

동굴 10   두 개의 히브리어 글자가 적혀 있는 도자기 파편.

동굴 11   레위기(옛 히브리어체), a Psalms Scroll, 욥기의 탈굼(아람어 번역), the
         Temple Scroll.
         어떤 비 성서 텍스트들.

―――――――――――――――――――――――――――――――――

         〈11개 동굴에서 발견된 것들〉25)

―――――――――――――――――

25) 패트, Ibid., 33.

사해사본의 가장 큰 가치는, 세기 전환기의 유대교에 관한 풍성한 정보를 제공해 주고 있다는 데 있다. 사본들은 한 유대 종파의 실제 문서들을 보존하고 있을 뿐만 아니라, 유대교의 다양성을 보여 주는 폭넓은 문서들도 보존하고 있다. 최근에는 쿰란 문서에 포함되어 있는 비종파적 자료에 관심이 모아졌다. 어떤 경우에 있어서 이 자료는 마카비 이전 시기에 대해서 엿볼 수 있는 단서를 제공해 준다.(그 시대에 대해 우리는 매우 소량의 자료만을 보유하고 있다)

기독교 학자들은 자연스럽게 신약성서와 두루마리 사이의 관련성을 찾고자 하였다. 두루마리 내용에서 예수 혹은 세례 요한과의 직접적인 관련성을 찾으려는 시도들이 아직까지 이어지고 있다.[26] 신약성서를 위한 두루마리의 중요성은 사실상 직접적인 것은 아니다. 그러나 두루마리들은 초기 기독교인들처럼 세상의 마지막이 가까이 왔고 스스로 지배 세력과 투쟁하고 있다는 신념으로 살았던, 그리고 그러한 상황에서 성서를 재해석한 또 다른 유대 공동체에 대해 말해 준다는 점에서 중요한 의미를 지닌다. 물론 제사장 계통의 교사와 갈릴리 출신의 이적 행위자 사이에, 그리고 쿰란에서의 정결을 추구하는 생활과 이방인들에 향한 기독교 선교 사이에는 큰 차이가 있다. 그러나 사해사본은 신약 학자들에게 기독교의 기원을 상상할 수 있는 풍성한 자료를 제공해 주고 있다.[27]

---

26) 참조. W. Brownlee, "John the Baptist in the New Light of Ancient Scrolls," in ed. Krister Stendahl, The Scrolls and the New Testament (N.Y.: Harper & Brothers, 1957); J. A. T. Robinson, "The Baptism of John and the Qumran Community," HTR 50 (1957): 175–76.

27) K. Stendahl, (The) Scrolls and the N.T. (New York: Harper, 1957); G. Vermes, The Dead Sea Scroll. Qumran in Perspective (Philadelphia: Fortress, 1981), 211–25.

3) 나그함마디 문서 [28]

1945년에 52개의 파피루스 문헌들이 담겨 있던 항아리가 나그함마디(Nag Hammadi) 근처에서 발견되었다. 이것은 사해사본과 함께 20세기 최고의 발견으로 일컬어진다. 이 문헌들은 13개의 두루마리(Codex) 안에 수록되어 있었다. 나그함마디 문서는 콥틱어로 기록되었으며, 적어도 14명의 서기관에 의해 작성된 것으로 보인다. 문헌들은 헬라어를 번역한 것으로, 4세기에 작성되었으나 원래는 2세기나 3세기 초의 작품인 것으로 알려지고 있다. [29]

52개의 문헌들 중에서 6개 문헌이 중복되어 포함되었음을 고려할 때 (I,3=XII,2 *The Gospel of Truth*; II,1=III,1 *On the Origin of the World*; III,2=IV,2 *The Gospel of the Egyptians*; III,3=V,1 *Eugnostos the Blessed*), 나그함마디 문서에는 실제로 46개의 문헌이 담겨 있는 것이다. 또 52개 중에서 6개는 이미 그것의 존재가 세상에 알려져 있었다(예. *The Apocryphon of John*; *The Sophia of Jesus Christ*; *Plato, Republic 588a~589b*; *The Prayer of Thanksgiving*; *Asclepius*; *The Sentences of Sextus*). 결국 나그함마디 문서를 통해서는 40개의 문헌이 세상에 처음으로 모습을 드러낸 것이다.

나그함마디 문서의 기원과 특성에 대해서는 정확하게 단정할 수 없다. 이 문헌들은 종종 영지주의 문헌으로 알려지고 있으나 모든 문헌들이 영지주의 텍스트는 아니다. 또한 영지주의 그룹에 속하는 어떤 이들이 이 문헌

---

28) 나그함마디 문서에 대한 일반적인 이해를 위해서는 *The Nag Hammadi Library in English*, ed. by James Robinson (N.Y.: E. J. Brill, 1988)에 수록된 Robinson의 'Introduction' (1~26)을 참조할 것.

29) 하지만 몇몇 문헌의 기록 시기에 대해서는 학자들 사이에서 계속 논란이 되고 있다. 예를 들어 1970년대까지는 도마복음이 공관복음에 의존하였다는 견해가 지배적이었다[참조. Gilles Quispel, "The Gospel of Thomas and the New Testament," *VC* 11(1957): 189~207]. 그러나 최근에 이르러 북미학자들은 도마복음은 독립된 예수 전승을 대변한다고 주장한다[참조. C. M. Tuckett, *Nag Hammadi and the Gospel Tradition: Synoptic Tradition in the Nag Hammadi Library* (Edinburgh: T. & T. Clark, 1986), 149~63].

들을 항아리 속에 넣어 땅에 묻었다고 주장하는 것도 올바른 답이 될 수 없다. 문헌들을 수집하고 그것을 묻은 사람들은 아마도 '정통파'(orthodoxy)에 속한 사람들이었을 것으로 보인다. 왜냐하면 나그함마디 문서들이 정통파인 파코미안(Pachomian) 수도사들에 의해 모아지고 사용되었으며, 그들에 의해 땅에 묻혔다는 증거들이 있기 때문이다. 한 가지 예로, 나그함마디 문서들이 발견된 장소는 고대 파코미안수도원 운동본부가 있는 곳에서 5마일 정도 밖에 떨어져 있지 않았다. 따라서 사본이 땅에 묻히게 된 이유를, 아다나시우스(Athanasius) 감독이 367년에 보낸 부활절 편지에 대하여 파코미우스의 계승자인 데오도르(Theodore)가 보인 반응으로 추정하게 된다. 아다나시우스는 정경에 해당하지 않는 이단적인 책들을 비판하고 처음으로 신약 27권의 목록을 작성한 사람이었다. 적어도 어떤 파코미안 수도사들이 자신들의 영성과 신학적인 목적을 위하여 나그함마디 문헌을 수집하고 그것을 읽었음이 분명하다. 하지만 아다나시우의 명령이 실행에 옮겨지게 되었을 때 그들은 문헌들을 땅에 묻을 수밖에 없었다.[30]

사도행전은 초대교회가 동일한 고백과 한 가지 교리를 가지고 공동의 생활을 하였다고 보도한다(참조. 행 4:32~35). 하지만 나그함마디 문서는 초대교회에 대한 이러한 인식에 대해 상당한 변화를 가져다주었다. 이 현상에 대해 페이젤스(E. Pagels)는 다음과 같이 말하고 있다. "나그함마디 문서의 발견으로 이러한 주장이 완전히 뒤집히게 되었다. 52편의 문서 중 일부가 초기 기독교 교리를 나타낸다고 전제할 경우, 초기 기독교는 지금까지 누구도 상상하지 못했을 만큼 다양한 형태를 띠고 있었음을 알 수 있다. 현대 기

---

30) 참조. Birger A. Pearson, "Nag Hammadi Codices," ABD, vol. 4 (Doubleday, 1992), 984-91.

독교도 나름대로 복잡하고 다양한 양상을 띠기는 하나 1, 2세기경 존재했던 교회에는 비할 바가 못 된다. … 다양한 복음서가 다양한 종파를 통해 유포되었다. 같은 기독교라 하더라도 따르는 교의와 종교적 관습이 저마다 달랐다. 그러한 집단들이 전세계에 흩어져 여타 집단과 계속해서 간극을 벌려나갔던 것이다."[31] 라일리(G. Riley)도 나그함마디 문서에 포함된 '복음'(gospel)의 다양성을 근거로, 1세기에는 현대 기독교 교단보다 더 많은 수의 기독교 공동체가 존재했었다고 주장한다.[32] 나그함마디 문서는 여러 면에서 초기 기독교 공동체를 이해하는 데 중대한 공헌을 하고 있다.

첫째로 나그함마디 문서는 초기 기독교 신학의 연구에 필요한 풍성한 자료를 제공한다. 문헌들에서 발견된 '유대 하가딕 자료들'[33]에 대한 연구들을 통해서 나그함마디 문서에 포함된 전승들은 정경 자료들 안에서 수용된 것들과는 독립된 전승들을 보존하고 적용해 왔음을 찾아볼 수 있다. 비록 그것이 신약성서가 발전되기 '이전'인지 혹은 '이후'인지에 대한 토론이 여전히 진행되고 있지만, 나그함마디 문서 안에는 신약성서보다 더 오래된 형상들을 예수에게 적용한 기독론들이 포함되어 있다. 실례로 나그함마디 문서의 로고스 기독론들은 영지주의 신학자들이 '예수'를 어떻게 창조적으로 이해하였는지를 보여 준다.[34]

둘째로 나그함마디 문서는 영지주의 사상에 대한 관심을 촉진시켰다. 학자들은 영지주의 안에서 2세기 기독교 신학의 다양성을 인식하고 있다. 영지주의 인간론과 구원론에 대한 연구는 영지주의가 여러 부분에서 2세기

---

31) 이레인 페이젤스, 「숨겨진 복음서 영지주의」, 하연희 옮김 (루비박스, 2006), 22.
32) G. Riley, *One Jesus, Many Christs* (HarperSanFrancisco, 1977), 1장 참조.
33) 유대 문헌 중에서 성서 이야기를 넘어 부가적 항목들과 해석을 지닌 탈무드의 일부다.
34) 참조. Pheme Perkins, "Logos Christologies in the Nag Hammadi Codices," *VC* 35 (1981): 379-396.

철학적 가정들에 많은 영향을 미쳤음을 보여 준다. 또한 영지주의가 상속받은 신화적 전승들에 다른 요소들을 결합하기 위해 중기-플라톤 사상의 철학적 통찰력을 사용하였으며, 2세기 기독교가 천상의 구속자 이야기를 위해 신화의 요소들을 접목시켰음을 알 수 있다.

따라서 나그함마디 문서에서 발견된 예수에 대한 묘사는 단순히 공관복음서 전승을 첨가한 것이 아니라 전승받은 자료들을 급진적으로 변형하였음을 보여 준다. 나그함마디 문서의 영지주의 자료들은 초기 기독교에서의 종교적 혼합주의에 관한 문제를 제기한다. '신적 권좌로의 고양'과 같은 특별한 주제의 중요성은 급진적으로 그 주제가 사용된 제의적 혹은 문학적 상황을 보여 준다. 정경에서 두드러지게 부각되는 수난과 부활 케리그마의 설화들은 구세주, 즉 예수를 규정하는 특징으로 십자가를 설정하도록 하였다. 그러나 나그함마디 문서에서의 다른 선택들 – 묵시적 계시와 말씀 수집 – 은 영지주의적 사색에 대한 더 풍성한 정보를 제공하였다. 예수에 대한 다양한 칭호들을 나그함마디 문서에서 찾아보게 된다. 이 칭호들은 대부분 정경복음서에서는 찾아볼 수 없는 것으로, [역사적 예수]에 대한 인식의 폭을 넓혀 준다. 프란츠만(Majella Franzmann)은 나그함마디 문서에 나타난 예수에 대한 칭호들을 다음과 같이 분류하였다.[35]

(1) **한 번 이상 사용된 칭호들** : 에이온들의 왕, 주, 구원자, 아들, 교사, 인자, 예수 그리스도, 하나님의 아들, 주 예수 그리스도, 그리스도, 구속자, 로고스, 빛, 하나님.

(2) **단 한 번만 사용된 칭호들** : 주 중의 주, 감추어진 신비, 자비로우신 분, 신실한 분, 해결자, 만왕의 주, 영광의 주, 만유의 왕, 살아 계신 분, 살아

---

35) M. Franzmann, *Jesus in the Nag Hammadi Writings* (Edinburgh: T. &T. Clark, 1996), 90-94.

계신 분의 아들, 메시아, 나사렛 사람, 온전하신 분, 하늘의 속성을 지니신 분, 파리사타(Pharisatha), 거룩하신 분, 랍비, 빛의 아들, 축복받으신 분, 왕, 생명의 태양, 청렴의 표상이신 분, 좁은 길, 지혜, 능력, 문, 천사, 선한 목자, 신실하신 친구, 하나님의 선하심을 대변하신 분, 하늘에 계신 위대하신 분, 큰 영광, 심판자, 아버지의 손, 만유의 어머니, 아버지의 형상, 처음 나신 분, 지혜자, 원형이신 분, 영원한 빛 중의 빛, 하나님의 사역의 순결한 표상, 하나님의 선하심의 표상, 보이지 않는 아버지를 나타내시는 눈, 생명, 믿음의 왕, 날카로운 검, 거룩한 자녀, 불멸의 그리스도, 온 세상의 구원자, 아버지의 광대한 영광을 드러내는 아들, 생명의 아들, 불멸의 아들, 빛 가운데 거하시는 분, 계몽자, 불멸의 교사, 조형자, 비난받으신 분, 굴욕을 당하신 분, 속죄받으신 분, 머리가 되시는 분.

이러한 분류를 통해서 알 수 있는 가장 우선적인 결과는 초기 '복음들'의 다양성과 함께 여러 면으로 해석된 역사적 예수의 모습을 찾아볼 수 있다.[36)]

셋째로 나그함마디 문서는 사해사본과 함께 그레코-로마 세계의 종교 운동들(유대교와 초기 교회를 포함하여)을 재평가하는 데 있어 금세기의 가장 중요한 발견으로 받아들여진다. 나그함마디의 가장 큰 공헌은 영지주의 운동들의 다양성과 신학적 뉘앙스를 담고 있는 고대 영지주의 운동들을 이해하는 데 가장 중요한 문서라는 것이다. 영지주의 운동에 관한 많은 문학들은 그것의 이단적·환상적 혹은 비 이성적 특성들을 강조하였다. 비록 '정통' 기독교로부터 이탈하였지만, 나그함마디 문서는 기독교 영지주의자들이 구원을 위한 희망을 제공하기 위해 그리고 악의 문제에 답하기 위해 진

---

36) Pheme Perkins, "New Testament Christologies in Gnostic Transformation," in (The) Future of Early Christianity: Essays in Honour of Helmut Koester, 441.

지한 대답을 시도하였음을 보여 준다. 나그함마디 문서는 초기 교회사, 고대 유대교 그리고 중기-플라톤 전통과 신-플라톤 전통37)에 대한 우리의 이해를 돕고 있다. 이 문헌들은 초기 교회사에 대한 언급과 더불어, 우리가 '정통'과 '이단'으로 구별하는 2세기 교리적 문제들이 서로 얼마나 복잡하게 얽혀 있는가를 보여 준다.

넷째로 나그함마디 문서에서 예수에게 붙여진 칭호들은 다양하다.38) 칭호들은 그 무엇보다 예수의 본성과 특징에 관한 이해를 보여 준다. 나그함마디 문서에는 다양한 칭호와 함께 정경복음서에서는 볼 수 없는 예수의 사역들이 소개되고 있다. 프란츠만(Franzmann)은 나그함마디 문서에 담긴 이 세상에서의 예수의 주요 행위에 대해 다음과 같이 정리하고 있다.39)

(1) **무지하거나 태만한 자를 깨우고 불러냄** : *Soph. Jes. Chr.* 97.19~24; 107.16~20; *Ap. John* 23.26~31; 31.5~7

(2) **빛을 비추도록 믿는 자들을 계몽시킴** : *Soph. Jes. Chr.* 114.5~8; *Gos. Truth* 18.16~19; *Ep. Pet. Phil.* 133.27~134.1; *Tri. Pro.* 37.7~20; *Tri. Trac.* 62.33~38

(3) **아버지의 영광을 드러냄** : *Soph. Jes. Chr.* 107.22~23; *Treat. Seth* 50.22~24

(4) **지식을 가져옴** : *Soph. Jes. Chr.* 107.25~108.5; *Gos. Truth* 19.32~33; *On Bap. A* 40.32~35; *Ap. John* 23.26~31; *Tri. Trac.* 117.28~29

---

37) 신-플라톤주의는 기원후 3세기 중엽에 철학자 Plotinus와 함께 생겨난 플라톤 철학 작업의 해석학파다. 초월적인 유일자로부터 모든 것이 발산되었다는 것과 신을 직관하기 위한 그들의 종교적 관심은 여러 나그함마디 문헌들에 반영되었다.
38) Franzmann, Ibid., 90-94.
39) Franzmann, Ibid., 108.

(5) **진리와 모든 것과 지존의 하나님을 말하고 드러냄** : *Soph. Jes. Chr.* 93.10~12; 6.19~21; 106.7~9; 118.17~25; *Tri. Trac.* 63.17~19

(6) **길을 보이심** : *Gos. Truth* 18.19~21

(7) **안식 혹은 불멸의 삶을 가져다줌** : *Soph. Jes. Chr.* 118.6~15; *Interp. Know.* 9.17~19

(8) **계시자와의 연합으로 옮겨 줌** : *Gos. Thom.* 108; *Tri. Pro.* 47.22~23; 49.9~11, 20~23; *Tri. Trac.* 63.12~13; 65.17~25

이처럼 나그함마디 문서는 수난과 부활에 대한 관심을 지닌 정경복음서의 예수보다 이 땅에서의 예수의 폭넓은 사역에 대하여 소개하고 있다. 프란츠만이 정리한 예수에게 붙여진 칭호와 사역에 대한 소개는, 때로 영지주의 기독교에 대한 편협한 인식을 완화시켜 준다. 나그함마디 문서에도 '정통' 교회가 고백한 성육신 교리, 육체에 거하신 분, 지상에서의 활동, 부활 등에 대한 교리가 소개돼 있다. 다만 표현의 방식이 철학적이고 사변적이라는 것을 제외하고는 근본적인 고백에 있어서 정경복음서와 크게 차이가 없어 보인다.

결론적으로 말하자면, 신구약 중간 시기는 조용한 시기가 아니었다. 외경과 위경, 사해사본 그리고 나그함마디 문서에 포함된 텍스트들은 현대 독자들에게 헬라와 로마 시기의 중요하고도 영향력 있는 다양한 음성들을 소개한다. 만약에 이러한 텍스트들이 없다면, 교회의 모체가 되는 유대교에 대한 우리의 인식은 불완전할 수밖에 없다. 이 문헌들에 관한 연구는 우리를 유대교에 대한 더 깊은 이해로, 그리고 예수와 초기 교회의 선포를 형성하는 유대 전승의 범위에 대한 이해로 인도한다. 중간기의 음성들은 새롭게 발전해 가고 있는 초기 교회가 새로운 상황에 대처하기 위해 적용하였던 구약 전승의 일부분을 돋보이게 한다. 초기 교회의 우주론, 천사론, 종말론, 기독론과 윤리 등 많은 사상들은 이러한 생기 넘치는 시기의 발전에 영향을 받았다. 이러한 텍스트 가운데 일부는 예수 운동, 혹은 바울 선교를 반대하였던 자들의 이념에 대해 알 수 있는 실마리를 제공한다. 따라서 이 작품들에 대한 폭넓은 인식은 성서의 텍스트를 해석하는 밑거름이 될 수 있다.

Ⅳ. 성서 해석 방법론

'비평'(criticism)이라는 용어는 '구분, 결정, 혹은 판단하다'라는 의미의 헬라어 동사 '크리네인'(κρίνειν)에서 유래하였다. 따라서 성서 비평은 성서 문학에 관하여 분석하고, 분별하고, 판단하는 행위다. 즉 그것의 기원, 전달, 해석을 시도하는 방법론을 지칭하는 것이다. 이러한 의미에서 '비평'은 어떤 부정적인 의도를 뜻하는 것이 아니라, 오히려 분별력 있는 분석과 이해를 촉진하는 행위를 뜻한다.

'비평'(criticism)이라는 용어는 '구분, 결정, 혹은 판단하다'라는 의미의 헬라어 동사 '크리네인'(κρίνειν)에서 유래하였다. 따라서 성서 비평은 성서 문학에 관하여 분석하고, 분별하고, 판단하는 행위다. 즉 그것의 기원, 전달, 해석을 시도하는 방법론을 지칭하는 것이다. 이러한 의미에서 '비평'은 어떤 부정적인 의도를 뜻하는 것이 아니라, 오히려 분별력 있는 분석과 이해를 촉진하는 행위를 뜻한다. 계몽기와 함께 시작된 성서신학은 오늘날까지 많은 방법론들을 개발하였다. 그 가운데에서 몇 가지만 간략하게 소개하고자 한다.

1. 본문 비평

'본문 비평'(Textual Criticism)은 성서의 어느 한 책의 권위 있는 본문을 설정하려고 시도하는 방법이다. 따라서 본문 비평은 두 가지 목적을 염두에 두고서 시행된다. 첫째는 성서 본문의 원래 단어들을 재구성하는 것이요, 둘째는 수세기 동안 진행되어 온 텍스트의 전달 과정을 확립하는 것이다. 첫 번째 과제는 사실상 가설이고 완성하기 어려운 작업이다. 왜냐하면 성서의 각 책들의 원본이 존재하지 않기 때문이다. 따라서 완전한 재구성이란 일종의 추측에 불과하다. 그러므로 본문 비평의 과제는 '비평적 도구'(critical apparatus)라 불리는 히브리어 성서와 헬라어 성서에 첨가되어 있는 각주를 통해서 어느 두 개의 사본에 있어서도 정확하게 동일하지 않은, 즉 현재까지 발견된 사본들을 비교하는 것이다. 이러한 방식으로 인해, 본문 비평은 '원래의 텍스트가 어떻게 읽혀질 수 있었는가'에 대한 정보와 함께 '어떠한 관점에서 기독교 역사의 여러 시기에 다양하게 해석되었는가'에 대해서 밝혀 준다. 결과적으로 '본문 비평'에서는 회생할 수 있는 가능한 가장 이른 시기의 본문의 원래 형태를 확인하기 위하여, 그리고 그것의 발전 역사를 추적하기 위하여, 주어진 본문에 관해 알려진 모든 사본들을 비교하는 작업이 진행된다.

고대에 그리고 인쇄술이 발명되기 전까지 사본들은 손으로 기록되었다. 그러므로 어느 것도 실수가 없는 사본을 기대할 수 없다. 새로운 사본을 기록할 때마다 실수가 발생하였고, 이러한 실수는 이것을 복사한 또 다른 사본에 그대로 전달되었다. 사본들 사이의 차이점은 필사자의 다음과 같은 무의식적인 원인으로 인해 발생하게 되었다.

✓ 물리적 훼손으로 사본에 구멍이 생겨 단어가 삭제되거나 사고로
　일부가 훼손되어 발생한 차이
✓ 기록자의 눈의 잘못으로 인한 실수
✓ 기록자가 불러주는 말을 잘못 판단하여 일어난 실수
✓ 판단의 실수들
✓ 마음의 실수들

한편 사본의 차이는 필사자의 고의적인 의도로 변경되기도 했다.
✓ 철자와 문법을 포함한 변화들
✓ 공관복음서 기자의 변조
✓ 역사적 · 지리적 문제점들의 해결
✓ 이문들의 합성
✓ 교리적인 고려 때문에 생긴 변경
✓ 부가된 여러 가지 세목들
✓ 자연적인 보충물과 비슷한 부가물의 부가 등[1)]

1) 본문 비평의 자료들

신약성서의 본문 비평은 현존하는 많은 자료들의 도움을 받기도 하고, 때로는 그것들로 인해 혼란을 빚기도 한다. 어떻게 자료들을 분류하고 계산하느냐에 따라서 거의 5,500개에 이르는 다양한 크기와 형태의 신약성서 내용을 담고 있는 사본들이 있다.[2] 신약 사본들은 완전한 혹은 완전에 가까운 사본들로 보는 '시내 사본'[3], '바티칸 사본'[4]에서부터 최근에 발견되어 발행된 P116(히 2:9~11; 3:3~6)까지 다양한 형태로 존재한다.

최초의 신약 사본들은 고대 지중해 세계에서 사용한 파피루스에 기록되었다. 그러나 이 사본들은 이제 더 이상 존재하지 않는다. 대신에 우리는 1400년 이상의 과정을 거쳐서 서기관들이 손으로 기록하여 다른 사람들에게 전하여 준 사본들의 또 다른 사본들을 가지고 있다. 이 사본들 가운데 대략 116개는 파피루스에, 나머지는 양피지 혹은 종이에 기록되었다. 복사와 본문 전달의 과정을 거치면서 이 문서들 사이에 수많은 유형들의 변화가 생겨나게 되었다. 어떠한 변화들은 사본을 수정하거나 개선하기 위하여 사본을 복사한 서기관에 의해 의도적으로 이루어졌다. 그 외에 다른 것들은

---

1) 메츠거, 「사본학」, 230-256.
2) 신약성서 사본들의 종류와 형태를 이해하는 데 다음의 책들이 도움이 된다.
  K. Aland and B. Aland, *The Text of the New Testament* (Grand Rapids, MI: Eerdmans, 1989); B. D. Ehrman and M. W. Holmes, eds., *The Text of the New Testament in Contemporary Research: Essays on the Status* (Grand Rapids, MI: Eerdmans, 1995); 민경식, 「신약성서, 우리에게 오기까지」 (대한기독교서회, 2008).
3) '시내 사본' (Codex Sinaiticus)은 4세기 중반에 기록된 것으로 보인다. 현존하는 성경 중에서 바티칸 사본과 함께 가장 오래된 사본으로 알려져 있다. 외경에 속하는 일부 서신들을 포함하여 신약성서 전체가 담겨 있다. 티센도르프(Tishcendorff)가 여행 중에 시내산 입구에 위치해 있는 성 캐더린수도원에서 발견하였다고 전해지며, 러시아 박물관과 대영 박물관에 흩어져 보관돼 있다. 대영 박물관에서 사본을 관람하기 위해서는 반드시 그 앞에 무릎을 꿇어야 한다. 최근 라이프치히대학과의 공동 연구를 통해 코텍스 전체가 온라인으로 공개되어 본문 비평에 관심을 두고 있는 학자들에게 도움이 되고 있다.
4) '바티칸 사본'은 4세기 후반의 사본으로 알려져 있다.

무의식적으로 부주의와 펜의 과실로 인해 생겨났다. 결과적으로 모든 것에서 동일한 사본은 세상에 단 하나도 존재하지 않는다. 최근까지 알려진 신약의 가장 오래된 사본들은 4세기경에 기록된 것으로 추정되는 '시내산 사본'과 '바티칸 사본'이다. 물론 신약성서 27권 중에는 어느 한 책의 완전한 사본들도 존재한다.[5] 그러나 일부분의 구절을 담고 있는 단편들이 더 많이 존재한다. 다시 말해서 신약의 일부분을 위해서는 상대적으로 많은 사본 증거가 있다는 것이다.

사본들은 수세기에 걸쳐서 복사되었다. 파손, 박해, 전쟁, 새로운 공동체의 형성 등 그럴 만한 이유들이 있었을 것으로 추정된다. 처음에는 완전히 독자적으로 복사 작업이 이루어졌으나, 기독교가 로마제국의 국교로 승인을 얻은 콘스탄틴 시대 때부터 감독들이 성서를 복사하는 과정에 방향성을 제시하기 시작했다. 즉 그들은 공공의 사본 작업을 위한 기준이 될 사본을 제공하였다. 6세기부터 '비잔틴 교회'는 균일한 신약성서를 설정하려고 노력하였다. 예를 들면, 6세기부터 양피지 두루마리 사본에 번호(N 022, O 023 등)를 정하였다. 공인된 교회의 텍스트는 교회와 정부로부터 지지를 받아 이러한 방향을 따랐다. 그러나 이러한 지지에도 불구하고 텍스트는 동일하게 복사되지 않았다. 신약성서를 균일하게 확립하려던 중세 비잔틴 교회의 시도는 오히려 수많은 신약 사본들을 낳는 - 9세기 이후에 2000개가 넘는 - 결과를 초래하였다. 그럼에도 불구하고 비잔틴 텍스트에 보존된 14~15세기에 사용되었던 사본들을 가정할 수 있다. 신약성서 사본의 역사에서의 불행은, 에라스무스(Erasmus)가 헬라어 신약성서의 첫 번째 판을 준비할 때 바젤 대학의 도서관에서 발견한 몇 개의 사본들(아마도 다섯 개)만을 사용하

---

5) 이른 시기의 몇몇 바울서신(로마서의 시작 부분, 살후, 빌레몬, 목회서신)과 히브리서가 이에 속한다.

였다는 사실이다. 어떤 것도 변경되거나 손상될 수 없는, 즉 '모든 사람에 의해 받아들여지는 텍스트'(*textum ab omnibus receptum*)를 가지고 있다는 전제하에, 이 텍스트를 'the *Textus Receptus*'라 부르게 되었다.[6]

2) 본문 비평의 방식들

본문 비평은 작성된 '계보'(a family tree) 또는 '족보'(stemma)에 의해 시행된다.[7] 이 방식은 하나의 원형을 설립할 때까지, 그리고 편집을 기초하기 위하여 어떤 것이 최상의 사본인가를 결정할 수 있을 때까지 본문의 변형들을 거슬러 올라가 추적하면서, 현존하는 사본들의 계보 혹은 가계를 재구성한다. 이는 많은 작업들을 필요로 하는데, 이러한 종속의 계파들은 텍스트의 '유형', 때로는 '계파'라 칭해진다. 텍스트 '유형'은 그것이 출처된 지역에 따라 구분된다. 예를 들면 알렉산드리아(이집트), 웨스턴, 비잔틴 등으로 텍스트의 유형을 분류할 수 있다.

신약의 많은 사본들은 비잔틴 본문 전통을 따르고 있다. '비잔틴 사본'(Byzantine Manuscripts)은 동제국(A.D. 330~1453년)의 수도인 콘스탄티노블에서 유행한 헬라어 신약성서를 지칭하는 것으로, 에라스무스(Erasmus)는 헬라어 신약성서(1516년)의 판을 준비하면서 12세기에 작성된 두 개의 '비잔틴 사본'을 사용하였다. 한 인쇄자에 의해 이것은 'the Textus Receptus'라 불렸으며, 19세기 후반까지 다른 언어로 신약성서를 번역하는 데 기초가 되었다. 오늘날에도 어떤 학자들은 여전히 이것을 사용하기 원한다. 그러

---

6) 신약성서의 간략한 본문 비평의 역사를 찾아보기 위해서는 다음을 참조할 것.
　John H. Hays, ed., *Methods of Biblical Interpretation* (Nashvill: Abingdon Press, 2004), 27-34.
7) 이러한 작업은 특히 P. Mass에 의해 기초화되었고, M. L. West에 의해 다듬어졌다. P. Mass, *Textual Criticism* (Oxford: Clarendon Press, 1958); M. L. West, *Textual Criticism and Editorial Technique* (Stuttgart: Teubner, 1973).

나 비잔틴 사본의 장점을 인식하고 있는 대부분의 학자들은 이것 역시 많은 사본 중의 하나의 형태임을 인식하고 있다. 메츠거(B. M. Metzger)는 현존하는 사본의 90% 이상이 비잔틴 특성을 지니고 있으나 이것 대부분은 비잔틴 제국의 제한된 지역 내에서 기록되었고, 이는 초기 본문 전달에서의 주요한 파생 발전 과정을 무시하는 것이라고 주장하였다.[8]

수많은 사본들과 사본 전승에서의 혼잡한 과정으로 인해 대다수의 신약 본문 비평가들은 본문 비평에서 '절충주의'(eclecticism)를 실행한다. 이는 사본 중에서 가장 많이 발견된 독본(reading)에 의존하거나 또는 재구성된 계보에 제한받기보다는 가장 초기의 독본을 기준 삼아 어떤 사본이 정확한 독본을 보존하고 있는지에 관심을 기울이는 것이다. 따라서 원래의 본문에 가장 가까울 것이라고 생각되는 독본을 재구성하기 위하여, 유용한 모든 자료들을 가지고 그러한 작업을 실행한다. 이러한 자료들은 외적인 증거(사본들 자체, 초기 교부들과 판들과 같은 자료들과 마찬가지로)와 내적인 증거(서기관들의 경향성)를 포함한다. 이 두 가지 요소 중에 어디에 더 무게를 두느냐에 따라서 두 가지 형태의 절충주의, 곧 '철저한 절충주의'(thoroughgoing eclecticism)와 '추론적 절충주의'(reasoned eclecticism)로 구분된다.

'철저한 절충주의' 방법은 킬패트릭(G. D. Kilpatrick)과 그의 제자인 엘리오트(J. H. Elliot)에 의해 실행되었다.[9] 이 방법은 본문-비평적 결정들을 형성함에 있어서 내적 증거에 상당히 의존한다. 사본들의 정확한 독본에 도

---

8) B. M. Metzger, *The Text of the New Testament: Its Transmission, Corruption and Restoration* (New York: Oxford University Press, 1992), 291-92.
9) B. D. Ehrman and M. W. Holmes, eds., *The Text of the New Testament in Contemporary Research*, 321-35.

달하도록 여러 증거들을 샅샅이 조사하고 가능한 여러 독본들을 수집하는 것을 제외하고는 외적 증거에 많은 비중을 두지 않는다. 따라서 이 방법은 서로 다른 문서들을 평가하는 수단으로 서기관들의 습관을 고려하면서 여러 가지 가능성들에 무게를 둔다. 하지만 이로 인해 서기관들의 경향에 지나치게 의존한다는 비평과 함께, 본문 전승과 그것의 전달 역사를 무시한다는 비평도 받는다. 결과적으로 어떤 예들에서 상대적으로 후기의 변형이 수용되기도 한다. 왜냐하면 비록 그것이 초기 자료들에서 증명될 수는 없지만, 내적 증거에는 적합해 보이기 때문이다.

오늘날 상당히 많은 신약 본문 비평가들이 '추론적 절충주의' 방법을 따르고 있다. 그들은 외적 증거와 내적 증거 사이의 균형을 맞추려고 노력한다. 즉 서기관들의 경향성 때문에 빚어진 변형의 특성들은 사본 증거와의 연관성에서 평가된다. 외적 증거는 사본들의 상대적 시기들(예를 들면, 6세기 이전에 나온 사본들은 대부분 19세기 후반 이전에는 알려지지 않았거나 사용되지 않았다), 지형적인 분산(폭넓게 분산된 사본은 한 장소에 위치된 것들보다 더 잘 고려되었다), 사본들 사이에 존재할 수 있는 가계적 연관성, 그리고 사본들의 상대적 질(예를 들어, 일반적으로 파피루스가 양피지보다 더 좋은 질로 취급되었다) 등을 고려한다.

내적 증거는 서기관들의 습관과 연관된 필사의 가능성들과 관련이 있다. 서기관들의 경향성은 무의식적인 변경과 의도적인 변경으로 분류될 수 있다. 무의식적인 변경은 글자들이 혼동되고, 단어들이 분리되며(초기의 모든 사본은 대문자로 연속해서 기록하였기 때문이다), 글자 혹은 단어의 순서가 뒤바뀌고, 단어들이 대치, 삭제 혹은 반복되고(이것은 종종 한 사본에서 단어의 위치를 상실함과 연관이 있다), 철자가 잘못되는 등의 모든 예에서 찾아볼 수 있다. 서기관의 의도적인 변형은 다양한 이유에서 행해졌다. 새롭게 발전된 문법과 문체에 따라 수정을 가하고, 공관복음서 사이의 병행에 조화시키기도 하고, 모호한 점들을 명확하게 하고, 내용들을 부풀리고, 적절한 자료들(예수의 완전한 이름과 같은)을 첨가하고, 신학적 변화를 가하는 등의 변형을 시도하였다.10)

서기관이 의도적으로 발생시킨 요인들은, 본문 비평에서 더 비중 있게 취급되는 문제(예. 문체)들로 인해 폭넓게 연구되지 않는 주제로 남아 있다. 하지만 이러한 서기관들의 경향성에 기초하여, 본문 비평의 많은 규칙들이 서기관의 의도를 판단하기 위해 발전되었다. 이 규칙들은 언급된 서기관들의 경향성에 기초하여 일상적으로 더 짧은 것, 더 어려운 것, 혹은 적게 조화되는 독본을 선택하고자 하였다. 또 저자의 문체와 신학에 일치하는 독본일수록 원본에 가까운 것으로 받아들였다. 본문 비평의 이 유형에서 종종 사용되는 최종적인 고찰은 '벵겔의 규칙'(Bengel's Rule)이라 불리는 것이다. 그것은 최상의 독본은 마지막 분석에서 모든 다른 변형들을 고려할 수 있다는 것을 의미한다.11)

*Textus Receptus*12)를 고집하는 학자들과 '철저한 절충주의'를 사용하는 몇몇 학자들을 제외하고는 '추론적 절충주의'가 신약 본문 비평을 지배하였는데, 결과적으로 상당한 확신을 가져다주었다. 어떤 본문 비평가들은 비록 우리가 성서 기자의 자필 기록들을 가지고 있지는 않지만 원래의 본문과 동등한 독본에 이르렀다고 믿는다. 그러나 이것은 많은 문제점을 지

---

10) 참조. 메츠거, 「사본학」, 230-256.
11) 벵겔은 Textus Receptus에 손을 대지 않고 사본을 크게 두 종류로 구분하였다. 그의 작업은 오늘날에도 본문 분석에서 지켜지고 있다.
12) 이 칭호는 R. Stephanus가 파리에서 발행한 헬라어 신약성서 1550년판에 대해, 영국에서 이름 붙인 칭호다. 19세기까지 The Textus Receptus는 신약성서의 권위 있는 본문이 되었다.

닌 섣부른 결론이다. 왜냐하면 자필 기록들을 발견함 없이는 그것에 대해 증명할 근거도 없거니와 그러한 주장은 쉽게 반박될 수 있기 때문이다. 본문 비평 과정에서 발생하는 커다란 이견과 주관적 기준의 적용은 지나친 확신에 의구심을 가져다준다. 또한 지나친 확신은 어떤 학자들로 하여금 원래의 본문이 현재의 본문 비평 방식들을 통하여 발견될 수 있는 것인지 진지하게 묻도록 자극하였다. 따라서 지나치게 현대의 학적인 고찰과 과학의 산물인 양자택일의 본문에 의존하지 않는 것이 현명하다고 믿고 있다.

2. 자료 비평

전형적으로 '문학 비평' 혹은 '고등 비평' 이라 부르는 자료 비평은, 단일 저자의 작품이 아닌 원래의 독립된 문서들로 구성된 텍스트들을 분석하는 성서 연구 방법이다. 이 방법은 구약성서(특히 오경)와 신약성서(특히 복음서)의 모든 책에 적용되고 있다.

〈구약성서〉
오늘날에는 책을 집필할 때에 표절을 엄격히 금하고, 어떤 자료에서 인용한 것인지 명백히 밝힐 것을 요구한다. 그러나 고대에는 어떤 부분이 저자의 고유한 것이고 어떤 부분이 다른 곳에서 가져온 것인지 말하지 않고 현존하는 자료를 그대로 옮겨 기록하였으며, 그것에 근거하여 적용하고 첨가하면서 자신의 책을 작성하는 것이 일반적인 관습이었다. 구약의 책들은 대부분의 경우 합성하여 작성된 것들로, 단일 저자의 작품에 몇몇의 다른 책들이 포함되었다. 그리고 어떤 경우에 있어서 자료들은 수세기 동안에 보급된 원래의 문서에서 가져온 것이다. 따라서 자료 비평을 통해 원래의 문서들을 구분하고 그것들의 시기를 결정할 수 있다.

1) 역사와 발전

성서 연구의 비평 방법 중에서 가장 오래된 자료 비평은 17세기와 18세기에 시작되었다. 그러나 그것이, 특히 오경에 관한 대부분의 수수께끼에 대하여 답을 제공한 것은 19세기에 이르러서야 가능했다. 19세기 중반에 오경의 자료들을 J, E, D, P로 구분하는 관습이 학자들 사이에 폭넓게 수용되었다. '단편설'(the Fragmentary Hypothesis)과 '보충설'(the Supplementary Hypothesis) 같은 이론들은 벨하우젠(Julius Wellhausen, 1844~1918년)의 작품으로 인해 설득력을 잃게 되었다. 벨하우젠은 드 베테(de Wette)와 칼-하인츠(Karl-Heinz Graf)의 저서에 의존하면서, "4문서설은 오경의 구성에 대해 설명해 주는 가장 만족스러운 해명"이라고 주장하였다.[13]

그러나 그는 처음으로 자료들의 합리적인 시기를 제공하기 위하여 이러한 차원을 넘어섰다. 그전의 대부분의 학자들은 E2(우리가 P라고 부르는, 그리고 벨하우젠은 Q라고 불렀던)가 가장 오래된 자료임이 분명하다고 보았다. 그러나 벨하우젠은 법에 관한 많은 조항들을 형성하는 신성한 법령들이 바벨론 포로 이전에 실제적으로 이스라엘에서 실행되었음을 찾아볼 수 없다고 보았다. 그러면서 P의 시기를 초기 바벨론 포로 이후 시기로 정했다. D의 시기를 기원전 7세기로 수용하는 것과 함께, 이것은 이스라엘의 종교 역사를 위한 새로운 구조를 완전하게 제공하는 효과를 지녔고, 포로 이전 시기의 종교적 삶은 에스라와 함께 시작하였던 유대교와는 달랐다고 주장하였다. 그의 이론은 때로 거부되기도 했지만, 고대 이스라엘의 이해에 대한

---

13) J. Wellhausen, Skizzen und Vorarbeiten. II, *Die Composition des Hexateuchs* (Berlin, 1885).

벨하우젠의 제안은 학계에 지속적으로 깊은 영향을 미쳤다. 그리고 오경의 자료 비평에 관한 그의 작업은 구약성서 연구에 새로운 지평을 열어 주었다.

2) 자료의 합성을 보여 주는 증거들

(1) **불일치** : 어느 한 책이 단일 저자의 작품이 아니라고 의심하는 이유는, 한 책에 담겨 있는 동일한 내용이 서로 일치하지 않기 때문이다. 내용에 있어서 서로 일치하지 않는 본문들은 다양한 형태로 나타나고 있다. 예를 들면, 창세기 12장 1절에서 아브람은 그의 아버지 데라가 죽은 후에 하란을 떠났다고 전해진다. 11장 26절을 보면 아브람은 데라가 70세에 태어났고, 32절에 의하면 데라는 205세에 죽었다. 따라서 아브람은 여호와로부터 우르를 떠나라고 부름 받았을 때 135세여야만 한다. 그러나 12장 4절은 그가 하란을 떠날 때 단지 75세였다고 말한다. 즉 60세의 나이 차이가 나는 것이다. 이러한 사실은 창세기 12장의 이야기가 창세기 11장의 족보와는 다른 자료에서 유래한 것이라는 전제하에 설명될 수 있다.

또한 한 텍스트가 동일한 사건을 놓고 서로 다른 관점을 드러내는 것을 보게 된다. 사무엘상 8~12장은 이스라엘이 왕정국가로 출발하는 이야기를 통해 사울이 왕으로 선출되고 기름부음 받는 것을 하나님의 뜻으로 묘사한다(9:15~16; 10:1). 반면에 다른 곳에서는 왕의 선출은 하나님의 뜻을 거부하는 것으로서, 백성의 불신앙을 표현한다고 말한다(8:21~22; 10:17~19). 이러한 불일치에 대해 가장 단순하게 설명할 수 있는 것은, 사무엘서의 수집자가 왕정 기원에 관해 서술하기 위해 한 개 이상의 자료를 사용하였고, 이 자료들이 서로 일치하지 않았다는 것이다.

(2) **반복과 중복** : 구약의 설화들을 주의 깊게 읽으면서 사건들을 연속적

으로 구성하고자 할 때에 어려움이 있다는 것을 발견하게 된다. 왜냐하면 동일한 사건이 한 번 이상 반복적으로 서술되고 있기 때문이다. 가장 먼저 창세기 1~2장에서 그러한 경우를 찾아볼 수 있다. 창세기 1장 27절에서는 "하나님이 자기 형상 곧 하나님의 형상대로 사람을 창조"하셨지만, 창세기 2장 7절에는 "여호와 하나님이 땅의 흙으로 사람을 지으시고 생기를 그 코에 불어넣으시니 사람이 생령이 되니라"로 되어 있다. 이러한 현상을 설명할 수 있는 가장 단순한 해명은, 동일한 이야기의 두 개의 판이 모두 책의 완성된 형태에 남아 있었다는 것이다. 어떤 경우에 있어서는 두 개 혹은 세 개의 자료들로부터 자료가 뒤섞여 있는 것을 보게 된다. 이에 대한 전형적인 예는 창세기 6~9장의 홍수 설화다. 한 곳에서는 40일 동안 지속된 홍수에 대해서 말한다(창 8:6). 하지만 다른 곳에서는 150일 동안 홍수가 이어졌다고 전하고 있다(창 7:24). 유사하게 반복되는 설명들은 극도로 복잡하고 분석하기 힘든 출애굽기 24장에서도 찾아볼 수 있다. 그곳에서 모세는 거룩한 산에 세 번 올라간 것으로 보인다. 그리고 여호수아 3~4장에는 여호수아의 지도하에 요단강을 건너는 사건에 관한 설명이 서로 뒤얽혀 있다. 두 개의 설명 혹은 판들이 밀접하게 유사한 곳에서 중복되고 있음(비교. 왕하 24:10~14/ 24:15~16 혹은 창 37:21~22/ 37:26~27)을 보게 된다.

(3) **문체적 차이** : 구약의 어떤 책들은 특별한 단어 혹은 구들을 선호함으로써, 문법과 구문의 독특성이 두드러진 문체의 변형들을 보여 준다. 이러한 변형은 창세기와 출애굽기에서 두드러진다. 그곳에서 어떤 부분들은 사무엘서의 문체와 유사한 설화체로 기록되었다. 반면에 다른 것들은 양식화되고 반복되는 방식, 항목들, 기술적 용어들, 그리고 회상하는 형식으로 구성되었다. 예를 들어, 출애굽기 2장의 이야기(특히 모세의 어린 시절과 초기 생애)를 출애굽기 36~40장의 성막 성소 건립 이야기와 비교해 볼 수 있다.

또 문체의 변형은 시의 형태로 기록된 책들에서도 발견할 수 있다. 예를 들어, 예레미야 30장과 31장의 제의들 가운데는 이사야 40~55장(소위 제 2이사야)의 문체와 매우 유사한 것이 있다. 그러나 나머지 예레미야서와 이사야서의 차이는 대단히 크다. 따라서 이 부분은 다른 자료에서 유래된 것으로 보인다. 예레미야서의 다른 장들은(특히 산문에서) 신명기 역사(여호수아~열왕기하)의 문체와 밀접해 보인다. 문체적 차이에 대한 이해가 어느 정도 주관적인 반면에, 이와 같은 책들 내에서의 변형은 단일 저자가 모든 자료를 기록했다는 주장을 수용하지 못하는 충분한 근거가 된다.

〈신약성서〉

신약성서의 각각의 책들에 어떠한 자료들이 사용되었는지 합리적인 차원에서 설정할 수 있다면, 책의 기원을 이해하고 책에 대해 연구함에 있어 더 나은 판단이 가능하다. 예를 들어, 마태와 누가가 마가를 그들의 상황에서 적합하게 발전시킨 것으로 해석한다면, 두 복음서 사이의 문학적 · 신학적 특성은 명확하게 규명될 수 있다. 동시에 자료들과 현존하는 문서들이 속하는 다른 역사적 · 신학적 발전들에 대해 더 많은 지식을 얻게 된다. 나아가 현존하는 작품의 자료로 지금까지 알려지지 않은 어떤 자료를 결정하는 것이 가능하다면, 초기 교회의 역사에 대해 많은 정보를 얻을 수 있을 것이다. 예를 들어, '말씀 자료'(Q)의 재구성을 통해서 우리는 시리아~팔레스타인 지역에서의 종말론적 선포는 명백하게 마가복음의 전승들과 달랐다는 사실을 알게 된다.

사실상 자료 비평의 시작은 신약성서 연구에 근본적인 변화를 가져왔다. 그것은 신약의 역사적 이해와 기독교의 기원에 이르기 위해서 성서의 교리적 견해를 포기하려는 시도를 의미한다. 그러므로 자료 비평이 계몽기 시대에 시작됐고 19세기에 절정에 이르렀다는 사실은 단순한 우연의 결과가 아니다. 처음 세 복음서 사이의 밀접한 관련성으로 인해 제기된 문제는 그동안 자료 비평에서 다루었던 논쟁의 출발점이었다. 그것은 소위 '두 자료설'(Two-Source Theory)에 의해 해결되었다.[14] 이 이론에 따르면 마태와 누가가 독립적으로 동일한 두 개의 자료, 곧 마가와 말씀 자료인 Q를 사용하였다는 것이다. 이 이론은 학계에서 거의 보편적으로 받아들여진다.[15] 왜냐하면 공관복음서 사이의 복잡한 연관성을 해결해 주는 단순한 설명을 제공하기 때문이다.

공관복음서의 자료 비평 작업은 예수의 생애와 설교의 재구성을 위하여 확고한 역사적 토대를 얻으려는 노력에 의해 진행되었다. 유사한 방식으로 사도행전의 분석은 역사적 관심으로부터 취해졌다. 그러나 사도행전의 경우는 자료 비평의 제안들이 확고한 결과를 가져오지 않았다. 그리고 사도행전의 어떤 부분들에서 사용된 자료들을 탐지하는 것이 가능한지에 대한 질문은 지금까지 논쟁으로 남아 있다. 오늘날 자료 비평은 현재의 텍스트들 배후에서 추적될 수 있는 문학층의 형성 과정에 초점을 모은다. 이것은 요한복음에도 적용된다. 역사적 예수에 관한 정보를 제공하지 않음에도 불구하고 요한복음의 자료들은 자료 비평에서 비중 있게 다루어진다. 자료 비평은 에베소서에 대한 골로새서, 베드로후서에 대한 유다서의 관련성에서도 적용되고 있다.

---

14) C. H. Weisse가 제안한 이 이론은 곧이어 다른 학자들에 의해 수용되었다. *Die evangelische Geschichte kritisch und philosophisch bearbeitet*, 2 Vols (Leipzig, 1838).
15) 소수의 학자들은 마태복음의 우선설을 주장하면서 '두 자료설'을 부인한다. 대표적인 학자는 William Farmer이다. 참조. W. Farmer, *The Synoptic Problem: A Critical Analysis* (New York: Macmillan, 1964).

1) 공관복음서

(1) **마태와 누가의 자료로서의 마가** : 세 복음서가 서로 밀접하게 연관돼 있다는 사실은 다음의 내용들에 의해 확인된다. 공관복음서 중에서 세 개 혹은 적어도 두 개에 공동적으로 사용된 많은 구절들, 이러한 자료의 동일한 순서, 어휘의 유사성 등. 공관복음서에 포함된 자료 가운데 35% 정도가 세 복음서에 공동적으로 나타난다. 마가의 복음서는 이 공동 자료의 85%를 구성한다. 반면에 마태의 비율은 50%이고, 누가는 40%에 이른다. 무엇보다 이 자료들의 순서가 동일하게 나타난다는 사실이 중요하다. 자료들의 많은 부분에서 순서가 같은데, 세 복음서 모두 동일한 방식으로 같지는 않고 두 개의 복음서에서만 순서가 동일하다. 이러한 사항은 단지 문학적인 의존의 결과로만 설명될 수 있다. 즉 이처럼 자료의 순서가 일치한다는 것은 기록된 자료가 있었음을 의미한다.

이를 규정하기 위해서는 더 세밀한 분석이 필요하다. 특별한 관심을 모으는 것은, 세 복음서에 공동으로 사용된 자료가 그 가운데 두 개에서만 동일한 순서로 나타난다는 사실이다. 공동된 순서는 마태와 마가에서 볼 수 있다(반면에 누가는 벗어난다. 그는 다른 상황에서 동일한 자료를 재생산한다). 그리고 누가와 마가에서도 보게 된다(반면에 마태는 벗어난다). 그러나 마태와 누가에는 마가가 벗어나는 공동된 순서를 가지고 있는 경우가 없다. 이러한 사실은 마가가 동일한 순서로 세 복음서의 공동 자료로 사용되었다는 가정에 의해 가장 잘 설명된다. 마태와 누가는 각각 주어진 순서를 독립적으로 변경하였고, 때문에 일치하는 결과에 이르지 못했다. 이는 세 복음서의 공동된 자료가 마가복음과 동일시되거나, 혹은 마가 자체가 마태와 누가에 의해 사용된 자료라는 결론을 가져다준다.

또한 내용의 차이점들을 살펴보면, 마가의 우월성에 대한 이론이 확고한 위치를 차지하게 된다. 마가 자료의 거의 95%에 이르는 내용이 마태에 다시 나타나고, 그것의 85%는 누가에 나타난다. 마가를 마태와 누가의 공동 자료로 가정한다면, 마가복음에서 삭제된 대부분은 마태와 누가의 편집 목적에서 온 것으로 이해될 수 있다. 그러나 만약에 파머(W. Farmer)의 주장처럼 마태를 마가의 자료로 고려하고, 마가를 마태와 누가를 자료로 사용한 가장 늦은 복음서로 생각한다면 더 심각한 어려움에 직면하게 된다.[16] 첫째로 누가의 편집 행위에서 비롯된 마태와 누가 사이의 차이점을 설명해야 할 필요성이 있다. 만약에 마태의 산상설교(5~7장)를 누가의 평지설교(6장)의 자료로 설명하려 한다면 이러한 가능성은 이미 배제된다. 둘째로 마가가 마태로부터 그에게 알려진 자료 중에서 단지 50%만을 취한 이유, 그리고 그가 왜 마태와 누가에 두드러진 축복 선언과 주의 기도와 같은 전승들을 포함한 공동적인 자료를 배제하였는지 설명해야만 한다.

마가의 우월성에 대한 이론은 문학적 그리고 신학적 관점에서 공관복음서 사이에 연관성이 있다는 사실에 의해 확증된다. 즉 마태와 누가는 마가의 더 나은 발전들로 판명될 수 있다. 문학적으로는 유아 설화를 설정하고 말씀 자료와 현현 설화를 첨가함으로써, 신학적으로는 더 공들인 교회론적 개념들을 제시하고(마태) 초기 기독교 종말론의 발전에서 진보된 제안을 제시함으로써(누가) 마가의 자료를 확대하였다.

(2) Pre-Markan 혹은 DeuteroMarkan 복음서 : 학자들은 마가의 네 개의 단위(막 3:20~21; 4:26~29; 7:31~37; 8:22~26)가 마태와 누가에 나타나지 않는다는 이유로, 마태와 누가의 자료로 사용된 자료는 현재의 마가복음서가 아니라 이러한 본문들을 포함하지 않는 초기의 판(Ur-Markus)이었다고 제

---

16) 이러한 학자들이 주장하는, 소위 '그리스바하 이론'에도 타당성이 있다. 그러나 마가가 마태에 의존하였다는 주장을 방어하기에는 역부족이다. 참조. 유태엽, 「복음서 이해」, 35-37.

안한다. 이와 유사하게 누가에 마가복음 6장 45절~8장 26절이 없는 이유는, 누가가 마가복음의 다양한 판들을 사용하였다는 가정에 의해 설명되어 왔다(이것은 Deutero-Mark를 의미한다). 그러나 이러한 가정들은 불확실하다. 왜냐하면 소위 마가복음의 발전에 대한 근거를 찾아볼 수 없기 때문이다. 한편으로 이러한 삭제 대부분은 마태와 누가가 의도적으로 단축한 것으로 설명될 수 있다.

(3) **마가 이전의 자료들** : 마가가 복음서의 어떤 부분들을 위해, 구전으로 전달된 말씀들의 수집 혹은 더 짧게 기록된 자료들을 사용하였다는 것이다. 논쟁들 2:1~3:6; 비유들 4:1~34; 이적 설화들 4:35~8:26; 선포 이야기 11~12장; 묵시적 설교 13장; 수난 설화 14:1~16:8. 그러나 이 경우를 입증할 어떤 명백한 증거가 없다. 4장 35절~8장 26절과 11~12장에 관해 긍정적으로 수용할 근거가 전혀 없다. 2장 1절~3장 6절과 4장 1~34절에 관한 가정은 마가복음 3장 6절과 4장 10~12절이 마가가 자신의 작품을 구성할 때 의도한 편집적 언급인지에 관한 질문에 의존한다.

13장에 관해서는, 마가가 44년부터 묵시적 소책자로 추정되는 짧은 유대 자료를 사용하였는가가 논의된다. 이러한 증거는 세 가지 근거에 의존한다.

- √ **역사적 사건들을 암시하는 것** : 그것들은 마가에 의해 기록된 텍스트의 일부로 혹은 이른 시기 자료의 요소들로 더 쉽게 이해될 수 있는가?
- √ **자료의 재구성** : 자료로부터 유래되었을 것이라고 추정되는 마가복음 13장의 일부가 독립된 문서로 존재할 수 있는 문학적 단위를 형성하는가?
- √ **마가복음 13장의 구조** : 만약에 자료 사용을 가정한다면 구조를 더 쉽게 이해할 수 있는가? 특히 유대전쟁 기간(68~69년)에 유대-기독교

그룹으로부터 이러한 자료가 형성되었다면, 이러한 질문들에 답할 수 있는 확고한 근거들이 있다.

마가의 수난 설화(14:1~16:8)는 복잡한 발전 과정을 경험하였다. 그러나 이 과정을 설명하기 위한 제안들은 서로 일치하지 않는다. 따라서 마가 이전 수난 설화가 기록된 문서인지 아닌지에 대해서는 여전히 논쟁이 되고 있다.

(4) **말씀 자료(Q)** : 마가가 마태와 누가의 자료로 사용되었다는 이론을 수용한다면, 마가 외에 마태와 누가 사이의 일치를 설명해야 하는 과제가 남아 있다. 만약에 마가에는 없는 마태와 누가의 공동 자료를 찾아 낸다면, 전체 자료의 50% 이상을 포함하는 24개 중에서 적어도 13개의 공동으로 연속돼 있는 자료들을 얻게 된다. 이처럼 공동으로 연속되어 있는 구절들을 마태와 누가가 독립적으로 작성한 것이라고는 볼 수 없다는 결론에 도달하게 된다.

마태와 누가가 서로 직접적인 문학적 관련성이 있다는 가정으로 인해, 단지 하나의 해결책만이 남아 있게 된다. 즉 마가 외에 공동적으로 Q란 칭호가 붙여지는 말씀과 어떤 선포 이야기로 구성돼 있는 제2의 자료가 존재하였다는 것이다. '말씀 자료'에 대한 분석은 다음과 같이 폭넓게 수용되고 있다. 첫째로, 방법론적인 근거를 위하여 그것의 크기는 마태와 누가에 포함된 단위들에 제한되어야 한다. 그러나 두 기자 가운데 어느 한 사람이 Q에 포함된 어떤 자료들을 삭제하였다는 사실을 배제할 수는 없다. 그러나 이를 명확하게 증명할 수 없다. 마태복음 5장에는 없으나 누가복음 6장 24~26절에서는 언급되고 있는 '화'가 그러한 사실을 보여 준다. 둘째로, 마태와 누가가 일치하지 않는 한, Q의 배열은 누가로부터 재구성되어야 한다. 왜냐하면 마태는 종종 더 긴 연설들(예. 주의 기도와 산상설교 안에 다른 Q

자료 삽입)을 모으기 위해 순서를 변경하였기 때문이다. 셋째로, 마태 또는 누가가 그것을 더 정확하게 보존하고 있는지 결정하기 위하여 단어들을 모든 경우에서 조사해야 한다.

Q의 내용 [17)]

〈누가〉	〈마태〉	〈내용〉
3:7~9, 16~17	3:7b~12	세례요한의 회개 설교, 오실 이
4:2~13	4:2b~11a	사탄에 의해 예수가 당한 시험
6:20b~23	5:3, 6, 4, 11~12	축복
6:27~30	5:44, 39b~40, 42	원수 사랑, 뺨을 돌려 대라
6:31	7:12	황금률
6:32~33, 35b~36	5:46~47, 45, 48	자비를 행하라
6:37a, 38c	7:1~2	남을 판단하지 말라
6:39~40	15:14; 10:24~25a	소경이 소경을 인도한다

---

17) Q의 내용에 관해서는 학자들 간에 약간씩의 차이가 있다. 다만 단순하다는 이유로 Brown의 분석을 참조하였다.
R. E. Brown, *An Introduction to the New Testament* (New York: Doubleday, 1997), 118-119.
클레아몬트대학원을 중심으로 진행되고 있는 International Q Project에서는 Q의 내용을 다음과 같이 제안한다.
눅 3:2b~3, 7~9; 16b~17 [21~22]; 4:1~13, 16; 6:20b~23, {24~26}, 27~28, 35c, 29, [Q/Mt 5:41], 30, 31, 32~33/ 34 {35ab}, 36, 37 {38ab}, 38c, 39~45, 46~49; 7:1b, 3, {4~6a}, 6b~10, 18~19, {20~21} 22~23, 24~28 {29~30}, 31~35; 9:{1~2}, 57~60; 10:2~3, 4~6, [7a], 7b~[8], 9~11, 12~15 {Mt 11:23b~24}, 16, 21~22, {Mt 11:28~30}, 23~24, {25~28}; 11:2~4, {5~8}, 9~13, 14~15, 17~20, [21~22], 23, 24~26, [27~28], 16, 29~32, 33~35, {36}, 39a, 42, 39b~41, 43~44, 46, 52, 47~51; 12:2~12, {Mt 10:23}, {12:13~14, 16~21}, 22~31, {32}, 33~34, {35~38}, 39~40, 42b~46, [49], {50}, 51~53, [54~56], 58~59; 13:18~19, 20~21, 24, 25, 26~27, 28~29, {30}, 34~35; 14:{1~4}, [5], {6}, 11/18:14; 14, [16~24], 26~27, 34~35; 15:4~7, 8~10; 16:13, 16, 17, 18; 17:1b~2, 3b~4, 6b,{20~21}, 23~24, 26~27, {28~29}, 30, {31~32}, 33, 34~35, 37b; 19:12~13, 15b~26; 22:28~30.

6:41~42	7:3~5	형제의 눈의 티와 자신의 들보
6:43~45	7:16~20(12:33~35)	좋은 나무와 좋은 열매
6:46~49	7:21, 24~27	두 명의 건축자
7:1~2, 6b~10	8:5a~10, 13	병든 하인을 둔 가버나움의 백부장
7:18~28	11:2~11	세례요한의 질문
7:31~35	11:16~19	피리를 불어도 춤추지 않는 세대
9:57~60	8:19~22	머리 둘 곳도 없는 인자
10:2~12	9:37~38; 10:7~16	추수할 것은 많으나 일꾼이 없음
10:13~16	11:21~23; 10:40	선교를 위한 교훈
10:21~24	11:25~27; 13:16~17	계시와 아들에게 모든 것을 알게 함
11:2~4	6:9~13	주기도문
11:9~13	7:7~11	구하라 주실 것이다
11:14~15, 17~23	12:22~30	바알세불 논쟁
11:24~26	12:43~45	돌아온 악한 영
11:29~32	12:38~42	표적을 구하는 세대
11:33~35	5:15; 6:22~23	등잔과 빛에 대한 말씀
11:39~44	23:25~26, 23, 6~7a, 27	바리새인에 대한 저주
11:46~48	23:4, 29~31	율법사에 대한 저주
11:49~52	23:34~36, 13	하나님의 지혜가 말함
12:2~10	10:26~33; 12:32	두려움 없는 고백
12:11~12	10:19~20	공회에서의 성령의 도움
12:22~31	6:25~33	염려하지 말라
12:33~34	6:19~21	천국에 있는 보화
12:39~40, 42~46	24:43~44, 45~51	인자의 오심을 준비하라
12:51~53	10:34~36	평화가 아닌 검을 주러 왔다
12:54~56	16:2~3	기후와 천기에 대한 표식
12:58~59	5:25~26	고소할 자와 화해하라

13:18~21	13:31~33	겨자씨와 누룩의 비유
13:23~39	7:13~14, 22~23; 8:11~12	두 길/여러 지역에서 온 사람들
13:34~35	23:37~39	예루살렘에 대한 탄식
14:16~24	22:2~10	잔치에 초대받은 자들
14:26~27	10:37~38	십자가를 지고 나를 따르라
14:34~35	5:13	맛을 잃은 소금
15:4~7	18:12~14	잃어버린 한 마리의 양
16:13	6:24	두 주인을 섬기지 못함
16:16~18	11:12~13; 5:18, 32	율법/이혼
17:1, 3b~4	18:7, 15, 21~22	실족케 하는 자/용서
17:6	17:20	겨자씨만한 믿음
17:23~24, 37	24:26~28	인자의 오심
17:33	10:39	목숨을 얻고자 하는 자/잃고자 하는 자
17:34~35	24:40~41	한 사람은 데려감/한 사람은 남겨짐
19:12~27	25:14~30	므나/달란트의 비유
22:28~30	19:28	열두 지파의 심판

(5) **공관복음서의 다른 자료들** : 마가 혹은 Q로 추정할 수 없는 다른 자료들이 사용되었다는 가정이 제기되었다. 스트리터(B. H. Streeter)는 그것을 M과 L이라 칭하였다.[18] 그는 누가의 경우 'Proto-Luke'을 형성하기 위해 L과 Q를 먼저 결합하였고, 후에 마가를 결합하였다고 주장하였다. 마가와 분명하게 차이가 나는 누가의 수난 설화의 경우, 누가가 특수한 자료를 사용하였다고 가정하기에는 근거가 부족하다. 더 적절한 것은 다음과 같은

---

18) B. H. Streeter, *The Four Gospels: A Study of Christian Origins* (New York: Macmillan, 1926).

가정이다. 마가가 취한 설화와 차이가 나는 누가의 수난 설화 일부는 누가의 회중에 의해 구전으로 전달되던 자료로부터 유래되었다는 것이다. 스트리터는 공관복음서의 자료 문제를 다음과 같이 정리하였다.

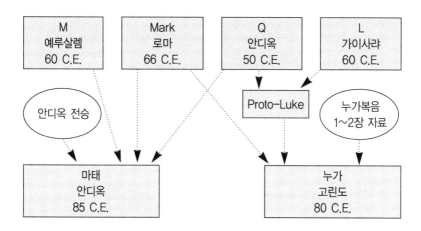

2) 요한복음

(1) **표적 자료** : 요한복음의 일곱 개의 이적 이야기들이 특수한 자료로부터 유래되었다는 가정은 폭넓게 인정받고 있다. 이 주장은 다음과 같은 근거에 기반을 두고 있다.

  ✓ 요한복음 2장 11절과 4장 54절에서 행해진 이적들에 수를 정함. 그리고 이미 2장 23절에서 다른 이적들을 언급하고 있음에도 불구하고 특별히 4장 54절에서는 4장 46~53절을 예수의 두 번째 이적으로 계산한다는 사실.

  ✓ 그것의 현재 상황과는 아무런 연관이 없음에도 명백하게 처음 두 개의 이적 이야기(2:1~11과 4:46~54)를 연결하기 위해 의도적으로 편집한 2장 12절의 부사(그 후에) 사용.

√ 이적에 관한 문서화된 '원판'이 있었음을 추측하게 하는, 기자에 의한 삽입들.(4:48에서 명확한; 참조. 6:4, 6)

√ 예수의 전체 사역의 요약으로 볼 수 없는, 20장 30~31절의 요한복음의 결론. 왜냐하면 예수의 연설들과 수난은 다른 곳에서는 '표적'(semeia)으로 불리지 않기 때문이다. 여기에서 복음서의 저자는 이적 자료의 마지막 부분을 복음서의 결론으로 사용한다.

√ 단일 전승들(4:53) 안에서 추진된 견해와 기자로부터 유래되지 않은 편집적 언급들(2:11; 20:31)과 조화되지 않은 '믿음은 이적에 근거한다'는 견해에 대한 기자의 비판적 태도(4:48; 6:26~35). 왜냐하면 이적들은 자료의 편집 구조 안에서 표적이라 말해지기 때문에 '표적 자료'(the Signs Source)란 용어가 공동적으로 사용되었다.

각각의 이적들이 서로 다른 형태를 보여 주는 일곱 이적 이야기의 선택, 그리고 이적들이 많은 사람들을 놀라게 했다는 사실(공관복음서와 비교하여)은 요한복음의 자료가 시기적으로 후대의 것임을 보여 준다.

(2) **연설들을 위한 자료** : 요한복음의 연설들에 담겨 있는 자료의 사용이 학자들 사이에서 논의돼 왔다. 불트만(R. Bultmann)은 요한이 영지주의 구속자의 연설들이 담겨 있는 영지주의 문헌을 사용했다고 주장하였다.[19] 이 이론에 찬성하는 논쟁들은 이제는 매우 회의적으로 받아들여지고 있다. 우선 요한복음 연설들의 문체적 차이들(시적과 더 산문적인 문장 사이의)은 이론의 증거로서 충분한 설득력을 지니고 있지 않다. 그리고 영지주의 문헌이 이미 1세기에 존재하였다는 것도 매우 가능성이 희박하다. 더욱이 불트만은 종종 가정된 자료를 재구성하기 위하여 요한복음 연설들의 문장 순서

19) R. Bultmann, *The Gospel of John: A Commentary* (Philadelphia: Westminster, 1971).

를 재정돈할 것을 강요한다. 그러나 연설들의 순서를 구성하는 일은 많은 어려움을 수반하고 더욱 더 명백한 해명을 요구한다.

(3) **수난 자료의 문제** : 요한복음 18~20장과 마가복음 14장 1절~16장 8절 사이의 밀접한 연관성(그리고 누가복음 22~24장과의 부과적인 일치들)은, 저자가 물려받은 전승에 의존하였음을 보여 준다. 그런데 이것은 기록된 자료가 아닌 마가의 수난 설화와 밀접하게 연관이 있는, 상대적으로 안정된 구전 전승으로 보인다. 참고로 이러한 전승은 누가복음 22~24장에 의해 영향을 받은(저자가 누가복음 22~24장을 직접적으로 사용한 것이 아닌) 것으로 보인다.

3) 사도행전

사도행전의 많은 부분에 있어서 누가가 전승 자료를 사용하였다는 것은 명백한 사실이다. 그러나 사도행전 1~12장에서는 두드러지게 그러한 자료들을 찾아볼 수가 없다. 그 자료들을 재구성하는 모든 시도들은(예루살렘과 안디옥에서 회중들의 발전에 대해 언급하는) 어떤 확실한 증거를 제공하지 못한다. 단지 특별한 관심이 스데반의 연설에 모아지고 있다(행 7장). 스데반의 연설은 사도행전 6장 8~15절과 7장 54~60절 사이의 연관성을 방해할 뿐만 아니라, 사도행전 13장 17~25절과 비교했을 때 누가의 것이 아닌 것으로 보인다. 그곳에서 누가는 이스라엘 역사에 대한 반대적 견해를 발전시킨다. 더욱이 누가는 사도행전 7장 47~48절에서 갑자기 자신이 전개했던 성전에 대한 견해를 달리한다. "솔로몬이 그를 위하여 집을 지었느니라 그러나 지극히 높으신 이는 손으로 지은 곳에 계시지 아니하시나니"(참조. 17:24). 누가가 자신의 자료를 이곳에 삽입하여 연설을 확대하였는지에 대한 부차적인 질문에 대해서는 대답하기가 더 어렵다(7:35, 37, 42~43). 7장 47절에서 48

절로의 갑작스러운 전이와 삽입은 누가가 기록된 자료를 사용하였음을 보여 준다. 하나님의 선택과 이스라엘의 불순종에 대한 비판적인 회고는, 자료가 신명기의 역사관을 지니고 있었음을 보여 준다. 비록 한(유대) 기독교인 저자에 의해 기록되었다는 추론이 가능하지만, 그러한 전승이 스데반에게 전해졌다는 사실은 누가가 그것을 안디옥 전승에서 알게 되었음을 암시한다.

사도행전 13~28장과 연관해서는 두 개의 자료를 사용한 것으로 보인다. 소위 'we-section'(행 16; 20~21; 27~28)의 자료와 바울의 여행 자료다. 이두 자료에 대한 가정에는 상당한 어려움이 있다. 첫째로 'we-section'은 연속적인 자료에 대해 아무런 암시도 제공해 주지 않는다. 왜냐하면 그것들은 단지 항해를 포함하기 때문이다. 만약에 그러한 자료(증인의 여행)를 생각한다면, 누가는 항해에 담고 있지 않는 부분들을 모두 재구성하고 있다고 가정해야 한다. 그러나 이 경우에 있어서 반대의 가정이 더 그럴듯하다. 즉 그의 설화에 '우리'를 소개하고 있는 것은 누가 자신이었다는 것이다. 이는 헬라의 고대소설에서 항해를 묘사하는 공동된 문학적 고안이었다.[20]

둘째로 만약에 여행기가 사용되었다면, 그것은 본질적으로 다른 특성을 지니고 있었거나 혹은 누가가 그것을 눈에 띄게 축약하였다고 가정해야 한다(행 16:6~8과 18:20~23에서 매우 간략하게 표현된 여행들, 16:11~12, 20:6, 13~15; 21:1~18과 함께). 그러나 여행기의 범위를 사도행전 20장 4절~21장 15절로 가정한다면, 긍정적인 증거는 가능해 보인다. 20장 4절에서 거론되는 이름들은 누가 이전의 자료에서 온 것으로 보인다. 왜냐하면 바울은 사도행전

---

20) Vernon K. Robbins, "By Land and by Sea: The We-Passages and Ancient Sea Voyages," in *Perspectives on Luke-Acts*, ed. C. H. Talbert (Danville, Va.: National Association of Baptist Professors of Religion, 1978), 215-42.

의 이곳에서만 그들과 함께 여행을 떠난 것으로 언급되고 있으며, 누가는 바울이 그들의 보호를 받으며 여행하였던 구체적인 이유에 대해 설명하지 않기 때문이다. 단 고린도전서 16장과 고린도후서 8~9장을 고려한다면, 여행의 목적은 분명해진다. 대표자들은 예루살렘에서 모금한 구제금을 전달해야 하는 책임을 지고 있었다(행 24:17). 그러므로 사도행전 20장 6절~21장 15절에 나타난 항구들과 섬들의 이름도 누가 이전의 자료에서 온 것으로 보인다. 누가가 그들이 귀환한 후에 어느 시기에 이르러서 대표자 중 어느 한 사람이 기록한 여행 보고서를 사용하였다는 가정은 불가능하지 않다. 20장 4절~21장 15절에만 소개돼 있는 지명들 또한 이 자료에 기인한 것으로 볼 수 있다(21:8~9. 그러나 20:8~35는 아닌). 전해진 자료에는 확실히 여행 결과에 대한 무언가가 있었을 것이다(수집물의 전달). 그러나 누가는 이러한 주제를 거의 완벽하게 삭제하였다. 따라서 단지 추측만이 가능하다. 이 자료는 '우리 형태'로 기록되었다는 것, 그리고 누가로 하여금 '우리 형태'로 또 다른 항해에 대해 기술하도록 하였다는 것이다.[21]

4) 서신들 안에서의 자료들

골로새서와 에베소서는 매우 밀접한 연관성을 지니고 있다. 만약에 에베소서가 제2바울서신이라면(골로새서도), 문학적인 의존을 수용해야만 한다. 골로새서 어휘의 1/3 정도가 에베소서에 나타난다. 반면에 에베소서의 155절 가운데 73절만이 골로새서에 나타나고 있다(특히 에베소서 2장 1절~3장 19절에서, 골로새서와의 유사성은 매우 밀접하다). 에베소서는 몸, 머리, 비밀, 화평, 직무 등 골로새서의 중요한 신학적 개념들을 전제로 기록되었다. 그리

---

21) 참조. F. J. Foakes Jackson and K. Lake, *The Acts of the Apostles* (Grand Rapids: Baker Books, 1979), 121–75.

고 그러한 개념들을 더 잘 발전시켰다. 문학적인 의존으로 인정하는 예들은 에베소서의 구들이 골로새서로부터 취해졌다는 것을 가정할 때 설명될 수 있다. 그러므로 골로새서는 에베소서의 저자에 의해 수용된, 그리고 많은 부분에서 재형성된 자료로 보인다.

마찬가지로 베드로후서 2장(2:10~12, 17)과 유다서 4~13절(10, 12~13절) 사이의 유사성은 문학적 의존이 고려될 만큼 대단히 밀접하다. 베드로후서는 더 짧은 유다서를 병합하였다. 베드로후서 저자는 유다서 14~15절의 에녹의 묵시의 책에서 온 인용과 같은 자료를 매끄럽게 하였고, 공격적인 관점을 삭제하였다.

3. 양식 비평

〈구약성서〉

1) 역사와 발전

양식 비평은 20세기 초에 시작된 이래로 성서 연구에 주요한 영향을 미치고 있는 성서 연구 방법이다. 구약학에서 양식 비평은 성서 본문들의 더 작은 구성 단위들을 규명하고 분류하며, 이러한 유형 혹은 문학 장르의 단위들을 통해서 본문 당시의 사회적 상황을 발견하려고 시도하는 연구 방법이다. 구약의 양식 비평은 궁켈(Herman Gunkel, 1862~1932년)의 작업과 함께 시작되었다. 그는 창세기와 시편의 주요 연구들에 관한 책을 출판하였다.[22] 다른 국가들의 구전문학에 대한 연구는 궁켈 저서의 기초가 되었다. 그는 최초로 다음과 같은 것을 제안하였다. "기록된 오경 안에 있는 가장 이른

---

22) H. Gunkel, *The Psalms* (Philadelphia: Fortress, 1967).

자료일지라도 그것의 배경이 되었던 개개의 이야기들 안에서 구전에 의해 전달된 문학 이전의 단계를 고찰하는 것은 가능하다." 그는 많은 이야기들이 특별한 지역의 관습, 제도, 또는 자연 현상들을 설명할 필요가 있는 그것 자체의 기원을 가지고 있다고 제안하였다. 예를 들면, 벧엘에서의 야곱의 꿈에 관한 이야기(창 28:10~17)는 원래 이스라엘 백성이 가나안 족속으로부터 취하였던, 즉 그곳에 있는 한 성소의 존재(벧엘= '엘의 집')에 대해 설명하는 전설이었다. 시편에 관한 연구에서 궁켈은 현재의 시편은 개인적 서정시들이 아닌, 실제로는 이스라엘의 제의적 생활에서 사용한 제의 본문들이었던 '원형들'(prototypes)에서 유래하였다고 주장하였다.23) 다섯 개의 기본적인 유형(찬양시, 민족의 탄식시, 제왕의 시, 개인의 탄식시, 개인의 감사시)으로 시편을 분류한 궁켈의 시도는 시편에 관한 현대 연구의 기초가 되었다.

오경에 관한 궁켈의 작품은 노스(Martin Noth)24)와 폰 라드(Gerhard von Rad)25)의 전승–역사적 연구에 직접적인 영향을 주었다. 그들은 이스라엘 조상들의 이야기를 문학 이전의 형태로 재구성할 수 있다는 기본적인 전제를 수용하였다. 그들은 이 이야기들이 묘사하고 있는 긴 역사들이 문헌으로 고정되기 전에는 군주정치 이전의 이스라엘 계약–동맹의 제의적 삶의 정황을 가지고 있음을 보여 주고자 하였다.

양식 비평은 특별히 법과 지혜 자료의 연구에서 많은 결실을 거두었다. 이스라엘의 법에 관한 알트(Albrecht Alt)의 개척적인 작품은 '필연적인 법'(apodeicte law, command)과 '결의론적인 법'(casuistic law, case law) 사이를

---

23) Gunkel, Ibid.
24) M. Noth, (A) History of Pentateuchal Tradition (Atlanta: Scholars Press, 1981).
25) G. von Rad, The Problem of the Hexateuch and Other Essays, 1–78 (Edinburgh and London: Oliver & Boyd, 1966).

본질적으로 구분하였다.[26] 지혜문학에 관한 양식 비평 연구는 다른 근동문화들의 지혜문서와 더 면밀하게 비교되었다.

2) 양식 비평 분석의 단계들

자료 비평이 여러 저자의 작품으로 구성된 책들을 분석하는 반면에, 양식 비평은 다른 장르에 속하는 자료를 포함한, 즉 그것이 단일 저자에 의한 것이든 아니든 간에 텍스트에 관심을 갖는다. 예를 들면, 예언서들은 종종 하나의 장에서 각기 다른 장르에 속하는 여러 구절들을 포함하고 있다. 이사야 5장은 사랑 노래인 시로 시작한다(1~7절). 하지만 장례식 애가에서 모델이 된 여러 제의들로 노래를 시작한다("…자들은 화 있을진저"). 그러다 텍스트는 24~25절에서 하나님의 심판의 선언으로 바뀐다. 그리고 26~30절에서는 앗수르 군대의 시적 묘사로 끝을 맺는다. 따라서 이 장을 이해하기 위해서는 본문을 별도의 부분들로 해체한 뒤, 각각의 '장르'를 규명하는 작업이 필요하다.

'장르'란 단어는 현대 독자들에게는 기록된 문학의 범주(예. 소설, 서정시 등)를 의미한다. 그러나 우리는 구약에서 많은 장르를 규명할 수 있다. 문학이 구전으로 전달되던 문화에서는 다양한 장르마다 각기 서로 다른 사회적 정황을 갖고 있었다. 실제로 이러한 사실은 설교, 정치적 연설, 대중적 노래 등 우리의 사회에서도 찾아볼 수 있다. 고대 이스라엘과 같은 사회에서는 많은 유형의 이야기들이 그것의 특수한 상황과 엄격하게 결합되었다. 그리고 고도로 틀에 박힌 형태의 유형들을 따랐다. 결론적으로 구약성서 본문에서 만나는 연설의 다양한 구전과 문학 형태들에 주목할 경우, 고대 이스

---

26) A. Alt, "The Origins of Israelite Law," in *Essays on Old Testament History and Religion* (N.Y.: Doubleday, 1968), 101–71.

라엘의 사회적 · 종교적 삶에 관해 배우는 것이 가능하다. 그러나 구약성서에는 하나의 장르가 종종 또 다른 장르 안에 포함된다. 예를 들면, 이사야서에서 볼 수 있는 것처럼 사랑 노래의 형태로 작성된 시는 더 큰 범주의 제의들의 수집 내에서 설정된다. 그리고 이러한 수집은 반대로 예언서의 일부를 형성한다. 따라서 연구 대상인 다양한 장르들에 대하여 설명하기 전에, 먼저 상세한 비평적 작업이 필요하다. 더욱이 '장르' 란 용어조차도 너무 부정확하다. 양식 비평가들은 독일어 '양식'(Form)과 '유형'(Gattung)으로 알려진 두 개의 카테고리를 구분한다. 한 텍스트의 분석은 '유형' 을 규명하기 위하여 그 안에 있는 각각의 '양식' 을 규명하면서 그것들을 함께 그룹화하고, 그런 다음에 텍스트의 '삶의 정황'(Sitz im Leben)과 그것의 기능에 대해 물으면서 시작한다.

한 텍스트가 특별한 '유형' 에 속한다는 말은, 텍스트가 그 당시의 이스라엘의 삶의 상황에 관하여 무언가를 말하고 있다는 것을 의미한다. 만약에 텍스트가 찬가라면 백성은 찬가를 불렀을 것이다. 그리고 찬가들을 불렀던 이유가 그곳에 있었음이 분명하다. 또한 구약 안에 법들이 있다면, 이스라엘은 어떤 종류의 법 체계를 지니고 있었음이 분명하다. 주어진 형태에 대한 이유 혹은 사회적 상황은 그것의 '삶의 정황' 으로 알려진다.

*삶의 정황*은 어떤 특수한 텍스트를 생산하게 했던 역사적 이유로부터 조심 있게 구분되어야 한다. 따라서 어떤 시편의 기록 시기는 이스라엘 역사에서의 특별한 시기로 정해질 수 있다. 예를 들어, 시편 74편은 바벨론 포로의 초기 시기(6세기)의 이스라엘 상황을 반영한 것으로 보인다. 그러나 시편의 *삶의 정황*은 주기(period)가 아니다. 상황이 어떠하던 간에 그것은 사용되기 위해 작성되었다. 삶의 정황은 일반적인 것이고, 단일한 역사적 사건이 아닌 이상 원칙상 반복될 수 있다. 시편 연구에서 양식 비평은 특별히 유

익하다. 왜냐하면 시편에서 반복적으로 동일한 상황을 위해 공적으로 사용된 가장 명확한 경우를 찾아볼 수 있기 때문이다. 시편 74편은 특별한 시대를 추정함에 있어서 하나의 예외가 된다. 다른 탄식시 대부분은 일반적으로 시편 기자의 곤경에 대해 묘사한다. 따라서 그것들은 거의 모든 시기로부터 나올 수 있다.

양식 비평가들이 재구성할 수 있는 삶의 정황에 관한 가장 확실한 예 가운데 하나임에도 불구하고, 이스라엘 백성의 삶의 여러 영역은 그것만의 독특한 양식을 갖는다. 그것들에 주의함으로써 우리는 많은 구약 본문들을 더 정확하게 이해할 수 있으며, 반대로 텍스트들로부터 관련한 분야에 대하여 더 많은 정보를 이끌어 낼 수 있다. 하나의 예는 법정에 관한 것이다. 열왕기상 21장(나봇의 재판)에서 볼 수 있듯이, 구약은 법정에서의 과정에 대한 명확한 설명을 제공한다. 양식 비평은 그 주제에 대해 더 많은 정보를 가져다줄 수 있다. 예를 들면, 선지자들이 빈번하게 하나님(혹은 그의 예언)을 법정에서 호소하는 자로 묘사되는 하나의 양식이다(예. 사 1:2; 미 6:1~5). 그리고 그것들은 세상의 법정 과정에 따라 구성된 천상 세계에서의 법정 장면들의 환상을 묘사한다(예. 습 3:1~5). 이것들로부터 당시 법정에서 진행된 공정한 과정들을 구성하는 것이 가능해 보인다. 예를 들면, 이스라엘 법정들이 원고와 피고를 위한 상담의 필요성을 알고 있었음을 보여 준다. 그리고 호소자의 내용이 배심원단에 의해 경청되었음을 알려 준다. 이러한 결론들은 반대로 그러한 구절들을 더 명확하게 이해하도록 돕는다. 양식 비평이 조명할 수 있는 삶의 다른 분야는 교육, 경제 행위, 법정의 삶 등에서 증명될 수 있다. 고대 이스라엘의 사회학에 관한 최근 관심은 구약 텍스트들의 양식 비평 연구에 크게 공헌할 수 있을 것이다.

〈신약성서〉

　신약 연구에서 양식 비평은 초기 기독교 운동의 역사에 대하여 특별한 언급을 하고 있는, 초기 기독교 문학의 내용을 분석하기 위한 체계적 · 과학적 · 역사적 · 신학적 방법론으로 규정될 수 있다.[27] 디베리우스(Martin Dibelius)의 *Die Formgeschicte des Evangeliums*[28]은 여섯 종류의 자료, 곧 설교, 범례, 단편 이야기, 전설, 수난 설화, 신화 등을 구별함으로써 신약에서의 양식 비평에 착수하였다. '설교' 는 전체적으로 전승을 위한 사회학적 설정(삶의 정황)을 창조하였다. 그리고 이 자료들은 디베리우스에게 공관복음의 양식들을 논하기 위한 기초를 제공하였다. '범례' 는 초기 기독교 설교를 위한 예들로 기능하였다. '단편 이야기' 는 선전을 위한 필요에 의해 그리고 이적을 위한 모델에 의해 자극된, '세속적' 사건들을 나타낸다. 그것들은 하나님의 말씀을 상세하고 풍부하게 전하는 매체로 작용한다. '전설' 들은 종교적 영웅을 정형화된 틀에서 경건의 사람으로 조형한다. 그것들은 다방면의 관심들을 보여 주고 명확한 초점 없이 이차적인 것들과 인물들을 묘사한다. '수난 설화' 는 모든 기독교인들에게 알려진 예수의 죽음, 매장, 그리고 부활 이야기를 표현한다. '신화' 는 제의 영웅의 우주적 의미를 공관복음서에 있는 예수의 세례, 유혹, 그리고 변형과 연관된다. 복음서 기자들은 저자보다는 오히려 수집자 혹은 편집자로 작업하였다. 즉 그들의 공헌은 전통적인 자료들을 그룹화하고 재작업하는 일에 제한되었다.

　불트만(Rudolf Bultmann)의 *Die Geschichte der synoptischen Tradition*은

---

27) W. G. Doty, *Contemporary New Testament Interpretation* (Englewood Cliffs, Prentice-Hall, 1972), 62.
28) M. Dibelius, *Die Formgeschichte des Evangeliums* (1919), *From Tradition to Gospel* (N.Y.: Charles Scribner's Sons, 1935).

기독교의 설교보다는 공관복음서 본문으로 시작하였던 '분석적' 방법을 사용하였다.[29] 그는 원래의 형태, 이차적인 첨가와 양식들, 그리고 전승의 역사를 위한 결과들을 결정하고자 노력하면서 양식 비평의 목표를 확대하였다. 상호관계가 있는 것으로서, 불트만의 관심은 논의 하에 있는 각각의 구절들을 위한 특별한 시기의 사회학적 상황을 결정하는 것이었다. 불트만은 공관복음서 전승을 '말씀'과 '설화'로 구분하였고, 말씀 안에는 두 개의 범주가 존재한다.

(1) 논쟁과 대화로 구분된 '아포프테그마'[30]와 자서전적 아포프테그마.(apophthegma)

(2) '로기아'[31], 예언적 · 묵시적 말씀들, 법적 말씀들과 교회의 규칙들, 'I-sayings', 비유와 유사한 형태들로 구분되는 주의 말씀들.(하나 혹은 두 개의 문장으로 된)

설화 역시 두 개의 범주로 구분한다.

(1) 치유 이적들(귀신 치유를 포함하여)과 자연 이적들로 구분되는 이적 설화들.(예수의 메시아적 권위 혹은 신적 능력을 논증하는)

(2) 연대기적으로 구분한 설화들 : 세례로부터 시작하여 예루살렘의 입

---

29) R. Bultmann, *Die Geschichte der synoptischen Tradition* (1921). *The History of the Synoptic Tradition* (N.Y.: Harper & Row, 1963).

30) '아포프테그마'(Apophthegma)는 몇 마디의 말로 중요한 진리를 구현화하는 간결한 말을 지칭한다. 이것은 양식 비평 연구에서 학자들에게 의해 다양하게 이해되었다. 디베리우스에 의하면 설정 없이 소개되는 말 혹은 구체적인 상황에서 설정된 특수한 대답을 의미한다. 그러나 불트만은 간단한 상황에서 설정된 예수의 말씀으로 보았다.

31) 단수인 logion은 '말씀'을 의미하며, 기술적 의미에서 비유와 설교 같은 긴 말씀과는 대조적으로 간결한 예수의 말씀을 지칭하는 데 사용되었다. 복수인 logia는 복음서에서 가상되는 '말씀 어록'(Q)과 도마복음 등을 지칭한다.

성, 수난 설화, 부활절 설화, 유아 설화, 역사적 이야기들과 전설들.(메시아적 희망과 제도들로부터 생겨난 종교적이고 교훈적인 이야기들)

테일러(Vincent Taylor)는 *The Formation of the Gospel Tradition*을 통해 영국에서의 양식 비평 작업에 새로운 활력을 제공하였다.[32] 그는 다음의 두 가지 예를 통해서 관습적인 용어들을 수정하였다.

(1) 불트만의 '아포프테그마'와 디베리우스의 '범례'를 대신하여 '선포 이야기'(pronouncement story)를 사용함으로써

(2) 이전에 '전설' 혹은 '신화'라 부르던 설화들에 대해서는 '예수에 관한 이야기'라는 용어를 사용함으로써

덧붙여 그는 수난 설화들, 말씀들, 비유들, 그리고 이적 이야기들을 논하였다.

키(H. C. Kee)는 복음서 이전의 수집들에 대해 연구하고 어떤 새로운 용어를 차용하면서, 불트만 초기의 두 가지 구분 안에서 새로운 복음서 양식들의 항목을 제시하였다.[33] 첫 범주는 세 개의 부제 형태와 말씀 전승으로 구성된다. (1) 격언들 (2) 비유들 (3) 주제별 그리고 형식적으로 그룹화되는 말씀 덩어리들. 두 번째 범주는 다섯 개의 부제 형태를 지닌 설화 전승으로 분류하였다. (1) 일화들 (2) 격언적 설화들 (3) 이적 이야기들 (4) 자서전적·제의적 전설들로 구성된 전설들 (5) 수난 설화. 격언과 격언적 설화라는 용어의 사용은 복음서들의 형태에 대한 '심미적'(aesthetic) 비평의 영향을 드러낸다.

---

32) V. Taylor, *(The) Formation of the Gospel Tradition* (London: Macmillan and Co., 1960).
33) H. C. Kee, *Jesus in History: An Approach to the Study of the Gospels* (N. Y.: harcourt Braco Jovanovich, Inc., 1971).

양식 비평에 대한 역사적 논의는 종종 신약 연구와 해석에 있어서 그것의 주요한 공헌들로부터 이야기될 수 있다. 양식 비평은 다음과 같은 장점들을 포함한다. (1) 역사적 탐구에서의 중요한 한계를 인정함 (2) 연설과 설화 양식에 대한 지대한 관심 (3) 언어의 공식화 전달과 수용을 분석하기 위한 역동적 모델에 대한 탐구 (4) 사회적 국면에 대한 문학의 관심. 이러한 장점들은 양식 비평에 활력과 가치를 제공하였다.

반면 양식 비평의 주요 약점 가운데 하나는, 양식 비평가들은 구전 문학 전문가들이 구전 문학의 생산과 전달을 이해하기 위해 체계적으로 모으고 분석하였던 자료들을 사용하지 않는다는 것이다. 대신에 양식 비평가들은 본문 비평과 자료 비평가들이 초기 사본의 독본과 초기에 기록된 자료들을 재구성하기 위하여 사용하였던 절차로 구전 형태를 재구성하려고 하였다. 이 점에 있어서 해석자들이 초기 기독교의 구전 행위에 대한 정확한 묘사를 이해할 수 있는지는 명확하지가 않다. 하지만 초기 기독교에서의 구전 그리고 기록된 구성 사이의 상징적 연관성에 훨씬 많은 빛을 비추어 주는 것은 가능하리라 본다.

또 다른 약점은 지중해 세계에서 기록된 그리고 구전 형성 사이의 역동적 관련성을 전개하기 위해 헬라어로 기록한 당시의 문학에 대하여 세밀하게 연구한 작업이 없다는 것이다. 이것은 초기 기독교인들이 지중해 세계에서 다른 민족이 말하였던 관습적인 상황에서 구전 연설을 사용하였다는 가능성을 쉽게 수용할 수 없게 한다. 그리고 양식 비평의 또 다른 약점은 수난 설화가 예수의 죽음 이후 몇 년 이내에 설화로 존재하였다는 전제에서 시작하는 것이다. 이러한 전제는 예수의 체포, 재판, 죽음, 그리고 매장을 말하는 자세한 단위들에 대한 진지한 양식 비평적 분석을 가로막았다. 최근에는 수난 설화에서 단위들의 논의에 [베드로 복음서]를 포함함으로써 생

생한 분석과 논쟁의 주제가 되고 있다.[34]

하지만 이러한 약점에도 불구하고 양식 비평은 신약 연구에서 여전히 중요한 분야로 남아 있다. 그 주요한 이유는 공관복음서에서 인지할 수 있는 형태를 지닌, 텍스트의 개별적인 부분들에 대한 인식 때문이다. 또 한 가지 이유는 신약의 대부분의 문서가 다음과 같은 그 안에 파묻혀 있는 외형상의 현저한 특성 혹은 개별적인 양식을 전개하기 때문이다. 사도행전에서의 연설들, 서신들에서의 디아트리베(Diatribe)[35]와 가정 규칙, 서신들 자체, 다양한 종류의 묵시적 형태들. 신약에서의 양식 비평은 그것이 시작되었던 문학-역사적 구조를 넘어서도록 주장하는 것으로 보인다.

4. 편집 비평

'편집 비평'이란 저자들이 사용하였던 자료들이 가져다준 독특한 신학적 의미들, 작품들을 기록함에 있어서의 그들의 특수한 목적들, 그리고 저자들이 자료를 사용할 당시의 삶의 정황 등에 집중하는 신약성서 연구다. 비록 몇몇 학자들이 신약 문헌들을 다양한 자료 사용의 관점으로부터 조사한 적은 있지만, 편집 비평은 1950년대에 두 개의 주요 작품이 출판되면서 학계에 소개되었다. 하나는 1954년에 나온 한스 콘첼만의 *Die Mitte der Zeit*(*The Theology of Luke*)[36]이고, 다른 하나는 1956년에 출판된 막센(Willi

---

34) 참고. W. Kelber, ed., *The Passion in Mark: Studies on Mark 14-16* (Philadelphia: Fortress, 1976); B. Mack, *A Myth of Innocence: Mark and Christian Origins* (Philadelphia: Fortress, 1988); J. D. Crossan, *The Cross that Spoke: The Origins of the Passion Narrative* (San Francisco: Harper & Row, 1988).

35) '디아트리베'(diatribe)는 고대에는 Zeno, Cleanthes와 같은 철학자들이 사용하였으며, 다양한 윤리적 문제와 관련된 간단한 강연을 뜻하였다. 오늘날에는 열렬한, 논쟁적 연설을 의미한다.

Marxsen)의 *Der Evangelist Markus(Mark the Evangelist)*[37]이다. 콘첼만은 그의 복음서를 기록하면서 누가가 뚜렷한 세 단계, 곧 이스라엘의 시대, 예수의 시대(시간의 '중간'), 교회의 시대로 역사를 구분하였다고 주장하였다. 또한 누가가 '구속사'의 구조를 전승들에 첨가하였다고 주장하였다. 콘첼만은 누가가 그러한 구분을 통해 실현된 종말론을 크게 강조함으로써 파루시아의 지연 문제를 해결하려 하였다고 믿었다. 그의 논제는 처음에는 환영을 받았지만, 점차로 많은 비평을 받았다. 그러나 복음서 기자들이 복음 전승들을 어떻게 사용하였는가에 관한 연구에서 그가 처음으로 시작하였던 관심은 학자들에 의해 지속적으로 이어졌다.

한편 막센의 주요 공헌은 양식 비평과 편집 비평의 연관성에 대한 그의 토론에 있다. 양식 비평가들이 두 개(역사적 예수와 초대교회)의 삶의 정황을 말한 반면, 막센은 이와 더불어 세 번째 정황이 있으며, 그것은 바로 기자 자신의 삶의 정황이라고 주장하였다. 양식 비평과는 대조적으로 주로 사회학적 개관을 가지고 구전 시기 동안에 초기 교회의 삶의 정황에 관한 가능한 모든 것을 발견하려고 시도했던 콘첼만과 막센은 자신들의 작품의 초점을 기자들의 개인적 공헌에 맞추었다. 양식 비평이 복음서에 대한 기자들의 공헌을 최소화하였던 반면에, 막센은 기자들이 단순히 전승들의 수집자와 편집자가 아니었음을 밝혀 주었다. 즉 그들은 신학자들이었다. 결과적으로 그들의 작품은 단순한 '예수 이적의 수집물'이 아닌 복음서로 보아야 한다. 그리고 그것들은 저자들의 개인적 견해에서 연구되어야 한다. 하지

---

36) H. Conzelmann, *The Theology of St. Luke*, trans. G. Buswell (New York: Harper & Row, 1960).

37) W. Marxsen, *Mark the Evangelist: Studies on the Redaction History of the Gospel*, trans., J. Boyce, W. Poehlmann, and R. A. Harrisville (Nashville: Abingdon, 1969).

144 | 성서 해석의 길잡이

만 콘첼만과 막센 이전에 그 누구도 복음서 전승에 대한 기자의 신학적 공헌에 대해 강조하지 않았다고 말해서는 안 된다. 일찍이 브레데(W. Wrede), 로메어(E. Lohmeyer), 라이트푸트(R. H. Lightfoot), 로빈슨(J. M. Robinson), 보른캄(G. Bornkamm)과 같은 학자들이 이러한 견해에 대해 암시적으로 주장하였다. 그러나 두 사람에 의해 편집 비평이 독립 분야로 출현하게 되었고, 그들의 작품은 몇 십 년 동안 이 새로운 방식이 복음서 연구를 지배하는 것을 보게 되었다.

1) 편집 비평의 방법

편집 비평은 주로 저자들이 자료들을 어떻게 사용하였고, 자료들에 대해 자신들의 독특한 신학적 공헌들을 하였는가에 관심을 두고 있기 때문에, 대부분의 편집 비평 연구들이 복음서 연구에 모아지고 있는 사실은 전혀 놀라운 일이 아니다. 때때로 서신들(예. 골 1:15~20; 빌 2:6~11; 롬 1:3~4, 등)과 사도행전(예. 'we section')에서도 볼 수 있지만, 여러 자료들의 가장 명확한 사용은 복음서 안에서, 특히 공관복음서 안에서 발견된다. 그러므로 편집 비평 연구의 대부분이 공관복음서에서 행해진 사실은 이해할 만하다.

대부분의 편집 비평가들은 공관복음서를 연구할 때 마태와 누가가 그들의 복음서를 작성하면서 마가와 Q를 사용했다고 가정한다. 그러한 연구의 결과를 통해 공관복음서 문제의 이러한 '해결'을 지지하려고 한다. 두 기자의 마가 사용을 가정하면서 마태 혹은 누가의 편집 비평 탐구에서 진행하는 가장 단순한 방식은, 어떻게 그들이 마가를 사용하였는지 조사하는 것이다. 여기에서 복음서들의 '공관복음서 대조표'가 가장 도움이 된다.[38] 마가

---

38) 독일학자인 그리스바하(J. J. Griesbach)는 1774년에 처음으로 '공관복음서 대조서'(Synopse)를 출간하였다.

에서 선택된 자료들이 어떻게 첨가, 수정, 삭제되었는지 주의 깊게 비교함으로써 마태와 누가의 신학적 관심을 탐지할 수 있다. 세 전승의 자료를 탐구하는 것 외에, 마가에서 발견되지 않는 마태와 누가의 공동 자료를 조사할 수 있다. 그리고 두 자료에서 발견되는 차이를 관찰할 수 있다. 문학 비평과 양식 비평의 사용에 의해 우리는 종종 두 전승 가운데 어느 것이 더 오래된 것인가, 즉 더 원래적인 것을 결정할 수 있고, 따라서 어떻게 다른 기자가 전승을 사용하였고, 그가 하려고 했던 특별한 신학적 강조와 관련하여 이것이 무엇을 드러내는지 확신할 수 있다.

마가, 마태, 누가에 있는 특별한 자료(M, L)와 관련한 편집 연구는 더 어려운 작업이다. 왜냐하면 이중 삼중의 전승들 안에서 어느 정도 확실성을 가지고 우리는 그들이 자료(마가)를 소유하고 있는지 조사하고 또 그것을 재구성(Q)할 수 있는 반면에, 마가와 M, L의 경우에는 그것들의 자료가 무엇인지를 재구성함에 있어서 훨씬 더 어려움을 지닌다. 후자의 경우, 우리는 양식 비평을 통하여 이러한 예들에서 사용된 자료들이 무엇과 같은지 재구성하려고 시도하여야 한다. 이것은 더욱 더 어려운 작업이나, 불가능하지는 않다. 마가를 고려할 때 그의 편집 의도를 인식할 수 있는 최상의 탐구 영역은 '연결 부분'(cement)이다. 텍스트들 안에서 여러 번 발견되는 설명과 신학적인 삽입, 요약, 개별적 페리코프와 말씀들의 다양한 수정, 자료들의 선택, 자료의 정돈, 서론, 그리고 기자의 전형적인 어휘들, 이 모두가 연구 대상이 될 수 있다. 마가의 원래의 결론 부분을 소유하고 있다면, 그리고 만약에 우리가 마가가 선택한 어떤 자료들이 그의 복음서에 포함되지 않았는지를 안다면, 이것 역시 마가의 편집 비평 탐구에 도움이 될 것이다. 그러나 마가의 결론에 관한 논쟁은 결코 해결되지 않는다. 마가가 어떤 자료들을 가지고 있었으며, 그 중에서 어떤 자료를 삭제하기로 선택하였는지 아는 것은 불가능하다. 위에서 언급한 많은 영역들은 M과 L자료들을 연구하는 일에도 도움이 된다.

2) 편집 비평의 실제

우리는 '어떻게 하면 세 전승의 비교를 통해서 어느 한 기자의 신학적 강조에 대한 통찰력을 얻을 수 있는가'에 대한 하나의 예를, 누가복음 4장 14절에서 찾아볼 수 있다. 마태와 마가는 세례와 유혹에 대한 설명에 이어서 예수가 세례 요한의 체포 이후에 갈릴리로 돌아왔다고 보도한다. 그러나 누가는 다음과 같이 말한다. "예수께서 성령의 능력으로 갈릴리에 돌아가셨다." 이 설명들을 비교해 봤을 때 설화에 대한 첨가가 분명해진다. 즉 누가는 예수 사역에서의 영의 역할을 강조하기 원했다(물론 사도행전에서는 사도들의 역할을). 우리는 누가복음 5장 17절에서 성령의 사역에 대한 유사한 암시들을 발견한다. 거기에서 누가는 자신의 마가 자료에 "병을 고치는 주의 능력이 예수와 함께 하더라"란 말을 첨가한다. 그리고 4장 1절에서는 마가와 Q자료에 "예수께서 성령의 충만함을 입어" 시험받기 위해 광야로 나아갔다는 내용을 첨가한다. 누가가 자료들을 어떻게 취급하고 있는지 신중히 관찰해 보면, 그의 분명한 의도를 알게 된다. 즉 예수와 제자들에게 성령이 임하신 것과, 이와 연관하여 병 고치는 능력을 누가는 강조하고 있는 것이다.

이와 유사한 방식으로 마태복음 8장 16~17절과 12장 15~21절을 마가와 누가의 병행 본문들과 비교했을 때, 그리고 마태복음 13장 34~35절을 마가의 병행 구절과 비교했을 때 마태의 신학적 의도는 명확해진다. 마태는 자신의 자료에 특별한 신학적 의미를 첨가하고 있다. 이것은 마가와 누가는 결코 다음과 같은 표현을 사용하지 않는다는 점에서 분명해진다. "이는 선지자를 통하여 말씀하신 바 …함을 이루려 하심이라"(마 13:35). 마태복음 13장 14~15절, 21장 4~5절, 26장 54절에서 마가 자료에 대한 마태의 삽입들을 비교해 볼 때 M자료에서의 이러한 주제의 빈번한 출현(1:22~23; 2:15, 17~18, 23; 4:14~16; 27:9~10)과 마찬가지로 다음과 같은 사항이 명확해진다. 즉 이것은 복음서 기자의 입장에서는 중요한 신학적 강조였다. 그러나 우리가 세 복음서의 자료를 비교함으로써 이러한 강조점을 찾아보고, 또한 이러한 언급이 마가와 누가에는 없다는 것을 주목할 때 이것은 가장 명확하게 보인다.

마태가 마가에 의존하였다는 사실은 예수의 '폭풍 진압 설화'(마 8:23~27; 막 4:35~41; 눅 8:22~25)에서 뚜렷하게 드러난다.[39] 마태는 이 이야기에서 제자직에 관심을 가지면서, 마태복음 8장 19~22절 뒤에 폭풍 진압 이야기를 배열하였다(누가와는 대조적이다). 또한 마가에서는 제자들이 "예수를 배에 계신 그대로 모시고" 간 반면에(막 4:36), 마태는 "예수가 배에 오르매 예수를 쫓았다"고 묘사하면서 연결어인 '쫓다'($\dot{\alpha}$κολου$\Theta\dot{\epsilon}\omega$)를 사용하고 있다. 이 밖에도 마태의 편집 손길은 여러 곳에서 발견된다.[40] 우선 마태는 마가보다 더 강화된 방식으로 예수의 권위에 초점을 모으고 있다. 제자들은 예수를 '주여'라고 부르며(25절) – 마태에게 알려진 것으로, 교회의 예배에서 사용된 용어인 – '구원'해 달라고 청한다. 그리고 마태는 마가처럼 이야기의 마지막에서 기독론에 초점을 모은다. 또한 마가에서는 제자들이 '믿음이 없는 자'(막 4:40)라고 비난을 받는 반면에, 마태는 '믿음이 작은 자'(26절)라고

---

39) G. Bornkamm, "The Stilling of the Storm in Matthew," in *Tradition and Interpretation in Matthew* (Philadelphia: Fortress, 1963), 52–57.

40) David Wenham & Steve Walton, *Exploring the New Testament: A Guide to the Gospels & Acts* (Downers Grove, Illinois: InterVarsity Press, 2001), 76–77.

비난을 좀 더 완화시킨다. 이처럼 마태에서 예수는 제자들에게 기초적인 믿음에서 더 큰 믿음으로 나아갈 것을 요청하고 있다. 결론적으로 이 이야기를 통해 마태는 제자직의 주제를 소개하면서, 그리고 예수의 권위의 주제를 더욱 더 예리하게 부각시키면서 마가의 이야기를 강화하고 있는 것으로 보인다. 이러한 이유는 마태의 교회적 상황을 반영한다. 즉 그들은 폭풍 같은 압박 하에 있었고, 마태는 그런 그들에게 예수를 신뢰하면서 지금 직면하고 있는 상황을 통해 신앙에 더욱 매어 있을 것을 권고하고 있는 것이다.

마가의 편집 행위를 찾아볼 수 있는 가장 확실한 예 가운데 하나는, 마가복음 8장 31절~10장 45절이다. 원래 이 부분의 자료는 독립된 단위들로 순환되었으며 그것을 현재 형태로 정돈한 사람은 마가였다는 양식 비평적 전제들을 가정할 때, 우리는 삼중적으로 순환하는 유형을 발견하게 된다. 이러한 유형들은 예수의 수난 예고(8:31; 9:30~32; 10:32~34), 제자들에 의한 어떤 종류의 오해(8:32~33; 9:33~34; 10:35~41), 제자직의 의미에 대한 교훈 수집(8:34~9:1; 9:35~10:31; 10:42~45) 등이다. 또한 우리는 이 부분에서 전형적으로 마가의 어휘가 사용되고 있음을 볼 수 있다. 마가는 '자신의 십자가를 지는 것이 곧 제자직'이라는 것을 논증하기 위해 이 부분을 정돈하였던 것으로 보인다. 비록 마가로 하여금 이러한 주제를 강조하도록 하였던 상황은 불확실하지만, 강조하고자 한 요점은 매우 명확하다.

3) 편집 비평의 한계

편집 비평의 목표는 매우 제한되어 있다. 편집 비평은 성서 기자의 전체적인 신학적 관점에는 관심을 두지 않는다. 마가의 편집 비평은 마가가 하나님, 구약의 권위, 정경, 종말론, 천사들 등에 관하여 믿었던 모든 것에 관심하지 않는다. 오히려 그가 사용하였던 복음서 전승들과 복음서를 작성함에 있어서의 그의 궁극적 목적에 대한 마가의 독특한 신학적 공헌에 관심을 갖는다. 기자가 자기 작품에 부과한 독특한 점들을 강조함으로써, 복음의 '다양성'에 대한 관심과 함께 부과적으로 그것들의 '일치성'에 대한 관심을 상실하는 결과를 초래하게 되었다. 만약에 실수로 이러한 독특한 신학적 강조들을 기자들의 신학과 동등시한다면 문제는 더욱 더 악화된다. 그들의 전체성을 고려할 때 복음서 기자들의 신학은 크게 일치하고 있다. 이것은 다음과 같은 사실에 의해 증명된다. 초기 교회는 기자들의 작품을 나란히 정경 안에 포함시켰다. 복음서 전승에 대한 각 기자의 독특한 공헌과 기록될 당시의 삶의 정황을 찾고자 하는 편집 비평의 목적은 분명하게 이러한 작품들의 '다양성'에 초점을 맞춘다. 그러한 탐구의 합법성은 부정할 수 없다. 그러나 각 기자의 편집적 강조들이 그들의 전체 신학을 대변한다고 가정하는 것은 분명히 잘못된 것이다.

4) 편집 비평의 가치

편집 비평은 신약 텍스트 연구에 중요한 통찰력을 가져다주었다. 이러한 통찰력은 복음서 기자들이 단순한 전승 수집자가 아닌 그것들의 해석자들이었다는 사실을 보여 준다. 결과적으로 복음서들은 전체적으로 각 저자의 상황의 빛에서 연구되어야만 한다. 이것은 예수 삶의 정황 혹은 초기 교회의 정황에 대해 알기 위한 목적으로 복음서들을 연구하는 것은 부조리하다는 것을 의미하지 않는다. 오히려 기자들의 독특한 신학적 공헌들을 고려하지 않는다면 복음서들의 어떤 연구는 불완전하다는 것을 의미한다. 만약에 편집 비평이 복음서들의 연구에 포함된다면 우리는 '복음 전승'(gospel tradition)의 전체 역사를 취급하게 될 것이다. 편집 비평의 또 다른 공헌은 텍스트의 실제적 의미에 대한 주석가의 관심에 초점을 맞춘다는 것이다.

양식 비평과 역사적 예수에 대한 탐구는 복음서들을 탐구를 위한 자료로 사용하는 반면에, 편집 비평은 각 저자가 자신의 작품들을 통해서 무엇을 가르치고 선포하려 했는가에 관심을 갖는다. 그러므로 편집 비평은 단순히 역사적 정보를 얻고자 하는 것이 아니라, 그것 자체를 위해 마지막 정경적 산물을 조사하는 데 관심을 갖는다. 편집 비평은 마지막 연구의 목표로 현재의 정경 텍스트의 의미를 찾고자 한다.

편집 비평의 또 다른 가치는 그러한 탐구로부터 얻는 해석학적 통찰력이다. 기자들이 어떻게 자료들을 사용하였는지 관찰함으로써, 우리는 어려운 텍스트들을 해석하고 오늘을 위한 그것의 의미를 파악함에 있어서 커다란 도움을 받는다. 전자의 예는 누가복음 14장 26절에서 엿볼 수 있다. 예수는 나를 따르고자 하는 자는 자신의 부모와 아내와 자녀를 '미워' 해야만 한다고 말한다. 마태복음 10장 37절의 병행 구절을 살펴보면, 마태복음 기자는 '미워함'의 의미를 다른 누구보다 '적게 사랑함'의 관용적 표현으로 이해하였음을 알게 된다.

"무릇 내게 오는 자가 자기 부모와 처자와 형제와 자매와 더욱이 자기 목숨까지 미워하지 아니하면 능히 나의 제자가 되지 못하고…"(눅 14:26)
"아버지나 어머니를 나보다 더 사랑하는 자는 내게 합당하지 아니하고 아들이나 딸을 나보다 더 사랑하는 자도 내게 합당하지 아니하며…"(마 10:37)

이처럼 그의 편집 작업은 우리로 하여금 누가복음 14장 26절이 무엇을 의미하는지 더 잘 이해하게 해 준다.

마지막으로 편집 비평은 공관복음서 문제 해결에 큰 공헌을 하였다. 마태, 마가, 누가 사이에 존재하는 문학적 관련성을 이해함에 있어서, 편집 비평은 마태와 누가의 편집 작업은 두 기자가 마가를 그들의 자료로 사용하였다면 쉽게 이해될 수 있음을 보여 주었다. 한편으로 마가와 누가의 편집 작업은 그들이 마태를 사용하였다는 가정에서는 이해될 수 없다. 오늘날 마가의 우월성을 입증하는 가장 강력한 논증 가운데 하나는, 그것을 전제로 기초된 편집 비평 연구의 성공에 달려 있다. 공관복음서 문제에 대한 앞으로의 연구는 의심할 것 없이 더 많은 편집적 논의를 통해서 가능해질 것이다.

5. 수사 비평

'설득의 기술'(Arts of Persuasion)인 수사학은 아리스토텔레스까지 거슬러 올라가는 고전적 기술이며, 수사학의 연구로부터 얻은 통찰력을 성서 본문 해석에 적용하였다. 이러한 방법론적인 시도는 '수사 비평'(Rhetorical Criticism)이란 칭호로 행해지고 있다.

1) 그레코-로마 세계의 수사학과 연설
연설의 중요성은 호머(Homer, B.C. 9~8세기)의 작품과 같은 시기에 이미 인식되었다. 그의 서사시의 영웅들은 종종 논쟁하고 설득하기 위해 연설, 문체, 정돈과 같은 수사학의 형태들을 사용하였다. 케네디(G. Kennedy)는 이러한 타입의 수사학을 '자연적'(natural), 즉 수사학적 기술의 '무의식적' 사용이라고 말한다.[41] '개념적'(conceptual)인 수사학은 전통적으로 5세기

---

41) G. Kennedy, *Classical Rhetoric and its Christian and Secular Tradition from Ancient to Modern Time* (Chapel Hill: The University of North Carolina Press, 1980), 9-15.

교사들과 연관이 된다. 시라쿠스의 티시아스(Tisias)와 코락스(Corax)는 시실리아 법정에서의 사례들을 논하면서 일반 평민들을 돕기 위한 목적으로 재판 연설에 관한 핸드북을 작성하였다. 그러나 큰 성공과 함께 427년에 아테네에 수사학 기술을 소개하였다고 평가받는 사람은, 다른 시실리아 사람인 골기아스(Gorgias of Leontini)다. 그는 특별히 리듬, 병행, 그리고 다른 시적인 형태를 지닌 수사학의 기술을 사용한 인물로 주목받는다. 반대로 그 시대 사람인 이소크라테스(Isocrates)는 시적 장식에 방해를 받지 않는 '순수' 수사학을 강조하였다. 그는 비록 위대한 연설가는 아니었지만 영향력 있는 교사였다. 처음으로 수사학을 지도하는 학교를 열어 성공적으로 다른 사람에게 수사학 기술을 가르쳤다. 결과적으로 수사학의 연구는 구전과 기록 형태로 곧 모든 헬라 교육과 로마 교육의 기초가 되었다.

수사학적 기술에 대한 비판적 반응은 플라톤의 작품에서 가장 분명하게 드러난다. 그는 어떤 고정된 도덕적 목적을 지니고 있지 않은, 단지 어떤 설득의 수단을 통해 논쟁을 이기려 하는 목적만 있는 궤변적 연설을 비난하였다. 이런 형태의 수사학을 기만, 아첨과 같은 것으로 보았으며, 그것을 지식, 우주적 진리와 관련 있는 변증법(dialectic)과 비교하였다. 아리스토텔레스는 철학과 수사학의 연관, 청중의 역할, 그리고 정돈과 문체의 일반적 토론을 다루는 수사학의 실제적 이론을 개발하였다. 그는 다음과 같은 수사학 분야에 중요한 공헌을 남겼다. 수사학의 세 가지 유형을 구별(재판을 위한, 심의를 위한, 그리고 종교 행사를 위한), 설득의 세 가지 방식(로고스, 에토스, 파토스), 수사학적 '토포이'(topoi)[42]의 이론. 수사학의 다섯 부분(창조·정

---

42) 'Topos'(복수, topoi)는 고대 헬라 수사학에서 유래한 기술적 용어로, 문학적·문화적 전승을 통하여 사회의 어떤 층에서 일반적으로 사용되었다. 이는 저자가 어떤 주제를 다룸에 있어서 정해진 범위 안에서 관습적인 방식으로 사용한 일반적인 개념을 의미한다.

돈 · 문체 · 기억 · 전달)은 헬라 시기 동안에 2세기 수사학자 헤르마고라스 (Hermagoras)의 작품들에서 가장 큰 기술적 항목으로 개발되었다.

기원전 1세기 초, 로마제국 내에서 수사학과 연설은 사회생활에서 성공하기 위한 주요 수단으로 확고하게 자리잡았다. 시셀로(Cicero)가 수사학 기술에 대한 그의 첫 번째 책 *De Inventione*을 썼던 것은 바로 이 시기였다. 그는 수많은 연설들을 작성하려고 하였다. 비록 전통적인 이론과 실제에 의존하였지만, 수사학에 대한 그의 기술은 그를 로마의 가장 위대한 연설가로, 수사학적 기술에 있어서 가장 영향력 있는 저자로 만들어 주었다. 기술에 관한 그의 주요 혁신은 연설자의 '세 가지 의무', 즉 가르치는 것 (docere), 기쁨을 주는 것(delectare), 움직이는 것(movere)에 대한 개념이었다. 각각의 의무는 적절한 '문체'와 연관이 된다. '쉬운' 혹은 꾸밈이 없는 문체는 교훈과 논증적 증명에 가장 잘 어울린다. '웅장한' 혹은 고상한 문체는 장엄한 감정들을 유발하거나 움직임을 묘사할 때 가장 유용하다. '중간의' 혹은 적당한 문체는 단순한 기쁨과 즐거움을 표현할 때 가장 효과적이다.

수사학에 대한 시셀로의 작품들과 훌륭한 연설가로서의 그의 견해는 로마 수사학의 흐름을 보여 준다. 1세기 말, 교사요 수사학자였던 퀸트리안 (Quintilian)을 제외하고는 다음 100년 동안에 수사학은 제국 내에서 쇠퇴해 갔다. 그의 *Institutio Oratoria*는 고대 사회에서 행해진 수사학에 대한 가장 오래되고 가장 완전한 기술적인 논문이다. 이 논문의 가치는 수사학적 훈련이 어떻게 모든 교육의 단계에 결합될 수 있는지에 대해 상세히 설명하고 있다는 점에 있다. 즉 어린 시절의 연설 수업에서부터 문법, 말씨, 작문, 발음에 이르기까지 숙련된 수사학자의 지도하에 수사학의 모든 특수한 기술과 이론의 체계적인 훈련을 서술하고 있다. 교육의 목표는 '위대한 수사학자'가 되는 것이다. 이 논문은 중세 수사학의 발전과 르네상스 후기 시대에 시작된 수사학의 부흥에 영향을 미쳤다.

2) 수사 비평의 부흥

고전의 수사학적 원칙들은 오늘의 저자들과 문학 비평가들에게 더 이상 필요하지 않은 분야가 되었다. 수사 비평은 단지 최근에 성서학 분야에서 지위를 되찾았다. 그러나 역사 비평의 성공적 결과들이 여전히 성서학에서 지배적인 위치를 유지하였다. 당시에 방법론적으로 지배적인 위치를 지녔던 구약의 양식 비평의 장점과 약점에 대한 뮤렌버그(James Muilenburg)의 평가는, 역사 비평에 대한 보충으로서의 수사 비평에 새로운 반향을 가져왔다. 본문 자체와 저자의 단어들과 주제들의 유형들에 대한, 그리고 수사학적 현상들에 대한 수사 비평의 관심은 양식 비평의 관심까지 균형 있게 하였다. 뮤렌버그의 방법론적인 개요는 다음과 같다.

(1) 문학 단위의 한계 혹은 범위의 규명

(2) 구성의 구조와 그것의 구성 부분들의 윤곽에 대한 인식

고전 수사학자인 조지 케네디(G. Kennedy)는 수사학적 해석을 위해서는 다음과 같은 '다섯 단계의 방법론'을 적용해야 한다고 제안한다.[43] 첫 번째는 수사학의 시행을 위해 본문 가운데 범위를 정하는 것이다. 이는 문학적 단위를 나누는 것과 동일하나, 독자의 이성과 상상에 효과를 줄 논쟁의 단위로 나눈다는 점에서 차이가 있다. 신약성서 안에서 가장 작은 수사학적

---

43) G. Kennedy, *New Testament Interpretation through Rhetorical Criticism* (Chapel Hill: University of North Carolina Press, 1985), 33-38. 또한 Wilhelm Wuellner, "Where is Rhetorical Criticism Taking Us?," *CBQ* 49 (1987): 455-458를 참조하라.

단위는 은유와 비유, 아포크테마, 명령 등이 되고, 가장 큰 수사학의 단위는 산상수훈, 마가의 묵시, 누가—행전에 나타난 설교, 요한의 고별 설교 등을 들 수 있다. 두 번째는 수사학적 상황(the rhetorical situation)을 규정하는 것이다. 이 단계가 가장 중요하다. 수사학적 상황은 역사적 상황이나 삶의 정황(Sitz im Leben)과는 다르다. 호소 혹은 논쟁으로서의 텍스트 진술을 기대한다. 수사학의 장르, 즉 어떤 종류의 수사학이 주어진 범위에서 시행되었는지 정해야 한다. 세 번째는 수사학적 배열 혹은 정돈을 설정하는 것이다. '어떻게 분석할 것인가? 어떠한 효과를 지니고 있는가? 어떻게 그것들이 함께 작용하는가?'를 살펴보아야 한다. 네 번째는 수사학의 기술과 문체를 규정하는 것이다. 그리고 마지막 단계는 이처럼 행해진 수사학적 작업의 효과와 목표를 평가하고 결과를 논의하는 것이다. 케네디의 제안은 성서 본문의 수사학적 해석을 시도하는 자들에게 명확한 안내가 되고 있다.

3) 구약의 수사 비평

수사학의 연구가 아리스토텔레스(Rhetoric)까지 거슬러 올라가는 고전적 학문이고 시셀로(De Oratore)와 퀸트리안(Institutio Oratoria)의 작품들을 포함하지만, 구약성서의 수사 비평 연구는 상대적으로 최신의 것으로 뮤렌버그(James Muilenburg)가 1968년에 SBL에서 회장 연설을 통해 처음으로 소개하였다. 그때의 연설 제목은 '양식 비평과 그 너머로'(Form Criticism and Beyond)였다.[44]

그 강연에서 뮤렌버그는 수사 비평을 양식 비평에 대한 보충이라고 결론 맺는다. 수사 비평에 대한 그의 진술에서 양식 비평은 중요한 역할을 한다.

---

44) J. Muilenburg, "Form Criticism and Beyond," *JBL* 88 (1969): 1–18.

그는 비교방법론에서의 진보에 대해 궁켈과 같은 양식 비평가들의 작업을 칭송하였다. 즉 히브리 성서에서 '유형'(Gattungen)의 넓은 범위를 발견하였으며, 이스라엘의 문화적 환경과 더 가깝게 성서 문학을 연관하도록 허락하였던 고전 자료 비평이 할 수 없었던 그들의 작업에 대해 경의를 표했다.

그러나 궁켈에 대한 칭송에도 불구하고, 뮤렌버그는 양식 비평의 유산에 대해 확신하지 못했다. 그는 두 가지 문제점이 양식 비평 방법론의 목표들을 흐리게 한다고 결론지었다. 첫째로 연구 중에 있는 텍스트의 특수성이 성서 문학에서의 '순수한' 형태들을 강조하기 위하여 길을 열어 주었던 결과들을 가지고 단지 '유형'에서의 유사성만을 연구하려는 시도다. 둘째로 '순수한' 유형을 연구하는 경향성 때문에, 양식 비평가들은 "전기적 혹은 심리학적 해석들에 대한 혐오들 … 역사적 주석에 대한 저항"들을 초래하였던 성서 문학을 본질적으로 읽고자 한다.[45] 이 두 가지 문제점이 뮬렌버그에 의하면 심각한 문제를 초래하였다. 즉 '유형'의 연구에서 유사성에 대한 지나친 강조는 독자들에게 추상과 상상력을 심어 주었고, 이로 인해 각 본문의 독특성은 해석 과정에서 충분하게 다뤄지지 않았다. 그러한 추상의 결과가 양식과 내용 사이의 완전한 연관성을 사정없이 깎아내렸다는 것이다. '저자' 혹은 '화자'의 사상과 의도를 모호하게 했을 뿐만 아니라, 더욱더 심각한 것은 그것의 역사적 상황에서 하나의 단위를 읽는 시도들에 대해 회의감을 가져다주었다고 보았다.

따라서 수사 비평은 특별한 성서 본문들이 양식 비평에 의해 그것들의 역사적 상황으로부터 분리된 방식에 대한 뮤렌버그의 반응이었다. 수사 비평을 위한 출발점은, 히브리 성서의 대부분의 유형이 '순수한' 것이 아니라

---

45) Muilenburg, Ibid., 4-5.

'모방'이라는 결론이다. 이러한 결론으로부터 그는 비록 각각의 본문이 순수한 유형의 배경에서 연구되어야 하지만, 그것에 종속되어서는 안 된다고 주장하였다. 이러한 변화는 뮤렌버그에 의해 인식되었던 것처럼 수사 비평의 필요성을 대두시켰다. 왜냐하면 그것은 히브리 산문과 시에서 구성의 문체적 연구를 생겨나게 했기 때문이다.

그는 수사 비평이 두 가지 목적을 지니고 있다고 보았다. 하나는 문학적 단위의 구조와 경계들을 정하는 것이고, 다른 하나는 주어진 본문의 형태와 강조를 제공한 고안들을 묘사하는 것이다. 하나의 본문의 경계들을 결정함에 있어서, 그는 반복적인 주제들과 반복되는 사실 또는 문장을 시작하는 구(inclusio)[46]의 중요성을 강조하였다. 예레미야 3장 1절~4장 4절에 대한 해석에서 어떻게 뮤렌버그가 하나의 본문이 발전되었던 양식 비평적 배경을 인식하면서 수사 비평을 통해 주어진 본문의 독특한 특성들을 강조하였던 방식을 인식하였는가를 보여 준다. 그는 오로지 그 시에 초점을 맞추기 위하여 이러한 단위의 설화적 부분들을 제거한 후에, 양식 비평 연구의 지난 결과들을 언급함으로써 그의 해석을 시작한다. 양식 비평에서는 '순수한' 유형의 한 예로, 가장 작은 문학적 단위에 대한 물음은 서로 독립된 것으로 예레미야 3장 1절~4장 4절에 있는 시적 단위들을 지지하였다. 수사 비평은 그에게 예레미야 3장 1절~4장 4절의 시적 단위들은 그 어떤 것도 '순수한' 유형이 아니라고 주장함으로써 양식 비평의 결과들을 넘어서게 하였다. 오히려 그것들은 더 커다란 전체의 부분들로서 작용하기를 의도하였던 모방들이다. 예레미야 3장 1절~4장 4절의 단위와 관련한 그의 결론의 중심 척도

---

46) Inclusio는 어떤 텍스트에서 반복적으로 사용되는 단어, 문장을 시작하거나 맺을 때 쓰이는 특이한 구를 지칭한다. 예. 시 1; 62:1~3; 8; 21; 암 1:3~5, 6~8, 9~15; 겔 25:3~7, 8~11, 12~17; 렘 3:1~4:4.

는, 예레미야 3장 1절과 4장 1절에 있는 히브리어 동사 '돌아온다'(sub)란 어휘였다. 그것은 더 커다란 문학적 단위의 경계들을 보여 주고 있다. 예레미야 3장 1절에서 그 단어는 기소에 이어서 법적인 선언에서 사용된다. "그들이 말하기를 가령 사람이 그의 아내를 버리므로 그가 그에게서 떠나 타인의 아내가 된다 하자 남편이 그를 다시 받겠느냐 그리하면 그 땅이 크게 더러워지지 아니하겠느냐 하느니라 네가 많은 무리와 행음하고서도 내게로 돌아오려느냐." 4장 1절에서 '돌아온다' 란 단어는 조건적인 계약에서 반복된다. "여호와께서 이르시되 이스라엘아 네가 돌아오려거든 내게로 돌아오라."

시의 경계들과 함께 병행, 반복적 주제들, 분사 시제들의 배치에 관한 세밀한 연구는 뮤렌버그에게 내적 구조를 묘사하기 위한 기준을 제공하였다. 더욱이 그는 예레미야 3장 1절~4장 4절의 시적 단위들은 '유형' 의 다양성의 모방이었다고 주장하였다. 나아가 그는 양식 비평적 배경은 소송이지만 본문은 고백적 탄식과 조건적 계약을 포함하고 있다고 결론을 맺는다.

4) 신약의 수사 비평

신약에서는 수사 비평 방법론에 대한 비어슬리(W. Beardslee)의 연구,[47] 비유들에 대한 비아(D. O. Via)의 연구,[48] 바울서신들에 관한 펑크(R. Funk)의 연구[49], 누가-행전에 관한 탈버트(C. Talbert)의 연구,[50] 신약 수사학에

---

47) W. Beardslee, *Literary Criticism of the New Testament* (Philadelphia, Fortress, 1971).
48) D. O. Via Jr., *The Parables: Their Literary and Existential Dimension* (Philadelphia: Fortress, 1967).
49) R. Funk, *Language, Hermeneutics and Word of God* (New York: Harper & Row, 1966).
50) C. H. Talbert, *Literary Patterns, Theological Themes and the Genre of Luke-Acts* (Missoula: Scholars Press, 1974).

관한 와일더(A. Wilder)의 이론적 관찰[51] 들이 진행되었다. 로빈스(V. Robbins)와 패이턴(J. Patton)은 많은 신약 비평가들이 신약 문학의 수사학 분석에, 언어와 문학에 대한 오늘날의 문학 비평가와 철학자들의 이론적 발전을 적용하였음을 발견하게 된다.[52] 구약을 위해서는 스텐버그(M. Sternberg)[53]가, 신약을 위해서는 로데스(D. Rhoades)와 미치(D. Michie)가[54] 독자에 대한 설화의 영향을 묘사하기 위하여 다른 설화적 요소들에 수사학적 특성을 연관시키는 혼합된 문학-수사학적 연구를 적용하였다. 포러(R. Fowler)는 유사한 문학-수사학적 방법론을 마가의 '메시아 비밀' 연구에 적용하였다.[55] 이 연구들은 일반적인 세상 문학과 성서 문학과의 연관성을 보여 주고자 하였다.

로빈스(V. Robbins)는 고전의 환경에 더 많은 관심을 두면서, 그리고 청중의 반응과 사회적 배경에 대한 오늘날의 질문들에 답하면서, 그레코-로마 세계의 공통적인 관습이었던 제자를 모으는 교사의 사회-수사학적 유형을 발견하기 위하여 마가의 수사학적 형태의 변형을 조사하였다.[56] 케네디(G. Kennedy)는 복음서, 사도행전, 바울서신들의 수사학적 단위들에 대해 연구하였다.[57] 더욱 더 유용한 것은 사도행전의 연설들의 형태와 수사학에 대한 디베리우스(M. Debelius)의 토론[58]이고, 헬라 수사학, 유대와 기독교 설교들,

---

51) A. Wilder, *Early Christian Rhetoric* (Peabody: Hendrickson, 1971).

52) J. Patton and V. Robbins, "Rhetoric and Biblical Criticism," *QJS* 66 (1980): 327-36.

53) M. Sternberg, *The Poetics of Biblical Narrative* (Bloomington: Indian UP, 1987).

54) D. Rhoades and D. Michie, *Mark as Story* (Philadelphia: Fortress, 1982).

55) R. Fowler, "The Rhetoric of Indirection in the Gospel of Mark," *PEGLAMBS* 5 (1985): 47-56.

56) V. Robbins, *Jesus the Teacher: A Socio-Rhetorical Interpretation of Mark* (Philadelphia: Fortress, 1984).

57) G. Kennedy, *New Testament Interpretation through Rhetorical Criticism*.

58) M. Dibelius, "The Speeches in Acts and Ancient Historiography," in *Studies in the Acts of the Apostles*, trans. M. Ling (London: Charles Scribner's Son, 1956).

신약 문학의 상호 작용에 대한 윌스(C. Wills), 블렉(C. Black), 피오레(B. Fiore)의 작품들이 있다.[59] 데살로니가 서신에 관한 말허베(A. Malherbe)의 수사학적 상황[60]과 바울의 반응에 대한 연구와 고린도후서에서의 바울의 변증적 수사학에 대한 베츠(H. D. Betz)의 소크라테스적 전승들에 대한 연구가 있다.[61] 빌레몬서에 관한 처치(F. Church)의 분석[62]은 '심의를 위한 수사학'에 대해 분석하였다. 이처럼 고전 수사학의 원칙에 근거한 수사 비평은, 역사적 전망을 지니며, 전통적인 역사 비평을 보충한다.

6. 사회-과학 비평

성서 연구의 분야에서의 '사회-과학 비평'(Social-Scientific Criticism)은 텍스트의 사회적 · 문화적 차원들과 함께 텍스트의 주변 상황들을 사회과학의 전망, 이론, 모델 그리고 연구 들을 통하여 분석하는 주석 작업이다.[63] 예를 들어 신약성서 저자들은 1세기 그레코-로마 세계의 사회적 구조 안에서 활동하였는데, 이 세계의 사회적 역동성에 대한 이해 없이는 신약성서와 초기 기독교 운동에 대한 우리의 이해는 단지 표면적일 수밖에 없다. 즉 그 당시의 사회 체계에 대한 이해는 신약 본문에 나타난 인물들의 행동 양식과 언어, 사건들을 이해하는 데 필수적이다. 따라서 우리는 1세기 팔레스타

---

59) L. Wills, "The Form of the Sermon in the Hellenistic Judaism and Early Christianity," *HTR* 77 (1984): 277-99; C. Black, "The Rhetorical Form of the Hellenistic Jewish and Early Christian Sermon," *HTR* 81 (1988): 1-18; B. Fiore, "'Covert Allusion' in 1 Corinthians 1~4," *CBQ* 47 (1985): 85-104.

60) A. Malherbe, "Exhortation in First Thessalonians," *NovT* 25 (1983): 238-56.

61) H. D. Betz, *Galatians*. Hermeneia (Philadelphia: Fortress, 1979).

62) F. Church, "Rhetorical Structure and design in Paul's Letter to Philemon," *HTR* 71 (1978): 17-33.

63) John H. Elliot, *What is Social-Scientific Criticism?* (Philadelphia: Fortress, 1993), 7.

인 세계를 구성하는 사회적 규범들과 가치들을 알아야 한다. 문화인류학은 그러한 이해에 많은 도움을 제공한다.[64] 사회-과학 비평은 성서 텍스트가 기록되던 당시의 사회적 환경에 대한 지식이 텍스트를 이해하는 데 필요하다는 것을 인정하면서, 텍스트 뒤에 전개돼 있는 사회문화적 현상에 대한 서술과 역사에 사회 이론가, 사회학자, 그리고 문화인류학자 들의 이론을 적용한다. 따라서 사회-과학 비평에는 텍스트의 형태와 내용에 영향을 미친 사회적 요소들뿐 아니라, 텍스트의 발신자와 수신자(들), 그리고 사회적 상황에서 텍스트가 이끌어 낸 반응들이 포함된다.

주석의 한 분야로서의 사회-과학 비평은 그 자체를 역사 비평의 필연적인 구성 요소로 보고 있다. 동시에 다른 모든 주석 방법론들을 사용하고 보충한다. 역사 비평의 질문들은 주로 '누구?' '어디에' '무엇을?' '언제'와 관계한다. 하지만 사회-과학 비평은 '어떻게?' '왜' 그리고 '무엇을 위해?'에 대해 질문한다. 그리고 이론적인 모델들을 사용하면서 '어떻게 사회가 구성되고 움직이는가?' '자연 그리고 사회적 환경들에 의해 어떠한 가치와 신념들이 형성되었는가?' '어떠한 종교적 개념과 상징들이 행동, 생활 방식, 조건 들이 정당화되는 의미의 세계로 발전하는가?' 등을 조사한다. 이처럼 사회-과학 비평은 역사 비평의 한계를 보충하고 극복하려는 해석학적 시도로서, 역사 비평의 적절한 대안 혹은 연장이라고 할 수 있다.[65] 즉 역사 비평적 방법을 '텍스트 배후의 세계'를 직선적으로 이해하는 통시적(diachronic) 해석 방법으로 전제한다면, 사회-과학 비평은 '텍스트의

---

64) B. L. Malina, *The New Testament World: Insights from Cultural Anthropology* (Louisville: Westminster/John Knox Press, 1993), 1-27.

65) M. Silva, *Has the Church Misread The Bible?: The History of Interpretation in the Light of Current Issues* (Grand Rapids: Zondervan, 1987), 17.

세계'를 공시적(synchronic)으로 이해하는 해석 방법이라 할 수 있다.[66]

1) 사회-과학 비평의 관심

19세기 후반에 들어서서 학자들은 단지 신학적 토대 위에서만 신약을 이해하는 것은 매우 부적절하다는 사실을 인식하게 되었다.[67] 신약성서와 초기 기독교의 사회적 상황은 해석에 있어서 필요불가분의 요소로 받아들여지고 있다. 해석의 언어학적 · 문법적 방식에 전폭적으로 의존하였던 대부분의 보수적인 학자들조차도 언어와 문법은 그것의 사용과 의미를 형성한 사회 모체 내에서 작용한다는 것을 깨닫게 되었다. 신약성서 해석을 위한 사회적 상황의 중요성에 대한 인식은 20세기에 들어서서 신약성서 역사의 틀 위에 사회적 자료를 더하려는 목적으로 자료들을 사용하고 있다. 그러나 이러한 작업들은 분석적이기보다 서술적이고, 그레코-로마 세계의 역동성과 그리고 그것의 종교적 운동을 분석하기 위하여 특별한 사회 이론을 사

---

66) S. C. Barton, "Historical Criticism and Social Scientific Perspectives in New Testament Study," in *Hearing the New Testament: Strategies for Interpretation*, ed. J. B. Green (Grand Rapids: Eerdmans,1995), 69 이하.

사회-과학 비평의 주요 초기 작품들 가운데는 다음과 같은 것들이 있다.

J. G. Gager, *Kingdom and Community: The Social World of early Christianity* (Englewood Cliffs, N.J.: Prentice-Hall, 1975); Gerd Theissen, *The Sociology of Early Palestinian Christianity* (Philadelphia: Fortress, 1978); John H. Elliot, *1 Peter: Estrangement and Community* (Chicago: Franciscan Herald, 1979); Norman K. Gottwald, *The Tribes of Yahweh; A Sociology of the Religion of Liberated Israel, 1250-1050 B.C.E.* (Maryknoll, N.Y.: Orbis Books, 1979); Fernando Belo, *A Materialist Reading of the Gospel of Mark* (Maryknoll, N.J.: Orbis Books, 1981); Bruce Malina, *The New Testament World: Insights from Cultural Anthropology* (Atlanta: John Knox Press, 1981); Wayne Meeks, *The First Urban Christians: The Social World of the Apostle Paul* (New Haven, Conn.: Yale University Press, 1983).

67) 사회-과학 비평의 간략한 발전 과정을 알기 위해서는 다음을 참조할 것. M. Robert Mulholland, Jr., "Sociological Criticism," in *Interpreting The New Testament: Essay on Methods and Issues* (Nashville: Broadman & Holman, 2001), 171-174.

용하지 않고 단지 신약성서 세계의 특징만을 묘사하려는 경향이 있었다. 사회-과학 비평이 수정하려고 하는 것은 역사 비평 방법론의 이러한 약점이다. 엘리오트(J. H. Elliot)은 사회-과학 비평의 특성을 다음과 같이 정리하고 있다.[68]

첫째로, 사회-과학 비평은 주석의 한 부가적 방식이며, 주석을 위한 다른 작업들과 필요불가분하게 연관된다. 본문 비평, 문학 비평, 설화 비평, 역사 비평, 전승 비평, 양식 비평, 편집 비평, 수사 비평 등. 사회-과학 비평은 성서 텍스트들의 특수한 특징들을 분석하기 위하여 의도된 다른 비평 분석 방법을 보충하여 완전하게 한다.

둘째로, 사회-과학 비평은 텍스트가 형성된 사회적 · 문화적 상황들에 대한 하나의 반영과 반응으로 텍스트를 연구한다. 그것의 목표는 저자들과 의도된 청중에 의해 구성된 텍스트 안에 명백하고 절대적으로 표현된 의미(들)를 확정하는 것이다. 즉 사회적 · 문화적 체계들에 의해 만들어지고 형성된 의미를 찾아 내는 것이다.

셋째로, 신약성서는 결코 사회적 구조를 벗어나지 못한다. 신약의 텍스트들은 규칙적으로 사회적 체계들(유대/헬라, 남성/여성, 노예/자유인 등), 사회적 그룹과 구성들(바리새인, 사두개파, 제자들, 12제자, 헤롯 법정, 바울과 베드로의 서클들), 사회적 제도와 사건들(세금, 인구 조사, 성전과 희생 제도, 가족과 친척 관계 등), 통치자들(아우구스투스, 디베리우스, 헤롯, 총독, 대제사장 등), 그리고 사회적 행위의 유형과 코드들(율법 준수, 정결법, 가족과 친구, 후원자-의뢰인 등)에 대해 언급한다.

넷째로, 신약성서 문헌들이 묘사하는 텍스트들과 유형들은 다양한 인물

68) Ellliot, *What is Social-Scientific Criticism?*, 7-10.

과 그룹들을 포함한 사회적 상황과 환경, 경제적 · 사회적인 상황, 구조들, 과정들에 의하여 형성되었다. 그들의 언어, 내용, 구조, 전략들, 그리고 의미 안에서 텍스트들은 그것들이 형성되고 그것에 대한 하나의 반응인 사회 체계에 대한 정보를 전달하고, 암호화하고, 전제한다.

2) 사회-과학 비평의 공헌과 한계

사회-과학 비평이 성서 해석에 끼친 공헌 가운데 하나는, 우리로 하여금 우리 자신의 사회적 모체(matrix)와 신약성서의 사회적 모체 사이를 구분하도록 돕는다는 것이다. 이러한 구분이 없다면 우리는 우리 자신의 입장에서만 신약성서의 사회적 상황을 해석하고 신약성서를 읽는 주관적 해석(eisegesis)에 쉽게 빠지게 된다. 이와 더불어 사회-과학 비평은 신약성서 세계의 사회적 모체와 그 세계에서의 초기 기독교 공동체의 삶과 행위들을 분명하게 밝혀 주는 장점을 가지고 있다.

하지만 이러한 장점에도 불구하고 사회-과학 비평은 인간 중심적 구조에 절대 가치를 두고 영적 경험의 현실성들을 바라본다는 비평을 받는다. 예를 들어, 만약에 신약에서 묘사된 기독교 공동체의 어떤 면과 그레코-로마 세계의 사회적 역동성 사이에 병행들을 찾아볼 수 있다면, 사회-과학 비평에서는 이러한 형태가 단순히 그 시대의 공동적인 사회 현상이라고 가정하고 독특한 영적인 경험의 주장들을 단순히 기독교 공동체의 신학화로 설명해 버리려는 경향이 있다. 즉 현대의 조직(체제), 그룹 혹은 사회 분석을 통해서 얻은 사회학적 모델들과 방법들을 지중해 고대 사회의 그룹과 사회를 해석하기 위한 분석의 도구로 사용하는 것은 시대착오적 시도가 될 수 있다.

바울이 로마의 신비 종교로부터 가져온 용어를 어떻게 사용하고 있는지 예로 들어본다. 신비 종교들 – 죽었다가 살아나는 구속자, 이 세상과 다음 세상에서 구속을 약속하는, '외부자들'로부터 '내부자들'을 분리하기 위해 구속받은 공동체에 가입하는 명확하게 규정된 의식을 지닌, 추종자들의 삶에서 신비의 세계관과 에토스를 강화하기 위하여 지속적으로 매일 의식과 정기적인 의식을 행하였던 – 은 기독교 공동체의 삶과 밀접한 병행들을 지닌 사회적 현상들을 보여 준다. 따라서 사회적 전망에서 기독교는 단순히 또 다른 헬라의 신비 종교였다고 쉽게 결론지을 수 있다. 그러나 바울은 비록 신비 종교에서 유래한 용어들을 사용하지만 신비 종교와는 질적으로 다른 무언가를 말하고자 하였다. 그가 신비주의적 용어를 사용한 것은 로마 세계에서 사용된 의미의 유형을 벗어나고 있다. 즉 바울은 '드러난' 신비에 대해서 말한다. 그리고 모두에게 그러한 신비를 선언한다. 이러한 행위는 신비 종교에서는 저주가 될 수 있는 행위였다. 더욱이 그의 신비의 중심은 신화적 옷으로 덧입혀진 어떤 고대의 신이 아닌 그 시대의 역사적 인물에 대한 선포였다. 다시 말해 팔레스타인에 살았으며, 삶, 죽음, 부활을 통해서 하나님의 현존의 실재성을 경험케 하고 새로운 공동체를 형성할 수 있도록 자극하였던 예수라는 인물에 관한 신비였다.

사회–과학 비평의 또 다른 한계는 하나님의 현존, 능력, 그리고 목적에서 벗어난 결론에 도달하게 된다는 것이다. 텍스트의 증거는 단지 사회적 현상으로만 이해된다. 그리고 그 안에서 초자연적인 요소의 실재성이 인식될지라도, 그것은 사회적 현상에 종속된다. 텍스트의 초자연성을 부인하고 성서 내용을 이데올로기적인 차원에서만 이해하려고 한다는 것이다. 텍스트를 이해하기 위해서는 사회–문화적 상황에 대한 이해가 필수적이다. 하지만 상황(context)에 대한 강조는 두 가지 결과를 가져다줄 수 있다.[69] 즉 상황에 대한 이해는 텍스트가 지니고 있는 의미의 '명료성'(Clarity)을 제공하지만, 반대로 '위협'(threat)이 될 수도 있다는 것이다. '명료성'이란, 본문의 저자와 그 공동체를 둘러싼 사회-문화적인 현실들을 이해함으로써 본문에 서술되고 있는 특정한 사건과 인물들의 의미나 본문(저자)의 의도를 더욱 정확히 파악할 수 있다는 것이다. 반면에 '위협'이 된다는 것은, 신약성서를 하나님 말씀(계시)이 아닌 철저히 특정 인간이나 그룹의 우발적이고 정황적인 사건으로만 간주함으로써 비 신앙적이고 축소지향적인 해석을 추구하게 만든다는 점이다.

3) 사회-과학 비평의 실제

바울은 에베소에 머물면서 글로에를 통해 고린도 교회 내에 분쟁이 있다는 것을 알게 되었다. 바울, 아볼로, 게바, 그리고 그리스도에게 속한 자(고전 1:12). 바울은 고린도전서 1~4장에서 이 문제를 다루고 있는데, 3장에서 주로 자신과 아볼로를 대조하면서 "나는 심었고 아볼로는 물을 주었으되 오직 하나님께서 자라나게 하셨나니"(고전 3:6)라고 말한다. 교회 내에서 가장 문제가 되는 것은 전자의 두 그룹이었으며, 게바에 속한 자들과 그리스도에 속한 자들의 정체성에 대해서는 명확하게 언급되지 않는다. 바울과 아볼로에게 속한 두 그룹의 갈등은 충분히 이해할 수 있는 것으로, 두 그룹의 분쟁은 주로 인간적 측면에서 이해되어 왔다. 바울이 2차 전도 여행 중 고린도에서 18개월 동안 체류하며 복음을 전할 때, 자연적으로 사람들과 밀착 관계가 형성되었다. 그 뒤 바울은 다른 사역지로 떠났고, 아볼로가 바울의 사역을 이어받았다. 이를 통해 우리는 분쟁이 사역자와의 친분 관계

---

69) R. Scroggs, "Can New Testament Theology be Saved? The Threat of Contextuality," *USQR* 42/1-2 (1988), 18.

에서 올 수 있는 인간적인 문제임을 상상하게 된다. 하지만 사회-과학 비평은 이 분열 문제에 대한 오늘날의 보편적인 이해를 넘어서, 구체적으로 공동체 안으로 들어가 분열 원인과 그것에 의한 공동체의 아픔을 상상하게 해 준다.

고린도는 고린도만과 에게만 사이를 연결하는 좁은 운하 지역에 위치한 항구 도시였다. 이곳은 건축술과 예술로 유명하였으며, 2년에 한 번씩 지중해 지역을 하나로 묶는 운동경기가 이곳에서 열렸다. 또한 고린도해협을 통과하는 많은 배들의 하역을 위해서, 그리고 규모가 큰 배들을 육로로 이동시키기 위하여 수많은 노예들이 이 지역에 체류하고 있었다. 1세기에 20만 명의 주민과 50만 명의 노예들이 있었던 것으로 보인다. 고린도 교회의 구성원 가운데도 하층 계급이 많이 있었음을 알 수 있다.(참조. 고전 1:22 이하)

항구 도시라는 특성상 선원들의 생리적 이유와 아크로 고린도 위에 세워진 아프로디테 신전에 있었던 1천 명의 신전 창녀로 인해 고린도의 성적 방종은 악명이 높았다. 신전 창녀들은 밤에 도시로 내려와 성행위를 하였으며, 그들은 이러한 행위를 예배의 일부로 간주하였다. 이러한 배경으로 인해 고린도인(corinthian)이란 용어는 보통명사로 '술 먹고 방탕한 사람' 이란 의미를 갖는다. 이곳에 복음이 심어진 것은 실로 기적이었다.[70]

바울은 2차 전도 여행 중에 고린도를 방문하여 기독교 공동체를 세웠다(행 18:1~17). 그는 이곳에 18개월 동안 체류하면서 장막 짓는 일을 하며 사역하였고, 그 결과 교회 안에 유대인과 이방인 개종자, 노예 출신 등 다양한 계층의 집단이 형성되었다. 바울은 안디옥 교회에서 파송한 선교사였고(행

---

70) "고린도에 하나님의 교회! 이것은 기쁘고도 놀라운 역설이다." 이 말은 벵겔이 자신의 고린도 주석에서 한 말이다.

11:26), 그곳에서 바나바와 함께 일 년 간 성경을 가르쳤던 경험이 있었다. 바울 자신의 변증서인 고린도후서에 의하면, 그는 글은 잘 쓰나 말주변은 그리 뛰어나지 않았던 것으로 보인다(고후 10:10). 반면에 바울의 후임자로 고린도 교회에서 사역한 아볼로는 알렉산드리아 출신으로 성경에 능통하고 말솜씨가 좋았으며, 예수의 사건을 열심히 가르쳤던 인물이다.(행 18:24~25)

고린도 교회의 분쟁은 사실상 전임자인 바울과 그 뒤를 이어 사역한 아볼로가 각각 다르게 선보인 성서 해석의 전통에서 온 것으로 볼 수 있다. 기원전 수세기부터 안디옥과 알렉산드리아에서는 헬라-문학 비평을 사이에 두고 의견을 달리하는 학파가 출현하였다. 안디옥에서는 텍스트의 문법적-문학적 읽기를 선호하였던 반면, 알렉산드리아에서는 우화적 읽기가 유행하였다. 안디옥 학파에서는 호모의 작품이 지니고 있는 '문자적' 의미를 찾고자 하였다. '문자적'(literal)이란 해석자들이 텍스트의 저자에 의해 의도된 것으로 이해하였던 단어들의 의미에 관심을 두는 것이다. 하지만 알렉산드리아 학파에 의한 해석학적 프로그램은 텍스트 뒤에 있는 의미를 찾아내는 데 목표를 두고 있었다. 즉 단어들이 언급하는 깊은 의미에 관심을 갖는다. 이처럼 해석학적 전통을 달리하는 바울과 아볼로가 고린도에서 예수의 사건을 가르칠 때, 예수 사건에 대한 이해와 그것을 풀어가는 방법론에 있어서 커다란 차이점을 보여 주었다. 바울서신에서 알 수 있듯이 전임자는 안디옥 전통에 따라 성서를 해석하였다면(우화적 해석도 하였다. 예. 갈 4:21~31), 후임자는 구약의 빛에서 우화적으로 예수 사건을 해석하였다. 고린도 교회 구성원들은 전임자와 후임자의 성서 해석 방식으로 인해 혼란을 느꼈으며, 각자 자신들이 선호하는 길을 따르게 되었다. 이리하여 이 문제가 분쟁의 주요 요인이 되었던 것으로 보인다. 결론적으로 고린도 교회의 분쟁의 원인을 고린도의 사회학적 배경과 공동체의 구성원(청중), 지도자의 성격과 성서 해석 방식 등을 통해 공시적으로 들여다볼 때, 우리는 고린도 교회가 경험한 분쟁에 대하여 새로운 이해를 갖게 된다.

사회-과학 비평을 통해 들여다볼 수 있는 또 다른 예를, '복음'이라는 용어의 사용에서 찾아볼 수 있다.[71] '복음', 즉 '좋은 소식'(유앙겔리온, εὐαγγελιον)이란 용어 자체는 기독교에서 처음으로 만든 단어가 아니다. 초기 기독교가 세상적 개념을 차용한 것이다. 당시에는 자신들의 사상을 표현하기 위하여 다른 종교나 관습에서 사용하는 용어를 차용하는 것이 추종과 모방이 아니라, 자신들이 섬기는 신의 위대함을 증거하고자 하는 일종의 시위였다. 복음이란 용어는 로마인들에게서 차용한 것으로 보인다. 로마인들에게 '유앙겔리온'은 '기쁜 소식'을 의미하였고, 이것은 황제 숭배와 밀접하게 연관이 있었던 것으로 보인다. 즉 황제의 생일, 성년식, 즉위식, 그리고 군대의 승리나 행운의 소식에 대한 선포 등이 제국의 '기쁜 소식'이 되어 국가적 축제로 지켜졌다. 그러한 날이 되면 '전령관'(κῆρυξ, 케룩스)은 말을 타고 고을을 다니며 유앙겔리온을 전달하였다. 그들이 전하는 내용이 '케리그마'(κήρυγμα)였던 것이다. 그러한 축제에 관한 알림을 제국의 비명과 파피루스에는 '기쁜 소식'이라고 기록하고 있다. B.C. 9년경에 소아시아의 프리에네(Priene)에서 발견된 황제 옥타비아누스(Octavianus) 비문에는 "신의 생일은 세상을 위한 '기쁜 소식'의 시작이다"[72]라는 글이 적혀 있다.

이러한 상용된 관습을 초기 기독교인이 차용하였다면, 기독교적 의미에서의 '복음'이란 그들이 세상에 선포한 예수의 이야기가 곧 '좋은 소식'인

---

71) 참조. 유태엽, 「복음서 이해」(감신대출판부, 2005), 20-21.
72) 참조. N. Lewis & Reinhold, eds, *Roman Civilization II* (New York: Harper & Row, 1955), 64.

것이다. 바울은 '복음'이란 용어를 예수의 오심, 생애, 죽음 그리고 부활에 관한 기독교의 메시지를 묘사하는 데 사용하였다. 또한 바울은 "나는 좋은 소식을 선포한다"는 동사를 이러한 메시지를 입으로 전하기 위하여 사용하였다(참조. 롬 1:15; 고전 1:17; 9:16). 바울을 비롯한 초기 선교사들은 자신들을 '복음'의 전령관으로 여기며, 입으로 복음을 선포하였다. 부활 신앙에 근거하여 초기 기독교인들에게 예수가 하나님이 보내신 중보자라고 선포할 때에 '복음'이란 용어는 기독교 메시지를 위한, 그리고 예수의 생애, 죽음, 부활을 설명하기 위한 표준적인 용어가 되었다. 다시 말해 예수에 관한 메시지가 복음이었고, 그의 교훈과 말씀이 복음이었으며, 그의 출생과 삶이 복음이었다. 그의 죽음과 부활을 통해서 하나님의 새로운 통치 시대가 전개되었다는 것이 복음이었다. 로마의 대도시에서는 국가적 소식을 전하는 전령관들을 쉽게 만날 수 있었다. 케리그마를 전하는 사도들은 스스로를 '복음'의 전령관이라 믿으며, 사명감을 가지고 달려 나가 '기쁜 소식'을 전하였다. 이러한 사회적 배경에 대한 이해를 통해서 사도들의 자의식을 들여다볼 수 있다.

7. 설화 비평

설화 비평가들은 설화 형태로 기록된 성서 이야기들에서 행해지는 복잡한 방식들을 분석하고자 한다. 성서의 이야기들에 초점을 맞추고, 현대 문학 비평의 방식들을 통해 얻은 통찰력을 사용하여 이러한 이야기들을 읽고자 시도한다. 설화 비평가들은 설화가 생산된 역사적 환경을 이해하기 위한 자료로, 그것의 저자가 누구인가에, 혹은 텍스트가 처음 전달된 청중이 누구인가에 관심을 두지 않는다. 설화 비평은 그러한 정보가 설화의 의미에 아무것도 첨가할 수 없고, 그것의 해석을 도울 수도 없다는 구조주의 가정을 가지고 시작한다. 1970년대 성서 학자들은 최근의 현대 소설들, 단편 이야기들과 영화들에 관한 연구를 통해 문학 비평가들에 의해 개발된 다양한 분석적 방법들을 적용함으로써 이러한 새로운 방법을 창조하였다. 성서 학자들은 그들 자신의 설화 비평을 다양한 자료들의 합성물로보다는, 완전한 전체로서 성서 이야기들의 최종의 정경 형태들을 분석하기 위한 도구로 발전시켰다. 설화 비평가들은 텍스트 뒤에 놓여 있는 자료층의 역사적 확실성이나 신학적 주제들을 논하는 것에 관심을 갖지 않는다. 오히려 그들은 텍스트가 독자들에게 미치는 효과를 결정하는 것에 주된 관심을 둔다. 더 정확히 말하자면 텍스트가 실제 독자들보다는 의도된 독자들에 대해 기대되는 이야기들의 효과를 결정하려고 시도한다.

설화 비평은 텍스트의 실제(역사적) 저자들에 대한 언급보다는 텍스트의 의도된 저자들에 대한 언급으로 텍스트를 해석하고자 한다. 즉 설화 비평은 설화의 '실제(역사적)의 저자'(real author) - 규정될 수 있거나 혹은 없거나 간에 - 와는 아주 동떨어져서 텍스트 안에 '의도된 저자'(implied author)가 있다고 본다. '의도된 저자'는 설화가 말하는 내용에서 식별할 수 있는 인물이다. 그러한 인물은 이야기 자체 안에서 얻어질 수 있는 것으로, 실제의 저자와 텍스트가 전달된 실제 독자의 역사적 환경에서의 의식적인 의도와는 독립된 것이다. 설화 비평에서 중요한 것은, 이야기에서 발견될 수 있는 '의도된 저자'다. 설화 비평은 이야기의 의도된 저자들이 그들의 가치 판단, 신념, 그리고 지각에 관하여 독자들에 전달하고자 의도한 효과를 재구성하는 것에 관심을 갖는다. 이러한 구성은 '의도된 저자'라 칭한다.[73]

---

73) M. A. Powell, *What is Narrative Criticism?* (Minneapolis: Fortress, 1990).

또한 설화 비평은 사건, 인물, 그리고 이야기의 설정에 관심을 갖는다. 즉 사건의 구성이 무엇이고, 인물들은 어떠한 역할을 하고 있으며, 이야기에서 설정한 배경이 어떠한지에 대해 묻는다. 더불어 모순, 반복, 삽입, 상징 등과 같은 이야기에 나타난 수사학적 고안의 역할에 주목한다. 새로운 문학 비평 중에서 가장 폭넓게 사용된 다양한 견해들을 지닌 학자들은 설화 비평을 성서의 설화 본문 연구에 적용하고 있다. 설화 비평을 실행하는 학자들은 다양한 방식들을 적용하고 있지만, 적어도 세 가지 면에서 공동의 입장을 취하고 있다.

첫째, 성서의 설화들은 다양한 자료의 합성물이 아닌 현재의 형태로 완성된 책의 내부에서 상호 작용하는 단위들로 분석되어야 한다.

둘째, 성서의 설화들은 텍스트에 의해 창조된 이야기 세계를 파악하고 그 안으로 들어가기 위한 목적으로만 읽혀야 한다.

셋째, 성서의 설화들은 설화자가 이야기를 통해 말하고자 하는 다음과 같은 중요한 문학적이고 예술적인 효과를 보여 주고 있다. 인물들의 묘사, 구성, 이야기의 간격, 단어, 장면, 주제와 문학적 유형들의 반복, 관점, 사회적 상황, 각 장면에 대한 초점, 기타의 설득을 위한 다른 수사학적 전략들.

1) 설화 비평의 발전과 예

성서 학자들은 본문 비평, 자료 비평, 양식 비평, 편집 비평, 구성 비평의 명칭들과 함께 '설화 비평'이라는 명칭을 만들어 냈다. 성서 텍스트를 이해하기 위한 이러한 새로운 시도는 적어도 텍스트의 마지막 형태를 분석하기 위한 다음의 세 가지 관심이 융합되어, 복잡한 방식으로 개발된, 설화에 관한 일반적 문학 이론들의 영향을 받은 구성 비평에 뿌리를 두고 있다.

✓ 중간의 음성을 설정함으로 저자와 독자 사이의 소통에 관해서

✓ 인물들, 구성, 그리고 상황과 같은 기본 요소들의 이야기 세계를 제시함으로

✓ 저자가 이야기를 있는 그대로 전달하기 위해 선택한 수사학적 기술들의 결합을 주시함으로

이처럼 새롭게 시도된 해석 방법은 SBL[74]의 '마가세미나' 회원들에 의해 추진되었다. 그들은 이 시도가 역사 비평의 한계를 돌파할 수 있는 방법이라고 확신하며 탐구하였다. 로데스(D. Rhodes)와 미치(D. Michie)에 의해 널리 알려진 이야기로서의 마가복음에 대한 관심[75]은 1980년대에 마태(J. D. Kingsbury)[76]와 요한(R. A. Culpepper),[77] 누가-행전(R. C. Tannehill)의 주요 설화 연구들[78]로 이어졌다. 이들 각각은 일반적인 문학 이론들을 자신의 방법으로 성서에 적용하였다. 1990년대에 들어 사도행전의 설화 비평가들은 누가복음과 사도행전을 하나의 확대된 설화로 계속해서 다루고 있다. 이러한 몇 가지 예를 마가복음에서 살펴볼 수 있다. 우선 마가는 새로운 이야기를 다른 이야기의 중간에 '삽입'(interpolation)하여 이야기의 박진감을 증가시키는 문학 기술을 사용한다.[79] 5장에서 마가는 회당장 야이로의 딸을 고쳐 주는 이야기를 소개한다. 아이가 위급하다는 말을 듣고 급히 야이

---

74) SBL(Society of Biblical Literature)은 1880년 창립된 이후로, 성서와 그 주변적 연구를 위한 가장 중요한 모임이 되었다. 일 년에 한 번 미주 전역의 주요 도시에서 개최되고 있다.

75) D. Rhodes and D. Michie, *Mark as Story*.

76) J. D. Kingsbury, *Matthew as Story* (Minneapolis: Fortress, 1988).

77) R. A. Culpepper, *Anatomy of the Fourth Gospel: A Study in Literary Genre* (Philadelphia: Fortress, 1983).

78) R. C. Tannehill, *(The) Narrative Unity of Luke-Acts* (Philadelphia: Fortress, 1986).

79) 이러한 문학적 기술은 '삽입'(intercalations), 혹은 '샌드위치'(sandwiches) 기법으로 알려져 있다. 막 3:20~35; 5:25~34; 6:7~31; 11:12~25; 14:1~11 등에서 이러한 예들을 찾아볼 수 있다.

로의 집으로 가는 도중에 예수께서는 혈루증 앓는 여인을 만나 시간을 지체하신다(5:25~34). 이로 인해서 독자들은 야이로의 딸에 대해 궁금증을 가지게 된다. 이야기는 혈루증 앓는 여인의 병을 고치신 후에 다시 회당장의 집에 당도하신 예수의 이야기로 되돌아간다.

또 다른 예로 '무화과나무의 저주'와 '성전 정화 사건'을 보게 된다 (11:12~25). 예수와 제자들이 베다니에서 예루살렘으로 갈 때, 예수가 무화과나무에 열매가 없음을 보고 저주하신다. 이어 예수께서는 예루살렘으로 들어가, 성전에서 돈 바꾸는 자들과 장사꾼들을 내쫓으셨다. 소위 '성전 정화' 후에 예수는 저녁에 베다니로 되돌아가셨다. 다음 날 아침, 그와 제자들이 예루살렘으로 들어갈 때에, 제자들은 무화과나무가 완전히 시들어 죽어 있는 것을 보았다. 역사적인 사건으로 이해하고자 할 때에, 이 저주 사건은 해석자에게 문제를 제기한다. '왜 예수는 다음에서 분명하게 말하는 것처럼, 무화과 열매의 수확 철이 아닌 때에 무화과로부터 열매를 기대하였는가?' 더욱이 이러한 이적은 복음서에 나타난 예수의 특성과 어울리지 않는다. 무화과나무의 저주는 자신이 먹기 원하는 무화과 열매를 끝내 찾지 못하자, 참을성 없는 사람처럼 행동한 사람으로 예수를 묘사한다. 그러나 무화과나무의 저주를 마가가 성전 에피소드를 해석하기 위하여 주로 사용한 문학적 고안으로 이해한다면, 이야기의 목적은 더욱 더 분명해진다. 무화과나무의 저주 이야기와 성전 에피소드를 함께 수용함으로써 마가는 독자들에게 성전에서의 예수의 행동은 단순히 적은 문제점들을 지닌 제도의 정화가 아니라는 것을 지적하고 있는 것이다. 성전에서의 예수의 행동과 예언적 선언들은 성전을 포함한, 온전한 종교 제도의 사망의 표식이었다. 무화과나무가 열매를 맺지 못하여 저주를 받은 것처럼, 성전 제도도 이제 '저주'를 받는다. 그리고 의의 열매를 생산하지 못하기 때문에 '시들 것'이다.

두 이야기는 각각의 의미를 전달한다. 이 밖에 마가의 '삽입' 문학적 기술에 대한 예들을 3장 20~35절, 6장 7~31절, 14장 1~11절, 14장 53~72절에서 찾아볼 수 있다.

또한 마가는 종종 모순(irony)의 방식으로 자신의 이야기를 전하고 있다.[80] 제자들은 예수와 가장 가까이 있었던 사람들이다. 하지만 그들은 예수의 사역을 이해하지 못했고, 예수에 대해 전적인 신앙 고백도 하지 못했다. 복음서 전체는 제자들이 가장 가까이에 있었으나 예수를 이해하지 못했다는 모순으로 가득하다. 제자들은 예수께 가장 가까이 있었던 자들로서 예수의 사역을 이해하는 것이 마땅했다. 그러나 그들은 예수를 이해하지 못했으며, 예수에 대하여 전적인 신뢰를 갖지 못했다. 하지만 그를 조롱하는 자들은 예수의 정체를 제대로 말하고 있었고, 이러한 모순 속에서 독자들은 예수가 누구인가를 다시 한 번 인식하게 된다. 예수에 대한 올바른 고백은, 예수를 조롱하던 로마 군인에 의해 행해진다. "유대인의 왕이여 평안할지어다"(15:18). 이와 같은 유사한 모순을 십자가 곁에 서서 예수를 조롱하던 사람들에게서도 찾아볼 수 있다. 예수를 조롱하는 대제사장들과 서기관의 말에서도 예수의 정체성이 드러난다. "그가 남은 구원하였으되 자기는 구원할 수 없도다 이스라엘의 왕 그리스도가 지금 십자가에서 내려와 우리가 보고 믿게 할지어다."(15:31~32)

이처럼 복음서를 정확한 역사적 문서로 생각하는 것에 익숙한 독자들은, 복음서 안에서 중요한 역할을 하고 있는 설화자들을 결코 보지 못했다. 설화자는 실제의 저자 혹은 이야기꾼이 아니다. 그는 저자의 문학적 고안으

---

80) 마가에 나타난 모순에 관한 많은 예들에 대해서는 J. Camery-Hoggatt, *Irony in Mark's Gospel: Text and Subtext*, SNTS Monograph Series 72 (Cambridge: Cambridge University Press, 1992), 5장을 참조하라.

로 생겨난 자다. 설화자는 독자들을 위해 본문의 의미에 대한 암시들을 제공하고 어떤 관점으로 이야기를 전달한다. 설화자의 능력은 어떤 작품 안에서 제한된다. 즉 그는 이야기 안에 있는 인물로, 다른 인물들과 동일한 관점으로 이야기를 보는 자다. 제한된 능력을 지닌 설화자는 이야기의 인물들이 알 수 없는 내적인 지식을 가지고 있지 않다. 하지만 어떤 작품에 있어서 이야기 밖에 서 있는 자이며, 사건을 말하는 자로서 이야기 안에 있는 인물들에게는 보이지 않는다. 그처럼 외부에 있는 설화자들은 종종 전지전능한 이야기꾼이다. 그는 이야기 안에 있는 인물들이 알고 있는 것보다 더 많은 것을 알고 있어서, 독자들에게 특수한 지식을 제공한다.

다른 복음서에서도 그렇지만, 마가복음에서 설화자는 후자의 유형에 속한다. 마가의 설화자는 이야기의 인물들이 가질 수 없는 관찰력을 독자들에게 제공하면서 전지전능한 자의 역할을 담당한다. 예를 들면, 설화자는 독자들에게 다양한 인물들의 행위뿐만 아니라, 그러한 인물들의 개인적인 생각과 행동에 대해서도 정보를 제공한다. 또한 마가복음 설화자는 독자들에게 사건을 해석하고, 그에 대한 의미와 해석을 제공하기도 한다. 이것의 가장 좋은 예를 13장 14절에서 찾아볼 수 있다. "멸망의 가증한 것이 서지 못할 곳에 선 것을 보거든 (읽는 자는 깨달을진저) 그 때에 유대에 있는 자들은 산으로 도망할지어다." 이곳에서 설화자는 직접 독자들에게 "읽는 자는 깨달을진저"란 언급을 하고 있다. 설화자는 독자들의 관심을 모으고 독자로 하여금 본문의 의미를 더욱 더 관찰하도록 권고한다. 다른 곳에서도 마가의 설화자는 유대 관습들을 설명하거나 아람어들을 해석하기 위하여 이야기를 중단한다. 7장 19절에서 그 예를 찾아볼 수 있다. "예수께서 이르시되 너희도 이렇게 깨달음이 없느냐 무엇이든지 밖에서 들어가는 것이 능히 사람을 더럽게 하지 못함을 알지 못하느냐 이는 마음으로 들어가지 아니하고 배로 들어가 뒤로 나감이라 이러므로 모든 음식물을 깨끗하다 하시니라"(7:18~19). 이곳에서 설화자는 정결과 불결에 대한 예수의 교훈에 대해 논한다. 독자인 우리는 설화자의 관점을 수용하면서 설화자의 눈으로 이야기를 보게 된다. 예수는 '좋은 사람'이고 예수의 적대자들은 '나쁜 사람'들이라는 것이, 바로 설화자가 우리에게 원하는 인식 방식이다.

2) 설화 비평의 적용

많은 설화 비평가들은 차트만(S. Chatmann)이 제안한 설화 전달 모델의 적용을 가지고 작업한다.[81] 아래의 도표가 명백히 하려고 시도하는 것처럼, '실제의(역사적, 육과 피) 저자'는 인물들이 하나의 음성이 되든 아니든 간에 설화자를 통하여 말함으로써 이야기를 전개하는 '의도된 저자'를 창조함으로 '실제의 독자'(오늘날 텍스트를 읽는 자)와 교통한다. '설화자'(Narratee)는 설화자(Narrator)에 의해 직접적으로 말을 전달받은 사람 혹은 사람들이다. 그리고 '의도된 독자'는 텍스트에 의해 전제된 혹은 생산된 원래의 독자인 '실제의 독자' 이미지다.

'실제의 저자'는 이처럼 텍스트 밖에 서 있기 때문에, '실제의 독자'에게

---

81) S. Chatmann, *Story and Discourse: Narrative Structure in Fiction and Film* (N.Y.: Cornell University Press, 1978).

유용한 저자는 '의도된 저자', 즉 텍스트를 읽는 동안에 진정한 독자에 의해 점차적으로 추론되고 선택되고 구조화된 이해력으로서의 '실제의 저자'의 복합상이다. 누가복음 1장 1~4절에서 찾아볼 수 있는 것처럼, 텍스트에 등장하는 저자를 만들어 내는 것은 전달을 시작하기 위한 심오한 수사학적 동기다(예. '데오빌로', 눅 1:3; 행 1:1). 그리고 사도행전의 유명한 '우리' 설화자(행 16:10~17과 20:5~15; 21:1~18; 27:1~28:16)와 요한계시록의 설화자(계 4:1; 5:1; 6:1)와 함께 저마다의 저자들은 이야기의 인물들로 참여하는 설화자들을 창조해 왔다.

성서 텍스트의 편집적인 의도에서 그의 음성이 훨씬 더 빈번하게 그리고 가장 명백하게 드러나지만, 눈에 보이지 않는 연사인 '의도된 저자'와 '설화자' 사이를 구분하는 것은 불가능하다. 이것은 특별히 '실제의 독자'가 설화자를 완전하게 믿음직한 자로 간주하는 경우다. 예를 들어, 사도행전 앞부분에서 설화자는 독자들에게 거듭해 외부의 지속적인 반대에 직면하였고 내부에도 많은 문제가 있었음에도 불구하고 교회에 놀라운 성령의 역사가 나타났다는 정보를 제공해 준다(행 2:43~47; 6:7; 9:31; 12:24). 그리고 '암시된 독자'는 이러한 사실들을 의심하지 않는다. 믿을 만한 설화자의 권위 있는 음성은 '의도된 저자'가 가능한 반대에 직면해서, 이야기 안에서 발생하는 것과 인물들의 성실함, 이 둘을 평가하기 위한 '의도된 독자' 자신의 규범으로 설정하고자 하는 관점을 표현한다. 예민한 '실제의 독자'들은 이처럼 베드로가 성령의 능력의 수여를 조정하였다는 시몬 마구스의 잘못된 판단(행 8:18)을 인지하도록 영향을 받는다.[82]

텍스트는 오늘날의 '실제의 독자'들에게 성서 설화의 원래 독자들에게

---

82) Tannehill, Ibid., 106.

다가갈 것을 허락하지 않는다. 그러나 '실제의 독자'들로 하여금 텍스트의 '의도된 독자'들의 관점에서 읽도록 하기 위해 노력한다. 즉 그들이 직면한 문제들과 상황에 텍스트의 메시지를 연관 짓도록 해 준다. '설화자' (narratee)는 누가복음 1장 3절과 사도행전 1장 1절의 데오빌로처럼 저자가 명백하게 텍스트를 말하는 문학적 인물이다. 대부분의 성서 이야기들에서 '의도된 독자'와 '설화자'(narratee)는 기능적으로 구분이 되지를 않는다. − 데오빌로, 설화자, 그리고 누가가 영향을 미치기 원했던 기독교인, 의도된 독자들. 왜냐하면 '설화자'는 양쪽 모두에게 명확하게 자신이 전하고자 하는 이야기의 개요와 설명을 전달하기 때문이다.

이처럼 설화 비평의 목표는 '실제의 독자'로 하여금 '의도된 독자'의 관점에서 텍스트를 읽도록 하는 것이다. 이러한 목표는 '실제의 독자'에게 '의도된 독자'에 의해 알려진 텍스트가 가정하는 지식을 얻기를 요구한다. 그리고 텍스트가 가정하지 않는 (독자가 알고 있는) 모든 것을 '잊도록' 요구한다.

V. 성서 해석의 과정

역사－문화적 상황과 신학적 분석에 기초하여 선택한 구절이 현재의 삶에 어떻게 적용될 수 있는지 깊이 명상하고 사색해야 한다. 사실에 기초하여 얻은 결과를 현대의 삶의 정황에 어떻게 적용할 것인지 고민해야 한다. 만약에 성서를 통해 주시고자 하는 하나님의 메시지가 시간과 문화를 초월한다면, 성서는 처음 말씀을 들은 청중과 동일하게 오늘 우리에게도 하나님의 계시로 다가올 것이다.

"자신이 해석하고자 하는 본문의 적합한 의미를 어떻게 찾아낼 수 있는 가?" 이 질문은 유대교와 기독교에서 각각 해석을 위한 '규칙들'을 낳게 하였다. 유대교에서는 랍비 힐렐(Hillel the Elder)이 정한 다음의 일곱 가지 해석의 법칙이 폭넓게 수용되었고,[1] 복음서에서도 이 규칙이 적용되었음을 찾아볼 수 있다.

(1) **사소한 것과 중요한 것**(light and heavy): 이 법칙에 의하면 '사소한' (혹은 덜 중요한) 경우에 있어서 사실로 받아들일 수 있는 것은, 더 '중요한' 경우에는 더욱 더 확실하게 실제적인 것으로 적용될 수 있다. 예를 들어, 예수께서는 제자들을 향해 새들을 돌보시는 하나님께서('가벼운'), 새들보다 귀한 그들을 돌보실 것이라는 사실('중대한')을 확신시키신다.(참조. 마 6:26; 눅 12:24)

(2) **동등한 규칙**(an equivalent regulation) 이 법칙에 따르면 어떤 구절에서 사용된 단어들 혹은 구들은 유사한 다른 구절들을 설명할 때도 사용될 수 있다. 한 예로, 예수께서는 다윗이 배고플 때에 지성소에 들어가 진설병을 먹어 법을 위반한 일(삼상 21:6)을 예로 들면서, 안식일법을 위반한 자신의 행위를 정당화하신다.(막 2:23~28)

(3) **한 구절로부터 주요한 원칙을 구성함**(constructing principal rule from one [passage]): 하나님은 죽은 자의 하나님이 아니라 산 자의 하나님이기 때문에, 불타는 가시나무에서 모세에게 "하나님 여호와 곧 아브라함의 하나님, 이삭의 하나님, 야곱의 하나님께서 나를 너희에게 보내셨다 하라"(출 3:14~15)고 말씀하신 것은, 아브라함이 부활할 것임을 암시한 것이다. 이 구절과 예수가 말씀하신 내용(막 12:26)으로부터, 부활의 일반적인 진리를 추

---

1) C. A. Evans, "Midrash," in *Dictionary of Jesus and the Gospels* (Downers Grove: InterVarsity Press, 1992), ed. by Joel B. Green, Scot Mcknignt, I. Howard Marshall, 544–545.

론할 수 있다.

(4) **두 문서(구절)로부터 주요한 원칙을 구성함**(constructing principal rule from two writings [or passages]) 소에게 망을 씌우지 말고(신 25:4), 제사장들과 제물을 나누라는 명령들(신 18:1~8)로부터 주를 위해 일하는 자들은 물질적인 지원을 받을 자격이 있다는 내용을 추론할 수 있다.(마 10:10; 눅 10:7; 고전 9:9, 13; 딤전 5:18)

(5) **일반적인 것과 특수한 것**(general and particular) 예수께서는 가장 큰 계명('일반적인')은 마음을 다하여 하나님을 사랑하고(신 6:4~5), 자기의 몸처럼 이웃을 사랑하는 것(레 19:18)이라 대답하시며, 모든 '특수한' 계명들을 요약하셨다.(막 12:28~34)

(6) **다른 곳(혹은 구절)과의 유사함**(like something in another place [or passage]): 만약에 인자가 옛부터 있었던 보좌에 앉아 계시다면(단 7:9), 그리고 만약에 메시아가 하나님의 우편에 앉아 계시면(시 110:1), 인자가 하늘로부터 구름을 타고 오셨을 때(단 7:13~14) 그가 하나님의 우편에 앉아 그의 원수들을 심판하실 것이라는 것을 알 수 있다. 이는 예수께서 가야바에 대한 답변을 통해 말씀하신 바가 무엇을 의미하는지 명백하게 보여 준다.(막 14:62)

(7) **상황으로부터의 교훈**(word of instruction from its context) 이 법칙은 이혼에 대한 예수의 교훈에서 예증된다(마 19:4~8). 비록 모세가 이혼을 허락한 것은 사실이지만(신 24:1~4), 창세기 1장 27절과 2장 24절 말씀이 의미하는 것처럼 하나님은 결혼 관계가 깨지는 것을 결코 원하시지 않는 것도 사실이다.[2]

---

2) 힐렐의 법칙은 2세기 이후에 유대교에서 더 많은 법칙들로 확대되어 실행되었다. 2세기 랍비인 이스마엘(Ishmael)에 의해 13개로, 후에는 랍비 엘리에잘(Eliezer)에 의해 32개의 규칙으로 확대되었다.

초기 기독교에서는 어거스틴(354~430년)의 해석 규칙들이 오랜 기간 동안 깊은 영향을 미쳤다. 그는 성서 해석을 위한 많은 규칙들을 보여 주고 있다. 람(Bernard Ramm)은 성서 해석을 위하여 어거스틴의 규칙들을 다음과 같이 정리하였다.[3]

(1) 해석자는 먼저 순수한 기독교 신앙을 소유하고 있어야 한다.

(2) 성서의 문자적·역사적 의미를 깊게 고려하여야 한다.

(3) 성서는 하나 이상의 의미를 지니고 있기 때문에 우화적 방법이 가장 적절한 해석 방식이다.

(4) 성서에 나타난 숫자는 모두 어떤 의미를 지니고 있다.

(5) 구약성서는 기독교 문서다. 왜냐하면 그것을 통해 그리스도가 묘사되었기 때문이다.

(6) 해석자의 과제는 저자의 의미를 이해하는 것이지, 텍스트에 자신의 의미를 부여하는 것이 아니다.

(7) 성서 해석에 있어서 해석자는 참되고 정통적인 신조를 고려해야 한다.

(8) 성서 구절은 그것의 상황 안에서 연구되어야 한다. 즉 그것을 둘러싼 구절들과 격리해서 고려해서는 안 된다.

(9) 만약에 어떤 텍스트의 의미가 명확하지 않다면, 그 구절에 있는 어느 것도 정통 신앙의 대상이 될 수 없다.

(10) 성령을 성서를 이해하는 데 필연적인 학문의 대용품으로 취급해서는 안 된다. 해석자는 히브리어, 헬라어, 지형, 그리고 다른 주제들에 대해 알아야만 한다.

(11) 모호한 구절은 명확한 구절에 의미를 양보해야 한다.

---

3) Bernard Ramm, *Protestant Biblical Interpretation* (Grand Rapids: Baker, 1970), 36-37.

(12) 해석자는 하나님의 계시가 지금도 진행되고 있다는 사실을 마음에 두어야 한다.

성서 해석에서 절대적인 방법이 있는 것이 아니다. 또한 성서의 모든 책들과 텍스트의 장르가 동일한 과정으로 해석될 수도 없을 것이다. 다만 성서 해석에 대한 전제와 성서 연구 비평을 염두에 두고서 선택한 본문에 적용할 수 있는 방법들을 찾아야 한다. 성서신학의 시작과 함께 발전해 온 방법론들을 염두에 두면서, 다음과 같은 성서 해석 과정을 구상할 수 있을 것이다.

1. 본문의 범위를 정하라!

성서의 '단위'(units)를 구분하고 있는 구절들은 원래의 성서 기자가 의도한 것이 아니다. 성서 기자는 자신의 책에서 장과 절을 구분하지 않았다. 장의 구분은 켄터베리 대주교인 랑톤(Stephen Langton, 1228)이 라틴어 성서(Vulgate)를 위해서 처음으로 구분한 것으로 알려지고 있으며, 절의 구분은 프랑스의 인쇄 직공 스테파누스(Robert Stephanus)가 만든 것이다. 하지만 엄밀한 의미의 장과 절의 구분은 카로(Caro)의 휴고(Cardinal Hugo)에 의해 13세기에 작성된 것으로 보인다. 따라서 해석자는 해석하고자 하는 텍스트가 포함되어 있는 단위를 위해 반드시 현재의 장과 절의 구분에 얽매일 필요가 없다.

해석자는 먼저 어디까지를 본문의 범위로 정할 것인지, 그렇게 함으로써 주어진 텍스트의 의미 전달이 명확해지는지 판단하여 결정해야 한다. 범위를 정할 때는 그것 자체가 독립적으로 지니고 있는 하나님의 음성을 파악

해야 한다. 번역 성서에서 단위들에 제공된 제목들을 주시하면서 내용의
윤곽을 이해할 수도 있다. 예를 들면, 개역개정판 성서는 마태복음 5장
38~42절(눅 6:29~30)을 묶어서 '악한 자를 대적하지 말라' 라는 단위의 제목
을 정해 주고 있다. 하지만 이러한 단위에 절대적 가치와 지나친 선입관을
가져서는 안 된다. 때로는 이 단위에 있는 모든 구절이 제목에 상응하는 것
은 아니다.

2. 본문의 위치를 파악하라!

앞뒤 문맥을 통해서 본문이 처해 있는 위치를 파악할 필요가 있다. 선택
한 본문이 전체의 맥락에서 연결상 어떠한 의미를 지니는지 파악해야 한다.
예를 들면, 마가복음 4장 1~20절(씨뿌리는 자의 비유)이 마가복음 전체에서
어떠한 의미를 지니고 있는지 이해할 수 있다.[4] 이곳에서 전형적인 비유의
양식이 처음으로 소개된다. 공관복음서 모두에 이 비유와 해석이 함께 기
록되어 있다. 비유는 일상생활에서 찾아볼 수 있는 주제를 가지고 누구나
쉽게 이해할 수 있도록 가르치는 것이다. 예수께서는 갈릴리 바닷가에서
저 멀리 씨 뿌리는 모습을 보시면서 농부가 씨를 뿌려도 밭에 따라 결실이
다르듯이, 말씀을 전하지만 불신과 경계의 마음을 가진 자들에게는 결실을
거둘 수가 없음을 말씀하셨다. 여기서 우리는 전형적인 팔레스타인 지역의
농경 풍경을 연상할 수 있다. 예수께서는 해가 진 후에 석양을 등지고 말씀
하셨을 것이다. 이 지역에서는 농부들이 뜨거운 햇살을 피하여 오후에 씨
를 뿌린다. 때는 아마도 이른 비가 내리는 11월 초순이었을 것이다. 그 동

---

4) 마가복음 4장 1~20절이 마가복음 전체에서 차지하는 의미에 대해서는 다음을 참조하였다. 유태
   엽, 「마가복음: 해석과 적용」 (고려글방, 2008), 155-56.

안 비난의 눈초리로 논쟁을 일삼아 온 자들의 행위를 지적하면서, 말씀을 듣는 마음의 태도가 얼마나 중요한지 비유를 통해 말씀하신다(참조. 2:6, 16, 24; 3:2). 일찍부터 예수의 말씀을 듣는 많은 군중들의 다양한 반응이 있었음을 알게 된다. 본문을 통해 네 종류로 구분할 수 있다. 굳은 마음을 가져 애초에 뿌리도 내리지 못하는 사람, 처음에는 기쁨으로 말씀을 수용하지만 곧 그것의 가치를 상실하는 사람, 말씀을 수용할 옥토를 지녔지만 세상적인 욕심으로 말씀이 삶 속에서 결실을 거두지 못하는 사람, 마지막으로 옥토와 같은 마음을 지녀 삶 속에서 많은 결실을 거두는 사람이다.

씨 뿌리는 자의 비유는 예수의 복음 전파의 삶의 정황을 파악할 수 있는 좋은 근거다. 더욱이 본문은 제자들과 군중 사이의 대립을 알려 준다. 마가는 이 4장 1~20절을 3장까지 예수의 사역을 불신의 눈으로 바라보고 적대시한 자들을 염두에 두고 이곳에 본문을 위치시켰으며, 앞으로 제자들을 준비시키고 있는 것이다.

3. 본문의 구조를 살펴보라!

해석하고자 하는 단위의 구절들을 구조적으로 분석해 도해 형태로 진열할 수 있다. 즉 저자가 의도하는 주제들이 어떻게 전개되고 있는지 조사함으로써, 해석하고자 하는 구절이 상황에 적합한지를 파악할 수 있다. 때로는 구조 분석을 통해서 저자의 의도를 정확히 찾아 낼 수 있다. 예수께서 레위를 부르시고 세리들과 함께 식사를 나누었던 보도(막 2:13~17)에서 다음과 같은 구조를 작성할 수 있다.[5]

---

5) 참조. Werner Stenger, *Introduction to New Testament Exegesis* (Grand Rapids: W. B. Eerdman, 1993), 62-63.

〈마가복음 2장 13~17절의 구조와 병행〉

13   a 예수께서 다시 바닷가에 나가시매
      b 큰 무리가 나왔거늘
      c 예수께서 그들을 가르치시니라

14   a 또 지나가시다가
      b 알패오의 아들 레위가
      c 세관에 앉아 있는 것을 보시고
      d 그에게 이르시되
      e 나를 <u>따르라</u> 하시니

      f 일어나
      g <u>따르니라</u>

15   a 그의 집에 앉아
      b 잡수실 때에
      c 많은 세리와 죄인들이 예수와 그의 제자들과 함께 앉았으니

      d 이는 그러한 사람들이 많이 있어서
      e 예수를 <u>따름이러라</u>

16   a 바리새인의 서기관들이
      b 예수께서 죄인 및 세리들과 함께 잡수시는 것을 보고
      c 그의 제자들에게 이르되
      d "어찌하여 세리 및 죄인들과 함께 먹는가"

17　a 예수께서 들으시고

　　b 그들에게 이르시되

　　c "건강한 자에게는 의사가 쓸 데 없고 병든 자에게라야 쓸 데 있느니라

----

　　d 나는 의인을 <u>부르러</u> 온 것이 아니요 죄인을 <u>부르러</u> 왔노라"

여기에서 알 수 있듯이 13절에서 예수께서 바닷가로 나가시면서 무대 장면이 바뀐다. 14절에서는 새로운 인물이 출현함으로써 13절과의 이야기 흐름이 단절된다. 15절에서 또다시 장면이 바뀌면서 역시 14절의 흐름을 단절시킨다. 예수께서 레위의 집에서 식사를 하시는데, 이때에 많은 죄인과 세리들이 동석한 것으로 보도된다. 16절에서 다시 새로운 인물이 나타난다(바리새인의 서기관들). 따라서 16절에서 식사를 하고 있던 예수의 일행의 식사는 단절되고 만다. 16절에서는 대화를 주고받기 때문에 본문 단위의 주요 단절이 생겨난다.

예수를 따르라는 명령(14a)은 실제적인 행위로 이어진다(14f~g). 더욱이 16절에서 바리새인의 서기관들이 예수께서 죄인과 세리들과 식사하시는 것을 보고 말한 내용을 분명하게 보여 준다. 17d에서의 주요 단어인 '부르러'는 14e에서 제시한 '따름'을 반향해 준다. 14절과 15절은 유사하게 연결될 수 있다. 15e의 논평에서 "예수를 따름이러라"는 구는, 확실하게 14g의 "따르니라"는 말을 회상시켜 준다. 마지막으로 14절에서 초청받은 세리는 15절 이하에 보도되고 있는 예수와의 식사에 참여한다.

이상 살펴본 것처럼 본문의 구조를 분석하는 작업을 통해 전체 본문의 일치와 핵심적인 의미를 파악할 수 있다. 이처럼 해석자는 자신의 이해로 본문의 구조를 분석해 보고 어떠한 병행이 존재하는지 이해할 필요가 있다.

4. 저자와 청중의 역사적 상황을 파악하라!

성서는 하늘에서 떨어진 책이 아니라 저자와 청중의 상황에서 나온 산물임을 기억해야 한다. 모든 텍스트는 출생지가 있기 때문에 저자, 작성 시기, 청중, 인물, 장소, 사건들은 해석자에게 중요한 정보를 제공한다. 따라서 일반적인 역사적 환경을 결정할 필요가 있다. 또한 주어진 행위에 의미를 더해주는 문화적 환경들과 규범들을 인식하고, 청중의 영적인 상태를 파악해야 한다. '해석하고자 하는 본문의 단위는 주변적인 사상들과 어떠한 연관성이 있는가?' '그것은 어떤 주요 사상들을 전개하는가?' '저자는 어떤 배경으로부터 그의 예증들을 가져왔는가?' '저자는 과거 문헌들 혹은 종교-철학적 사상들로부터 어떤 종류의 영향들을 가져왔는가?' 이러한 질문들에 대한 대답은 텍스트의 주관적 해석들과 결과의 오용에 대해 근본적인 점검과 균형을 제공한다. 이를 위해서는 개론서와 배경사에 관한 책들을 참조할 수 있다.

5. 본문이 담겨 있는 책의 기록 목적을 이해하라!

책의 기록 목적과 연관하여 주석할 본문을 이해할 필요가 있음을 주지해야 한다. 선택한 단위는 결코 책 전체의 기록 목적과 분리되어 독립적인 의미를 지닐 수 없다. 따라서 본문이 어떻게 기록 목적과 연관되며, 그것의 직접적인 상황에 적합한지를 이해해야 한다. 즉 선택한 구절이 목적을 논증하기 위한 흐름에 적합한지를 확인하고, 저자가 전달하고자 하는 견해를 결정해야 한다.

하나의 예로, '데오빌로'란 인물에 대한 규정은 누가-행전 전체의 기록 목적 안에서 규명될 수 있다. 누가는 자신의 작품(누가-행전)을 데오빌로란 인물에게 헌정하고 있다. "우리 중에 이루어진 사실에 대하여 처음부터 목격자와 말씀의 일꾼 된 자들이 전하여 준 그대로 내력을 저술하려고 붓을 든 사람이 많은지라 그 모든 일을 근원부터 자세히 미루어 살핀 나도 데오빌로 각하에게 차례대로 써 보내는 것이 좋은 줄 알았노니 이는 각하가 알고 있는 바를 더 확실하게 하려 함이로라"(눅 1:1~4, 참조. 행 1:1~2). 이 서론적 언급의 의미는 누가의 기록 목적이 무엇인지에 따라 매우 다르게 이해될 수 있다. 만약에 문서의 전체 목적이 '변증'(Apology)이라면, 누가는 작품을 시작하면서 로마의 고위 관리인 데오빌로에게 기독교의 기원과 발전을 설명하며 기독교는 로마 당국에 위험을 가져다주는 종교가 아님을 보이기 위한 것으로 설명할 수 있다. 하지만 누가 문서의 기록 목적이 복음의 확증에 있었다면 누가의 서론은 기독교 공동체 내에 있거나 아니면 공동체 밖에 있는 어떤 인물에게 기독교 신앙에 대한 이해를 더 깊게 하기 위해 문서를 서술하고 있다고 생각할 수 있다.

선택한 본문이 담고 있는 기록 목적에 대해서는 개론서와 주석서를 참조할 수 있다. 그러한 기록 목적을 염두에 두고 본문에 접근하는 것이 본문 해석에 있어 중요한 과정이 될 수 있다.

6. 본문에 나타난 주요 단어의 의미와 문법을 파악하라!

저자가 사용한 단위의 문학 형태와 역사적 상황들을 이해하는 노력을 마친 후에, 해석자는 이제 텍스트에 사용된 단어의 의미를 이해해야 할 위치에 와 있다. 주의 깊은 언어적 · 문법적 분석을 통하여, 텍스트의 번역을 시도해야 한다. 모든 중요한 단어와 동의어들은 사전, 단어집, 그리고 다른 문법책들을 통하여 이루어지게 된다. 해석자의 번역과 동의어에 관한 연구는 다른 주요 번역들과 문법과 구문의 비판적 연구들을 통해 점검할 수 있다.[6]

특히 단위 안에서 반복되어 나타나는 구 혹은 명백한 진술들을 주시해야 한다. 교훈적 · 훈계적 부분들을 관찰하고, 삭제되거나 강조된 주제들을 관찰해야 한다. 그리고 특수한 구절이 의도하고 있는 지명, 인명, 칭호들을 파악할 필요가 있다. 당시의 문화적 상황에서 저자가 사용한 단어의 다양한 의미를 파악하고, 저자의 의도를 파악할 수 있는 명백한 언급들을 조사해야 한다.

해석하고자 하는 텍스트를 설정하고 서술하기 위하여 본문 비평의 학문적 성과에 의존할 수 있다. 헬라어 혹은 히브리어 성서 하단에 모아진 '비평적 도구'(critical apparatus)들을 통하여 해석자는 자신이 사용하는 텍스트가 저자가 쓴 원래의 단어들과 가장 밀접한지 결정해야 한다. 해석자는 헬라어와 히브리어 단어들을 분해해 놓은 분해 성서를 살펴볼 수도 있다. 또 좋은 비평적 주석들과 개론 연구들도 도움이 될 수 있다. 고전어를 이해할 수 있는 해석자는 단위에 나타난 구절들을 직접 해석해 볼 수 있다.[7]

더불어 단락과 문장들 내에서의 연관적인 단어들을 규명하고, 그것들이 저자의 사상 전개를 이해하는 데 어떻게 도움이 되는지 규명하는 것이 필요하다. 즉 개개의 단어들이 무엇을 의미하는지 파악할 수 있다. 그 시대의 문화에서 한 단어가 품고 있던 다양한 의미를 결정하고, 주어진 상황에서 저자에 의해 의도된 단일 의미를 파악해야 한다.[8] 그런 다음에 그것이 어떻

---

6) F. F. Kearley, *Biblical Interpretation: Principles and Practice* (Grand Rapids: Baker Book House, 1986), 43 이하.

7) Kearley, Ibid., 43 이하.

8) 이러한 작업에는 *Theological Dictionary of the New Testament*와 *Theological Dictionary of the Old Testament*와 같은 책들이 도움이 된다.

게 한 구절의 이해에 공헌하는지를 보여 주기 위해 구문을 분석할 수 있다. 더 나아가 문법적 분석을 시도할 수 있다.

7. 본문의 문학적 장르를 이해하라!

성서 안에는 법, 설화, 시, 지혜, 예언, 비유, 소설, 우화, 서신 등 다양한 문학 장르가 있다. 이러한 구분은 이미 양식 비평에 의해 밝혀졌다. 저자는 자신이 전달하고자 하는 텍스트의 의미를 위해서 선택한 문학 형태를 통해 이야기를 전달하였다. 따라서 해석자는 저자가 사용한 문학 형태를 규정할 필요가 있다. 어떠한 문학작품을 읽기 전에 먼저 그것의 장르가 무엇인지 파악하면 책을 이해하는 데 도움이 된다. 즉 그것이 시라면 시로, 수필이라면 수필로, 편지라면 편지로 텍스트를 읽어야 한다. 신약성서의 서신들을 예로 들 수 있다. 신약성서에는 21개의 서신이 포함돼 있다. 대부분의 편지들은 당시의 헬라의 편지 양식을 따르고 있다. 헬라의 편지는 일반적으로 다음과 같은 형식적인 구조를 취했다.

1. 서론 : 발신자가 수신자에게 '은혜'(charis)란 축복의 용어로 문안인사를 한다.
2. 감사 : 신이 자신들을 지켜주심에 감사한다.
3. 본론 : 편지를 쓰는 이유에 대해 서술한다.
4. 윤리적 권고 : 편지를 맺기 전에 항상 일반적인 도덕적 교훈에 대해 언급한다.
5. 결론 : 다시 한 번 권고하고, 평화를 기원하면서 인사를 한다.

신약성서 서신들을 적합하게 해석하기 위해서는 위와 같은 구조를 염두에 두어야 할 것이다. 예를 들어, 갈라디아서에서 바울은 자유의 복음을 강하게 변증한 후에 갑자기 편지의 후반인 갈라디아서 5장 1절~6장 15절에서 앞부분과는 연관성이 없는 윤리적 교훈에 대해 말하고 있다. 그레코-로마 세계에서는 편지를 맺기 전에 관습적으로 일반적인 윤리사항을 권면하였다. 문학 장르와 함께 이러한 관습을 이해할 때, 해석자는 편지의 전체 구조 안에서 단락을 바로 이해할 수 있다.

<신약서신 구조의 개요>[9]

	데살로니가전서	고린도전서	고린도후서	갈라디아서	빌립보서	로마서
I. 인사						
A. 발신자	1:1a	1:1	1:1a	1:1~2a	1:1	1:1~6
B. 수신자	1:1b	1:2	1:1b	1:2b	1:1	1:7a
C. 문안	1:1c	1:3	1:2	1:3~5	1:2	1:7b
II. 감사	1:2~10					
	2:13	1:4~9	1:3~7	—	1:3~11	1:8~17
	3:9~10					
III. 본론			1:8~9:14			
	2:1~3:8	1:10~4:21	10:1~13:10	1:6~4:31	1:12~2:11	1:18~11:36
	(아마도 3:11~13)			3:1~4:1		
				4:10~20		
IV. 윤리적 권고	4:1~5:22	5:1~16:12	13:11a	5:1~6:10	2:12~29	12:1~15:13
		16:13~18		6:11~15	4:2~6	15:14~32
V. 결론						
A. 평화 기원	5:23~24	—	13:11b	6:16	4:7~9	15:33
B. 문안	—	16:19~20a	13:13	—	4:21~22	16:1~15
C. 입맞춤	5:26	16:20b	13:12	—	—	16:16
사도의 명령	5:27	16:22	—	6:17	—	—
D. 축복	5:28	16:23~24	13:14	6:18	4:23	16:20

또한 선택한 본문이 연설이라면, 당시의 설득 기술인 수사학의 구조에 따라서 본문을 이해할 수 있다. 성서는 설득의 목적이 있기에, 어거스틴은 당연히 수사학적 이해를 가지고 성서를 읽어야 한다고 보았다.[10] 기본적인 고전 수사학의 구조는 다음과 같다.[11]

〈표준 연설〉	〈논제〉
I. 서언(Exordium)	1. 서언
	2. 명제
II. 서술(Narratio)	3. 이유(이론적 설명)
	4. 반대 명제(대조)
III. 지지 논증(Confirmatio)	5. 유추(비교)
	6. 예
	7. 인용(권위)
IV. 결어(Conclusio)	8. 결어

8. 본문 해석에 필요한 다른 자료들(작품들)을 참조하라!

그레코-로마 시기의 문학과 관습에 대한 이해는, 때때로 성서 해석에 큰 도움을 제공한다. 예를 들어, 1세기 유대 역사가인 요세푸스의 작품[12]들은

---

9) Calvin J. Roetzel, *The Letters of Paul: Coversations in Context* (Westminster: John Knox, 1991), 75–79.

10) *De doctrina Christiana*, Book 4, PL 34, 89~122. 참고. J. J. Murphy, *Rhetoric in the Middle Ages. A History of Rhetorical Theory from St. Augustine to the Renaissance* (Berkley, C.A.: University of California, 1974), 47–63.

11) 벌턴 맥, 「수사학과 신약성서」, 유태엽 역 (나단출판사, 2001), 66.

12) 요세푸스(37/38~110년)는 유대의 역사가요 변증가로, 성서 연구를 위해 매우 귀중한 저서를 남겼다. 「유대전쟁사」(66~73년), 「유대고대사」(93/94), 「생애」(100경), 「아피온에 반대하여」(100년경).

성서 해석에서 매우 중요한 자료가 되고 있다. 특히 신약성서 시대의 사회적 정서와 종교적 배경에서 그러하다. 한 가지 예로, 요세푸스가 전해 주는 세례 요한의 최후에 관한 이야기는 마가복음 6장 14~29절(마 14:1~12; 눅 9:7~9)을 이해하는 데 도움이 된다. 마가는 헤롯이 세례 요한을 처형한 이유가, 요한이 헤로디아와 불법적인 결혼을 한 헤롯의 잘못을 지적하였기 때문이라고 보도한다. 하지만 요세푸스는 이러한 동기 외에 분봉왕 헤롯이 세례 요한을 처형한 숨겨진 이유에 대해서 말한다. 고대사(18.116~119)에서 요세푸스는 이 사건에 대해 다음과 같이 논평한다.

그러나 어떤 유대인들에게 헤롯 군대의 멸망은 하나님의 보응으로, 확실히 공정한 보응으로 받아들여졌다. 왜냐하면 세례자라는 별명을 가진 요한에 대한 그의 처리 때문이다. 요한은 선한 사람이었으며 유대인들에게 의로운 삶을 살도록 인도하고, 그들이 이웃에게는 정의를, 하나님에 대해서는 경건을 행하도록 하였다. 그럼으로써 세례를 받도록 인도했음에도 불구하고 유대인들은 결코 자신들이 범한 어떤 종교적인 죄를 용서받고자 세례를 받지 않았고, 영혼이 이미 의로운 행위를 통해 깨끗해졌다는 것을 의미하는 육체의 정화로 받아들였다. 많은 사람들이 요한의 설교에 자극받았고, 그들이 군중과 결합되었을 때 헤롯은 크게 놀랐다. 왜냐하면 그들은 모든 일에서 요한에게 이끌릴 수 있는 것처럼 보였기 때문이다. 실제로 사람들에게 그처럼 커다란 영향력을 행사하는 설교는 어떤 형태의 선동을 가져올 수 있었다. 헤롯은 그의 행위가 폭동으로 이어지기 전에 먼저 타격을 가해 그를 제거하는 것이, 앞서서 폭동을 기다리다가 어려운 상황에 빠지는 실수를 자초하는 것보다 좋다고 생각하였다. 비록 헤롯의 의심 때문에 요한이 우리가 이전에 언급한 요새인 마케루스로 결박당한 채 끌려가 죽임을 당했지만, 유대인들은 하나님이 헤롯에게 벌을 내리는 것을 당연한 일로 생각했고, 헤롯의 군대가 파멸당한 것 역시 요한의 복수라고 생각했다.[13]

또 다른 예로 초기 기독교가 생겨난 시대에 관습적으로 행하였던 향연에 대한 이해는, 누가에서 그리고 있는 많은 식탁과 관련된 교훈들을 이해하는 데 매우 유익하다.[14] 헬라의 전형적인 식사는 두 부분으로 나눠져 있었다.[15] 그날의 주요 메뉴를 함께 나누는 데이프논(δεῖπνον)과 식사 후에 술과 간단한 음료를 나누는 숨포지온(συμπόσιον)이다. 후자인 심포지엄(symposium)은 형식이 갖춰진 식사 후에 이어졌던, 음료수를 마시며 대화하는 모임이었다.[16] 동료들과 디저트를 함께 하며 담소할 뿐만 아니라, 진지하게 상호간의 주제에 대해 토론하는 시간이기도 했다. 또 참석자들은 코타보(kottabos)라는 전통 게임도 즐겼다.[17] 철학학파에서는 심포지엄에서 게임 대신 진지한 철학적 대화를 나누었으며, 일정한 주제를 정해 놓고 돌아가면서 그 주제에 대해 자신의 견해를 나누며 토론하였다. 종교적 이해 때문에 모인 그룹에서는 이 시간에 공동체를 위한 예배 의식을 행하며, 자신들의 신앙 고백을 선언하였다.

심포지엄에 참여한 사람들은 방문 입구에 정돈돼 있는 소파를 중심으로

---

13) 스티브 메이슨, 「요세푸스와 신약성서」, 유태엽 역 (대한기독교서회, 2002), 210-11. 필자의 사역임을 밝힌다.
14) Dennis E. Smith, *From Symposium to Eucharist: The Banquet in the Early Christian World* (Minneapolis: Fortress, 2003).
15) 유태엽, "헬라의 심포지엄과 누가의 혁명적 예수상," [신학과 세계] 48 (2003): 133-156.
16) 심포지엄은 '주의 만찬' 장면에도 반영되었다. "저녁 먹은 후에 잔도 그와 같이 하여"(눅 22:20), "식후에 또한 그와 같이 잔을 가지시고"(고전 11:25).
17) 손님들은 방 한가운데에 있는 목표물에 자신의 컵에 남아 있는 포도주의 마지막 방울을 누가 가장 정확하게 뿌리는지를 겨루는 대중적인 게임을 즐겼다. 참조. A. Brian Sparkes, "Kottabos: An Athenian After-Dinner Game," *Archaeology* 13 (1960): 202-7.

'트라이크리니움'(triclinium)이라고 하는 U자형으로 자리를 잡고 기대어 누웠다.[18] 주인은 사회적 지위에 따라서 손님들에게 자리를 정해 주어야 했다. 식탁에서의 위치가 다른 손님들과의 상대적인 지위를 의미하기 때문에, 주인은 자신을 기준하여 오른편으로 돌아가면서 그 사람의 명예에 합당한 자리를 정해 주기 위해 특별한 관심을 기울여야만 했다. 일반적으로 방 입구에서 시작하여 오른쪽으로 돌아갈수록 사회에서 신분이 낮은 사람이 자리를 잡게 되었다. 따라서 주인의 바로 옆 오른쪽에 있는 사람이 사회적으로 가장 높은 지위를 지닌 사람이었다. 하지만 이러한 자리 배정은 잔치에 늦게 도착한 손님들 때문에 때때로 혼선을 가져왔다. 플루타크(Plutarch)는 신분이 높은 손님이 늦게 도착하여 자신에게 적합한 비어 있는 자리를 발견하지 못하자, 화를 내고 떠나는 상황을 소개하고 있다.[19]

나의 형제 티몬은 어느 때인가 저명한 손님들을 초대하고서, 그들로 하여금 방으로 들어가 각자 자신이 원하는 곳에 자리를 잡고, 기대라고 말하였다. 초대받은 사람들 가운데는 시민들이 있는가 하면 외국인도 있었고, 친척과 친구도 있었다. 한 마디로 말해서, 여러 종류의 사람들이 모이게 되었다. 드디어

---

18) triclinium에 대해서 다음과 같이 생각해 볼 수 있다.

⑮ ⑭ ⑬ ⑫ ⑪ ⑩ ⑨

〈방 입구〉　　　　　　　　　　⑧

① ② ③ ④ ⑤ ⑥ ⑦

19) 참조. M. Eugene Boring, Carston Colpe, Klaus Berger, eds., *Hellenistic Commentary to the New Testament* (Nashvill: Abingdon Press, 1995), 220~221. 누가의 예수도 이와 동일한 상황에 대해서 말해 주고 있다. "청함을 받은 사람들이 높은 자리 택함을 보시고 그들에게 비유로 말씀하여 이르시되 네가 누구에게나 혼인 잔치에 청함을 받았을 때에 높은 자리에 앉지 말라 그렇지 않으면 너보다 더 높은 사람이 청함을 받은 경우에 너와 그를 청한 자가 와서 너더러 이 사람에게 자리를 내주라 하리니 그 때에 네가 부끄러워 끝자리로 가게 되리라 청함을 받았을 때에 차라리 가서 끝자리에 앉으라 그러면 너를 청한 자가 와서 너더러 벗이여 올라 앉으라 하리니 그 때에야 함께 앉은 모든 사람 앞에서 영광이 있으리라"(눅 14:7~10).

많은 손님들이 모여 자리를 잡았을 때에, 한 외국인이 도착하였다. … 그는 자리를 잡고 기대어 있는 손님들을 둘러보았다. 그리고는 안으로 들어오기를 거절하고 나가버렸다. 많은 손님들이 뛰어가서 그를 붙잡으려 했지만, 그는 자신에게 적절한 자리가 없다고 말하였다.

[*Moralia*, "Table-Talk" 1.2, 1-5 (45-125 CE)]

심포지엄에 함께한 사람들은 모두가 왼쪽 팔꿈치로 기대고 오른손으로 음식을 먹었다. 따라서 자신의 오른쪽에 있는 사람은 자신의 가슴쪽에 가까이 있게 되었다. 기대어 앉는 자세는 부와 권력을 표현하였다. 자유 시민만이 식탁에서 기댈 수가 있었다. 반면에 여인, 노예, 아이들은 식탁에 앉아서 음식을 먹어야만 했다.[20] 식사에 참여한 모든 자들이 동일한 음식을 먹거나 동일 양을 제공받는 것은 아니었다.[21] 어떤 손님들은 다른 양과 질로 특별 대우를 받았다. 음식에 따라서 그 사람의 신분을 엿볼 수 있었다.[22]

복음서에서도 심포지엄에 참석한 자들의 자세에 대해 언급하고 있다. "예수의 제자 중 하나 곧 그의 사랑하시는 자가 예수의 품에 의지하여 누웠는지라"(요 13:23). "아브라함과 그의 품에 있는 나사로를 보고"(눅 16:23). 일반적으로 주빈의 품에 기대어 앉는 자는 잔치를 마련한 주인이었다. 그는 잔치의 주인공이었던 것이다.

---

20) Dennis E. Smith, "Social Obligation in the Context of Communal Meals," Diss. Harvard, 1980, 101-77. 참조. "앉아서 먹는 자가 크냐 섬기는 자가 크냐 앉아 먹는 자가 아니냐 그러나 나는 섬기는 자로 너희 중에 있노라"(눅 22:27).
21) Richard I. Pervo, "Wisdom and Power: Petronius' Satyricon and the Social World of Early Christianity," *ATR* 67 (1985), 311-13.
22) 이러한 현상이 고린도 교회에서도 발생하였다(참조. 고전 11:20~34).

9. 본문의 의미를 명상하고 적용하라!

이제는 역사—문화적 상황과 신학적 분석에 기초하여 선택한 구절이 현재의 삶에 어떻게 적용될 수 있는지 깊이 명상하고 사색해야 한다. 사실에 기초하여 얻은 결과를 현대의 삶의 정황에 어떻게 적용할 것인지 고민해야 한다. 만약에 성서를 통해 주시고자 하는 하나님의 메시지가 시간과 문화를 초월한다면, 성서는 처음 말씀을 들은 청중과 동일하게 오늘 우리에게도 하나님의 계시로 다가올 것이다.

"내 아들아 네가 만일 나의 말을 받으며 나의 계명을 네게 간직하며 네 귀를 지혜에 기울이며 네 마음을 명철에 두며 지식을 불러 구하며 명철을 얻으려고 소리를 높이며 은을 구하는 것 같이 그것을 구하며 감추어진 보배를 찾는 것 같이 그것을 찾으면 여호와 경외하기를 깨달으며 하나님을 알게 되리니 대저 여호와는 지혜를 주시며 지식과 명철을 그 입에서 내심이며 그는 정직한 자를 위하여 완전한 지혜를 예비하시며 행실이 온전한 자에게 방패가 되시나니 대저 그는 정의의 길을 보호하시며 그의 성도들의 길을 보전하려 하심이니라."(잠 2:1~8)

VI. 성서 해석의 실제

늘어서 얻은 자식을 번제로 드리라는 하나님의 요구는 인간적으로 볼 때 너무나 잔인해 보인다. 하지만 이러한 명령에 말없이 순종한 아브라함의 행동을 통해서 우리는 믿음의 본질이 무엇인지를 생각해 보게 된다. 믿음은 인내를 동반하는 것이다. "환난은 인내를, 인내는 연단을, 연단은 소망을 이루는 줄 앎이로다"(롬 5:3~5). 고통 속에 숨어 계신 하나님은 아브라함을 버리지 않으셨다. 때로는 하나님의 침묵 속에 인간을 향한 위대한 사랑과 축복이 숨겨져 있음을 보게 된다.

1. 창세기 22장 1~19절

1 그 일 후에 하나님이 아브라함을 시험하시려고 그를 부르시되 아브라함아 하시니 그가 이르되 내가 여기 있나이다 2 여호와께서 이르시되 네 아들 네 사랑하는 독자 이삭을 데리고 모리아 땅으로 가서 내가 네게 일러 준 한 산 거기서 그를 번제로 드리라 3 아브라함이 아침에 일찍이 일어나 나귀에 안장을 지우고 두 종과 그의 아들 이삭을 데리고 번제에 쓸 나무를 쪼개어 가지고 떠나 하나님이 자기에게 일러 주신 곳으로 가더니 4 제삼일에 아브라함이 눈을 들어 그 곳을 멀리 바라본지라 5 이에 아브라함이 종들에게 이르되 너희는 나귀와 함께 여기서 기다리라 내가 아이와 함께 저기 가서 예배하고 우리가 너희에게로 돌아오리라 하고 6 아브라함이 이에 번제 나무를 가져다가 그의 아들 이삭에게 지우고 자기는 불과 칼을 손에 들고 두 사람이 동행하더니 7 이삭이 그 아버지 아브라함에게 말하여 이르되 내 아버지여 하니 그가 이르되 내 아들아 내가 여기 있노라 이삭이 이르되 불과 나무는 있거니와 번제할 어린 양은 어디 있나이까 8 아브라함이 이르되 내 아들아 번제할 어린 양은 하나님이 자기를 위하여 친히 준비하시리라 하고 두 사람이 함께 나아가서 9 하나님이 그에게 일러 주신 곳에 이른지라 이에 아브라함이 그 곳에 제단을 쌓고 나무를 벌여 놓고 그의 아들 이삭을 결박하여 제단 나무 위에 놓고 10 손을 내밀어 칼을 잡고 그 아들을 잡으려 하니 11 여호와의 사자가 하늘에서부터 그를 불러 이르시되 아브라함아 아브라함아 하시는지라 아브라함이 이르되 내가 여기 있나이다 하매 12 사자가 이르시되 그 아이에게 네 손을 대지 마라 그에게 아무 일도 하지 말라 네가 네 아들 네 독자까지도 내게 아끼지 아니하였으니 내가 이제야 네가 하나님을 경외하는 줄을 아노라 13 아브라함이 눈을 들어 살펴본즉 한 숫양이 뒤에 있는데 뿔이 수풀에 걸려 있는지라 아브라함이 가서 그 숫양을 가져다가 아들을 대신하여 번제로 드렸더라 14 아브라함이 그 땅 이름을 여호와 이레라 하였으므로 오늘날까지 사람들이 이르기를 여호와의 산에서 준비되리라 하더라 15 여호와의 사자가 하늘에서부터 두 번째 아브라함을 불러 16 이르시되 여호와께서 이르시기를 내가 나를 가리켜 맹세하노니 네가 이같이 행하여 네 아들 네 독자도 아끼지 아니하였은즉 17 내가 네게 큰 복을 주고 네 씨가 크게 번성하여

하늘의 별과 같고 바닷가의 모래와 같게 하리니 네 씨가 그 대적의 성문을 차지하리라 18 또 네 씨로 말미암아 천하 만민이 복을 받으리니 이는 네가 나의 말을 준행하였음이니라 하셨다 하니라 19 이에 아브라함이 그의 종들에게로 돌아가서 함께 떠나 브엘세바에 이르러 거기 거주하였더라

1) 본문 이해

하나님의 명령에 따라 아브라함이 이삭을 번제물로 드리고자 하였던 본문 내용은, 구약성서 전체를 통하여 신학적인 면에서나 문학적 기법에서 가장 뛰어난 부분으로 인정받고 있다.[1] 22장은 내용에 있어서 앞장인 21장과 병행을 이룬다. 22장의 올바른 이해를 위해서는 앞장과 연관하여 이해해야 한다.[2]

21장	22장
하나님이 이스마엘의 배제를 명하심 (21:12~13)	하나님이 이삭의 희생을 명하심 (22:2)
음식과 물을 줌(21:14)	번제의 재료를 취함(22:3)
여행(21:14)	여행(22:4~8)
죽기 직전의 이스마엘(21:16)	죽기 직전의 이삭(22:10)
하늘에서 하나님의 사자가 부름 (21:17)	하늘에서 여호와의 사자가 부름 (22:11)
"두려워 말라"(21:17)	"하나님을 경외하다"(22:12)
"하나님이 들으셨다"(21:17)	"나의 말을 준행하였다"(22:18)

---

1) 고든 웬함, 「창세기 16–50」, *World Biblical Commentary*, 윤상문. 황수철 옮김 (솔로몬, 2001), 219.
2) 웬함, Ibid., 220.

"내가 그로 큰 민족을 이루게 하리라" (21:18)	"네 씨로 별과 모래 같게 하리라" (22:17)
하나님이 그녀의 눈을 열어 우물을 보게 하심(21:19)	아브라함이 눈을 들어 숫양을 봄 (22:13)
하갈이 아이에게 물을 마시게 함 (21:19)	아브라함이 숫양을 제물로 바침 (22:13)

22장은 12장의 아브라함의 소명과 연관돼 있다. "내가 너로 큰 민족을 이루고 네게 복을 주어 네 이름을 창대하게 하리니 너는 복의 근원이 될지라 너를 축복하는 자에게는 내가 복을 내리고 너를 저주하는 자에게는 내가 저주하리니 땅의 모든 족속이 너로 말미암아 복을 얻을 것이라 하신지라"(창 12:2~3). 22장이 창세기뿐만 아니라 모세 오경 전체에서 그토록 중요한 위치를 차지하는 것은 바로 여기서 확증되고 있는 약속의 범주 때문이다. 12장 2~3절에서 하나님이 아브라함에게 처음으로 주신 말씀은 땅과 후손과 우주적인 축복으로서 공로가 필요 없는 거저 주시는 약속이었다. 때로 믿음을 보이다가도 또 믿음 없이 행하였던 아브라함의 변덕스러운 태도는, 기대했던 것보다도 약속의 성취를 더 지연시킨 후에 마침내 이루어졌음을 의미했다. 그는 노년에 이르러서야 고작 아들 한 명과 가나안의 우물 하나를 사용할 수 있는 권리를 겨우 가지게 되었다. 그러나 결국 하나님에 대한 충실한 믿음을 보임으로써 이전의 약속뿐만 아니라 이후의 약속을 능가하는 보상을 받는다.

즉 여호와는 아브라함을 갈대아 우르에서 불러 내어 처음으로 많은 후손들과 천하 만민에게 복주겠다는 약속을 하셨다. 그러나 이와 관련해 아브라함의 생애 가운데 그 어떤 말도 없었다. 마침내 이곳에서 여호와께서는 자신의 이름을 걸고 맹세함으로 말씀을 보증하신다. "내가 네게 큰 복을 주고 네 씨가 크게 번성하여 하늘의 별과 같고 바닷가의 모래와 같게 하리니 네 씨가 그 대적의 성문을 차지하리라 또 네 씨로 말미암아 천하 만민이 복을 받으리니 이는 네가 나의 말을 준행하였음이니라 하셨다 하니라"(창 22:17~18). 수십 년 전에 처음으로 아브라함과 맺어진 모든 약속은 이제 여호와에 의해 무한적 확장되고 보장된다. 이러한 여호와의 약속은 이스라엘 민족사에 있어서 신학적으로 중요한 위치를 차지하고 있다.

2) 본문 해석

1~2절 "하나님이 아브라함을 시험하시려고" 22장에서 '하나님'이라는 칭호는 세 번 사용된다(1, 3, 8, 9절). 반면에 '여호와'라는 칭호는 하늘에서 사자가 아브라함을 부를 때만 한 번 사용된다(11절). 칭호의 사용을 통해서 어떠한 신학적 의도를 상상할 수 있다. 델리취(Delitzsch)는 "이삭을 바칠 것을 아브라함에게 요구하시는 분은 창조주 '하나님'이시지만, 약속된 아들이 죽을 수 있기 때문에 사자를 통해서 그러한 극단적인 행위를 금하게 하시는 야웨"[3]라고 말한다.

이전에도 하나님은 아브라함을 만민의 복의 근원으로 삼기 위해 갈대아 우르를 떠남(12:1 이하), 기근(12:10 이하), 세 명의 천사 방문(18:1 이하) 등 여러 번 그를 시험하셨다.[4] 이곳에서 하나님이 아브라함을 곤경에 빠뜨리신 것은, 다시 한 번 그의 신앙을 확증하여 믿음을 굳게 하시려는 일종의 시험이었다(신 13:3). 하나님이 아브라함을 시험하시는 목적은 "네 마음이 어떤 생각을 품고 있는지, 네가 하나님의 명령을 지킬 것인지 아닌지"(신 8:2; 참

---

3) 웬함, Ibid., 225에서 재인용.
4) 게르하르트 폰 라드, 「창세기」, 한국신학연구소 역 (한국신학연구소, 1983), 263.

조. 출 16:4)를 알아 내서 "결국은 네게 유익을 주고 너를 겸손케 하기 위함" (신 8:16; 참조. 히 12:5~11)이었다.[5]

"네 사랑하는 독자" 이삭이 어떤 아들인가? 100세에 얻은 아들이 아닌가? 하나님이 아들을 주겠다고 약속하실 때, 아브라함은 졸고 있었다(창 15:12 이하). 즉 그것은 하나님의 일방적인 약속이었다. 아들을 주신 이는 분명 하나님이시다. 아브라함은 아들 이삭을 지금까지 정성껏 키웠다. 하지만 줄 때는 언제고 이제는 달라 하는가? 자식에 대한 부모의 정은 시대를 넘어 불변적인 것이다.

"모리아 땅" 역대하 3장 15절에 의하면 '모리아'는 예루살렘 성전이 있었던 곳과 동일시된다. 70인역(LXX)에서는 '높은 땅'으로, 시리아 역에서는 '아모리인의 땅'으로 되어 있다. 더욱 관심이 가는 바는 불가타 역에서는 '모리아'란 단어가 '비전의 땅'으로 번역되고 있다는 사실이다.

"번제로 드리라" 번제는 제단 위에 짐승을 놓고서 통째로 불태우는 것을 말한다. 번제는 짐승이 자신의 죄를 대속한다는 의미를 갖는다. 고대 사회에는 자식을 드리는 전통이 있었던 것으로 보인다(예. 삿 11:31~40; 왕하 3:27; 17:17). 따라서 이삭을 드리라는 명령은 어떤 상징적인 의미를 함축하고 있는 것이 아니라, 실제로 인신 제사를 행하라는 끔찍한 요구였다. 하나님의 이러한 요구는 이치상으로도 맞지 않는다. 왜냐하면 이삭이 죽는다면 아브라함을 통한 모든 약속의 성취가 수포로 돌아가기 때문이다. 인간을 제물로 바치는 관습은 적어도 포로기 생활 전까지 실행되었던 것으로 보인다.

3~4절 "아침에 일찍" 여기에서 하나님의 명령에 대한 아브라함의 즉각적인 순종을 볼 수 있다. 앞에서도 아브라함은 이스마엘을 내어 쫓으라는

---

5) 웬함, Ibid., 226.

하나님의 명령에 주저하지 않았다.(21:14; 참조. 19:27; 20:8)

"안장을 지우고 … 데리고 … 나무를 쪼개었다" 연속으로 '바브'(ㅘ, 그리고)를 사용함으로써 아브라함이 하나씩 여행 준비를 하고 있음을 보게 된다. 하지만 여행을 떠날 때는 일반적으로 땔감으로 사용할 나무를 먼저 준비하고, 그런 다음에 노새에 안장을 지우고, 아이를 데리고 길을 떠나는 것이 이치상으로 맞는다. 노새에 안장을 먼저 지우는 아브라함의 행위에서 우리는 자신이 감당할 엄청난 일에 큰 충격을 받고 혼미해진 아브라함의 정신 상태를 엿보게 된다.

"제 삼일에" 아브라함은 번제로 드릴 이삭을 데리고 '삼일' 길을 걸었다. 족장 시대에 삼일이라는 기간은 어떤 중요한 일을 준비하기 위해 필요한 기간이었다(참조. 창 31:22; 40:20; 42:18). 또한 이스라엘 백성이 하나님께 제사를 드리려고 찾아가는 장소 역시 광야 길로 삼일 거리에 있었다(출 3:18; 5:3). '셋째 날'이라는 구는 여호와께서 시내산에 나타나시어 말씀하실 때에 두 번 사용된다(출 19:11, 16). 하지만 이번에는 경우가 다르다. 자기 자식을 번제로 드리기 위해 아브라함은 삼일 길을 걸어야만 했다. 잔인하신 하나님이시다. 삼일의 여정은 아브라함을 시험하기 위한 과정이었지만, 한편 자신이 죽여야 할 자식을 데리고 걸어야 하는 여정으로 아비가 겪을 수 있는 최고의 시련이었다.

5～9절 "내 아이와 함께" 아브라함은 종들에게 이삭을 '아들'이라 부르지 않고 '아이'라고 부른다. '아이'란 칭호는 마치 제3자가 이삭을 지목하는 듯한 느낌을 갖게 한다. 이 칭호를 통해서 아브라함이 자기 감정을 억누르고 초연해지려 애쓰고 있음을 보게 된다. 그는 이미 정신적으로 이삭을 하나님께 드렸으며, 어떤 의미에서 이삭은 더 이상 그의 '아들'이 아니었던 것이다.[6]

"너희에게로 돌아오리라" 원문에는 '우리'라는 1인칭 복수 주격이 생략되어 있다. 하지만 의미상으로는 명백히 이삭과 함께 제사를 드린 후에 되돌아오겠다는 표현이다. 아브라함이 종들에게 이처럼 말하고 있는 이유를 두 가지로 볼 수 있다. 첫째는 종들과 동행한다면 자신의 행위를 가로막을 가능성이 많아 이를 우려해 아브라함이 종들을 속인 것이다. 둘째로 히브리서 기자(히 11:17~19)가 아브라함이 이삭을 드린 행위를 믿음의 행위로 정의하고 있듯이 "네 후손들이 이삭으로 날 것"이라는 약속에 대한 믿음의 확신으로 읽을 수 있다. 어쨌든 이 말 속에서 아브라함의 마음을 뒤흔드는 혼란스러움을 찾아보게 된다.

"이삭에게 지우고 … 두 사람이 동행하더니" 아브라함은 불과 칼을 손에 들고 이삭에게는 등에 나무를 지웠다. 아브라함의 행위는 종종 우화적으로 십자가를 지신 그리스도에 비교된다. 얼마간의 침묵의 시간이 흘렀을까? 그들 사이의 고립감을 보게 된다.

"내 아버지여 … 번제할 어린 양은 어디에 있나이까" 드디어 팽팽한 침묵을 깨고 아들이 아버지를 부른다. 아버지는 '아이'라 칭하였지만, 아들은 아브라함을 '아버지'라 부른다. 아들의 질문은 아버지의 마음에 비수를 던졌다.

"하나님이 … 친히 준비하시리라" 아브라함의 이 대답에는 어떠한 의미가 담겨 있는가? 정곡을 찌르는 아들의 질문에 대답을 회피하는 것처럼 보인다. 하지만 긍정적으로 보면 극한 상황에서도 하나님의 섭리를 신뢰하는 아브라함의 믿음을 찾아볼 수 있다. 이러한 믿음이 하나님을 기쁘시게 하는 것이다.(히 11:6)

---

6) 웬함, Ibid., 231.

"지시하신 곳에 이르러" 이제 삼일 동안의 고통의 순간은 지났다. 아브라함은 고통을 털어놓으려는 듯 서둘러 이삭을 번제로 드릴 준비를 한다. 고통스럽지만 자신의 짐을 속히 벗으려고 한다.

"그 아들 이삭을 결박하여" 이곳에서 성서 기자가 이런 말을 언급하는 이유가 무엇인가? 100세가 넘은 노인이 혈기 왕성한 십대 소년의 손과 발을 결박할 수 있었다는 것은, 이삭의 동의가 있었음을 암시하는 것은 아닌가? 아브라함의 지시에 따라 결박된 채로 번제단 위를 오르는 이삭의 행위는 아버지께 대한 순종과 신뢰를 보여 준다. 하나님의 뜻을 따라 묵묵히 십자가를 지신 그리스도의 모형으로 이삭을 인식하게 되는 이유가 여기에 있다.

10~11절 "여호와의 사자가" '여호와'라는 칭호는 이삭이 태어나는 장면에서 마지막으로 쓰인 언약과 관련된 하나님의 이름이다(21:1). 따라서 아브라함을 시험하신 낯선 하나님은, 자신의 약속을 지키시는 은혜로우신 여호와라는 사실을 보여 준다.(출 34:6~7)

"아브라함아 아브라함아" 아브라함의 이름을 두 번씩 부르는 것은 긴박함을 나타낸다(참조. 46:2; 출 3:4). 아브라함의 즉각적인 행동에 여호와의 사자가 당황하여 급하게 아브라함을 불렀다. 사실상 여호와의 사자는 아브라함의 행동을 저지하기 위하여 그의 손목을 급하게 잡았을 것이다. 왜냐하면 이 찰나의 순간을 놓치면 아브라함을 통한 하나님의 구원의 역사가 무너지기 때문이다.

12~14절 "하나님을 경외하는 줄을 아노라" '하나님을 경외하는 것'은 단순히 하나님을 공포의 대상으로 여겨 두려워한다는 뜻이 아니다. 거룩하신 하나님의 권위 앞에 복종한다는 의미를 지닌다. 구약에서는 예배와 고결한 삶을 통해 하나님께 영광 돌린다는 뜻으로 이 문구가 자주 사용된다.(참조. 욥 1:1, 8; 2:3)

"숫양을 가져다가 … 번제로 드렸더라" 천사의 말과 동시에 아브라함은 수풀에 걸려 있는 숫양을 보았다. 아브라함은 아들을 대신하여 숫양으로 번제를 드렸다.

"여호와의 산에서 준비되리라" 8절에서 아브라함은 번제로 드릴 양이 어디에 있느냐는 이삭의 질문에 "하나님이 친히 준비하시리라"고 말하였다. 이러한 독백이 사실로 이루어진 것이다. 따라서 여행준비를 위해 불과 장작을 준비하면서 아브라함이 마음속으로 무엇을 생각했을지 추측해 볼 수 있다. 이러한 곤경과 시험 가운데에서도 그는 하나님의 약속을 믿었다는 것이다. 실제로 "믿음은 바라는 것의 실상이다."(히 11:1)

15~18절 이삭을 바치라는 아브라함의 시험에 대한 이야기는, 사실상 15~18절의 후렴 부분이 없다면 아무런 의미가 없을 것이다. 노아는 주변의 냉소적인 비난 가운데서 방주를 만들었기에 후손들의 미래에 대한 큰 보장을 받았고(창 9:1~7), 하갈은 잉태한 아들이 셀 수 없이 많은 후손의 아버지가 될 것이라는 약속을 받았다(창 16:10~12). 욥은 시험 뒤에 두 배의 갑절을 받았다(욥 42:10~17). 아브라함에게 있어서도 이 부분이 없다면 창세기 22장의 그의 순종 행위는 무의미하다.

"내가 나를 가리켜 맹세하노니" 이러한 표현은 계약을 실행하고자 하는 하나님의 권위와 의지를 나타낸다. "너희가 이 말을 듣지 아니하면 내가 나로 맹세하노니 이 집이 황무하리라 나 여호와의 말이니라."(렘 22:5, 참조. 렘 49:13; 암 4:2; 6:8; 히 6:13~18)

"내가 네게 큰 복을 주고" 시험을 통과한 아브라함에게 두 가지 축복이 주어진다. 첫째, 수많은 후손들을 얻게 될 것이라는 이전의 약속을 다시 확인한다(13:16; 15:5; 17:1~8). 이곳에서 '바닷가의 모래'란 표현이 처음으로 사용된다. 둘째, "대적의 성문을 차지하리라"는 축복으로 원수의 성을 정복

한다는 뜻이다(참조. 24:60). 땅과 관련된 약속이 이곳에서 더 구체화된다(참조. 12:1, 7; 13:15~17; 15:7~8; 17:8). 결국 이러한 축복은 "네가 나의 말을 준행하였기 때문"에 주어지는 것이다.

19절 "돌아와서 … 브엘세바에 이르러" 이제 큰 시련의 시간은 지나갔다. 폭풍우가 몰아쳤지만 아브라함은 시험을 잘 감당함으로 성숙한 믿음의 사람이 되어 자신의 일상으로 되돌아간다.

3) 본문 적용

늙어서 얻은 자식을 번제로 드리라는 하나님의 요구는 인간적으로 볼 때 너무나 잔인해 보인다. 하지만 이러한 명령에 말없이 순종한 아브라함의 행동을 통해서 우리는 믿음의 본질이 무엇인지를 생각해 보게 된다. 아브라함은 자신이 번제로 드릴 자식을 앞세우고 삼일 길을 걸어갔다. 무서운 고통의 기간을 참고 견디었음을 보게 된다. 이 이야기에서 우리는 왜 아브라함이 '믿음의 조상' 인가를 발견하게 된다. 믿음은 인내를 동반하는 것이다. "환난은 인내를, 인내는 연단을, 연단은 소망을 이루는 줄 앎이로다"(롬 5:3~5). 고통스러운 이 길은 하나님이 아브라함을 시험하려고 제시하신 방법이었다. 하지만 고통 속에 숨어 계신 하나님은 아브라함을 버리지 않으셨다. 때로는 하나님의 침묵 속에 인간을 향한 위대한 사랑과 축복이 숨겨져 있음을 보게 된다.

자식을 번제로 바치라는 하나님의 요구에 아브라함은 순종하였다. 믿음의 본질이란 이처럼 신 앞에서 자신의 가장 소중한 것을 포기하는 것이 아닐까? 이삭이 어떤 자식인가? 그런데 하나님이 이 아들을 달라는 것이다. 자신의 입장을 생각한다면, 변명하고 논리적으로 항변할 수도 있었을 것이다. 하늘의 별만큼 많은 자손을 주겠다고 약속하실 때 아브라함은 졸고 있었다. 이 언약에서는 전적으로 하나님이 주도권을 잡고 있었다. 그런데 이제 하나님 자신이 이 언약을 일방적으로 파기하고 있는 것이다. 하지만 아브라함은 자신에게 가장 소중한 것을 하나님을 위하여 기꺼이 포기하였다. 바울에게서도 이러한 태도를 엿볼 수 있다. "내 주 그리스도 예수를 아는 지식이 가장 고상하기 때문이라 내가 그를 위하여 모든 것을 잃어버리고 배설물로 여기노라"(빌 3:8). 아브라함은 자기 중심적(ego-centric) 가치관을 하나님 중심(theo-centric)으로 전환하였다. 이것이 진정한 믿음이 아니겠는가?

2. 마가복음 4장 35~41절 [7]

35 그날 저물 때에 제자들에게 이르시되 우리가 저편으로 건너가자 하시니 36 그들이 무리를 떠나 예수를 배에 계신 그대로 모시고 가매 다른 배들도 함께 하더니 37 큰 광풍이 일어나며 물결이 배에 부딪쳐 들어와 배에 가득하게 되었더라 38 예수께서는 고물에서 베개를 베고 주무시더니 제자들이 깨우며 이르되 선생님이여 우리가 죽게 된 것을 돌보지 아니하시나이까 하니 39 예수께서 깨어 바람을 꾸짖으시며 바다더러 이르시되 잠잠하라 고요하라 하시니 바람이 그치고 아주 잔잔하여지더라 40 이에 제자들에게 이르시되 어찌하여 이렇게 무서워하느냐 너희가 어찌 믿음이 없느냐 하시니 41 그들이 심히 두려워하여 서로 말하되 그가 누구이기에 바람과 바다도 순종하는가 하였더라

1) 본문 이해

마가복음의 내용은 크게 이적 설화(1~8장)와 수난 설화(9~16장)로 구분할

---

7) 이 단락의 주석은 유태엽, 「마가복음 : 해석과 적용」 (고려글방, 2008), 175~79에서 발췌하였다.

수 있다. 마가복음에는 모두 18개의 이적 설화가 소개된다. 분량으로 보면 200여 절로, 마가복음의 거의 1/3을 차지한다. 그 중에 세 개의 이적을 제외하고는 대부분의 이적이 8장 27절 이전에 나타나고 있다. 마가가 의도적으로 두 개의 체인으로 구성된 이적 설화를 작성한 것으로 보인다. 마가는 각각 다섯 개의 이적 이야기를 포함한, 두 개의 체인을 구성하였다.[8]

폭풍 진압(4:35~41)	바다 위를 걸음(6:45~51)
거라사의 광인(5:1~20)	벳새다의 맹인(8:22~26)
야이로의 딸(5:21~43)	수로보니게 여인(7:24~30)
혈루증 앓는 여인(5:25~34)	귀먹고 말 못하는 사람(7:32~37)
5,000명 먹임(6:34~44)	4,000명 먹임(8:1~10)

이 이야기들에는 이적을 통한 메시아의 고백과 인정 후에 고난과 죽음에 대한 예고를 보여 주고자 했던 마가의 의도가 담겨 있다. 이적 설화의 목적은 메시아로서의 예수의 존재를 나타내고자 함에 있다. 즉 "너희는 나를 누구라 하느냐"(8:29)의 궁극적인 질문을 가져오기 위한 것으로 보인다.

'광풍을 잔잔케 하는 사건'(4:35~41, 비교. 마 8:18, 23~27; 눅 8:22~25)을 시작으로 예수의 신적 능력을 확증하는 이적들이 다음 장에도 이어진다. 거라사의 광인(5:1~20), 야이로의 딸(5:21~24, 35~43), 열두 해 동안 혈루증 앓던 여인(5:25~34). 질병을 치유하여 인자로서의 권위를 보이셨던 예수는 본문에서 자연까지도 주관하시는 권위자로 소개된다. 바람과 바다까지도 순종하는 '신적 인간'(Divine-man)으로의 예수다. 바람과 바다까지도 지배하시

---

8) Paul J. Achtemeier, "The Origin and Function of the Pre-Markan Miracle Catenae," *JBL* 91 (1972): 198-221.

는 그리스도에 대한 믿음만 있으면, 이 세상 그 어떤 것도 두렵지 않다. 배는 교회 공동체요, 폭풍은 배가 지나가야 하는 여정에서 만나는 환난으로 볼 수 있다. 주님이 함께하시면 환난을 극복할 수 있는 것이다.

2) 본문 해석

35~36절 "그날 저물 때에 … 저편으로 건너가자" '그날'은 앞에서 씨 뿌리는 자의 비유를 말씀하신 바로 '그날'을 지칭한다. 예수는 비유를 배에 올라 말씀하셨다. 강단으로 사용하였던 배를 타고 건너편으로 가고자 하였다. 예수께서는 설교를 듣던 많은 군중을 피해 갈릴리 바다를 건너 다른 쪽으로 건너가자고 제안한다. 혹은 쉬기를 원하셨는지도 모른다. 배는 갈릴리 주변에서 새로운 장소로 여행하기 위한 최고의 운송 수단이었다. 갈릴리 호수는 길이가 23km, 폭이 12km이고, 총 둘레가 51km에 달하며 깊이는 45m나 되었다. 면적은 70평방미터였다. 폭풍은 새벽에 많이 일었고, 계절적으로는 겨울에 자주 발생하였다. 저물었다는 것은 새로운 하루의 시작이다.

"예수를 배에 계신 그대로" 4장 1절에서 예수께서는 배에 올라 설교하셨다. '그대로'란 배에 타신 예수를 그 상태로 모셨다는 것이다. 이적의 무대는 이제 바다 위가 된다. 이적 설화에는 항상 무대 설정이 이루어지는데, 앞으로 전개되는 사건의 무대는 바다와 배인 것이다.

"다른 배들도 함께하더니" 예수께서는 쉬기를 원했으나 군중은 그분을 홀로 두지 않았다. 군중이 다른 배들을 동원해 예수의 일행을 따라왔다. "여우도 굴이 있고 공중의 새도 거처가 있으되 인자는 머리 둘 곳이 없다"(마 8:20). 하지만 마가는 폭풍을 만난 이들의 운명이 어떻게 되었는지에 대해서 독자들에게 그 어떠한 언급도 하지 않는다.

37~38절 "큰 광풍이 일어나며" 갈릴리는 분지다. 기압이 갑작스럽게 변하면서 심한 바람이 몰아친다. 갈릴리 바다는 해저면이 −212m이고, 주변에는 높은 산들이 둘러싸여 있어 바람이 지나가는 터널 역할을 하였다. 그곳은 언제 바람이 불지 예견하기 어려운 곳이었고, 특히 밤중에 바람이 자주 불었다. 따라서 밤에 배를 띄우는 것은 위험한 일이었다. 최근에도 갈릴리 호수에서 파손된 배 조각들이 많이 발견되고 있다. 오늘날 갈릴리 호수를 찾는 관광객들은 그것의 원형을 복구한 배를 타고 갈릴리 호수를 횡단할 수 있다.

"예수께서는 고물에서 베개를 베고" 예수께서 '주무셨다'고 말하는 곳은 복음서에서 여기뿐이다. 예수의 인성을 강조한다. 머리 둘 곳도 없이 바쁘게 사역을 감당하신 예수께서는 하루 종일 가르치셨기에 피로를 이길 수 없었다. 마침 배의 고물(Stern)에는 사람이 누울 수 있는 비교적 넓은 공간이 있었다. 인간적인 예수의 모습을 보게 된다. 요나의 설화와 유사한 점이 있다. 요나도 잠을 잤다(욘 1:5). 그러나 도망자인 요나는 두려움에 배 밑창에서 잠을 청한 것이고, 예수께서는 피곤하여 잠을 청했던 것이다. 광풍이 일어도 그것을 느끼지 못할 정도로 곤하게 주무셨던 것이다. 하나님의 보호하심과 지키심에 대한 완전한 신뢰를 보여 준다. 하나님을 신뢰하는 자는 단잠을 잔다.(시 4:8; 잠 3:23~24; 욥 11:18~19 등)

"선생님이여 우리가 죽게 된 것을 돌아보지 아니하시나이까" 제자들은 예수를 '선생님'(διδάσκαλος)이라고 불렀다. 이 칭호는 제자가 아닌 자들도 예수를 향해 그렇게 부를 수 있는 일반적인 호칭이었다.[9] 제자들이 예수께 와서 그를 비난한 것은, 자신들은 폭풍을 만나 배에 가득한 물을 퍼내며

---

9) 참조. 마태복음에서 '랍비'란 칭호는 불신자들이 예수를 부를 때 사용했던 것이다(참조. 마 8:19; 9:11; 12:2, 38; 17:24; 19:16; 22:16, 24, 36; 26:25, 49).

생존의 위협과 싸우고 있는데 예수께서는 여전히 잠을 청하는 태평함을 보이셨기 때문이었다. 예수께서 잠을 주무셨다는 사실은 다음에 이어지는 폭풍 진압에 대한 그의 주권과 위엄, 그리고 권위에 대한 이미지를 더하여 준다. 요나가 탄 배가 폭풍을 만났을 때에 두려워했던 장면을 비교해 보라!(참조. 욘 1:4~10) 광풍을 만나면 인간이 할 수 있는 일은 없다. 그저 두려움에 사로잡힐 뿐이다. 당시에 폭풍은 악령의 작용이라 믿었다. 이러한 상황에서는 전통적 신앙에 의존하게 된다. 요나는 이 일이 자신의 잘못 때문이라고 믿었고, 결국 그는 바다에 던져진다. 제자들의 대부분은 갈릴리 태생의 어부들이었다. 그러한 자들이 인간의 한계에 이르러 예수에게 자신들을 돌봐 달라고 청한다. 이 위기를 벗어날 어떠한 고전적인 방법을 가르쳐 달라는 것이다.

39~41절 "바람을 꾸짖으시며 … 잠잠하라 고요하라" 동사 '꾸짖다'(ἐτετίμησεν)는 악한 세력들을 향한 하나님의 책망을 나타내는 말이다(참조. 시 9:6; 67:31; 105:9; 118:21). 그리고 바람에는 '잠잠하라,' 파도를 향해서는 '고요하라'고 명령하신다. '잠잠하라'(ἐκόπασεν)란 동사 역시 귀신에게서 그의 권한을 박탈하는 명령이다. 예수께서는 광풍의 원인이 악한 영의 작용에 의한 것이라는 당시의 신앙을 인정하고 있는 것이다. 구약성서에도 자연을 지배하는 하나님의 능력이 서술돼 있다(참조. 시 89:8~9; 104:5~9; 106:8~9; 107:23~32). 예수께서는 자연까지도 지배하시는 분이다.

"너희가 어찌하여 믿음이 없느냐" 광풍을 보고 두려워하지 않을 자가 누구인가? 아무리 경험 풍부한 어부라 할지라도 바다 한가운데서 맞이하는 광풍에는 손을 쓸 수가 없는 것이다. 바람과 폭풍을 책망하셨던 예수께서 이제 제자들에게 "믿음이 없다"고 책망하신다. '믿음의 정의'가 무엇인가? 히브리서는 "믿음은 바라는 것들의 실상"(히 11:1)이라고 말한다.

"그들이 심히 두려워하여" 광풍을 보고 두려워했던 제자들이 이번에는 잔잔해진 바다를 보고 다시 한 번 두려워한다. 전자는 광풍에 대한 두려움이었고, 후자는 자연의 힘조차 복종하는 예수의 권위에 대한 두려움이었다. '두려워했다'(φοβέω)는 동사는 일반적으로 신의 초자연적인 능력에 직면하는 인간의 심적 상태를 말한다.

"그가 누구이기에 바람과 바다도 순종하는가" 바람과 바다도 순종하는 이 사람은 누구인가?(참조. 시 89:9; 107:25~30) 예수의 신성이 입증되는 신앙 고백이다. 마술사들도 예수께서 행한 이적과 유사한 일을 할 수 있었다. 하지만 그 동안 예수를 따라다니며 많은 것을 목격했던 제자들조차도 이러한 자연 이적 앞에 다시 한 번 놀라게 된다. 하나님만이 하실 수 있는 능력이었다.

3) 본문 적용

어느 한 면만을 보고 예수 그리스도를 평가하며 안다고 말할 수 없다. 그분의 교훈과 생활, 삶과 죽음, 곧 그의 전 생애를 여러 각도로 세밀하게 관찰해야 한다. 본문에서 예수의 진정한 인격을 찾아볼 수 있다.

첫째로 예수는 다정한 친구였다. 그는 휴식을 필요로 하는 인간의 몸을 지니신 분이다. 피곤하여 고물에서 주무시고 계셨다. 마치 밭에서 일하던 농부가 피곤하여 자듯이 곤하게 잠을 청하였다. 그는 가난하고 무식한 자들의 친구요, 희로애락을 아시는 우리와 성정이 같은 분으로 다가온다.

둘째로 예수는 스승이었다. "믿음이 작은 자들아 어찌하여 무서워하느냐" 하시며 침착하고 태연하게 제자들을 가르치신다. 평범함 속에 비범성을 지니고 계신 예수는 우리의 친근한 친구이며, 동시에 위대한 스승이시다.

셋째로 예수는 신이었다. 예수께서는 권위를 가지시고 "잔잔하라 고요하라" 하며 바람을 향해 명령하셨다. 그 명령에 복종하여 사나운 풍랑이 즉시 잔잔해졌다.

3. 마태복음 1장 1∼17절 [10)]

1 아브라함과 다윗의 자손 예수 그리스도의 계보라 2 아브라함이 이삭을 낳고 이삭은 야곱을 낳고 야곱은 유다와 그의 형제들을 낳고 3 유다는 다말에게서 베레스와 세라를 낳고 베레스는 헤스론을 낳고 헤스론은 람을 낳고 4 람은 아미나답을 낳고 아미나답은 나손을 낳고 나손은 살몬을 낳고 5 살몬은 라합에게서 보아스를 낳고 보아스는 룻에게서 오벳을 낳고 오벳은 이새를 낳고 이새는 다윗 왕을 낳으니라 6 다윗은 우리야의 아내에게서 솔로몬을 낳고 7 솔로몬은 르호보암을 낳고 르호보암은 아비야를 낳고 아비야는 아사를 낳고 8 아사는 여호사밧을 낳고 여호사밧은 요람을 낳고 요람은 웃시야를 낳고 9 웃시야는 요담을 낳고 요담은 아하스를 낳고 아하스는 히스기야를 낳고 10 히스기야는 므낫세를 낳고 므낫세는 아몬을 낳고 아몬은 요시야를 낳고 11 바벨론으로 사로잡혀 갈 때에 요시야는 여고냐와 그의 형제들을 낳으니라 12 바벨론으로 사로잡혀 간 후에 여고냐는 스알디엘을 낳고 스알디엘은 스룹바벨을 낳고 13 스룹바벨은 아비훗을 낳고 아비훗은 엘리아김을 낳고 엘리아김은 아소르를 낳고 14 아소르는 사독을 낳고 사독은 아킴을 낳고 아킴은 엘리웃을 낳고 15 엘리웃은 엘르아살을 낳고 엘르아살은 맛단을 낳고 맛단은 야곱을 낳고 16 야곱은 마리아의 남편 요셉을 낳았으니 마리아에게서 그리스도라 칭하는 예수가 나시니라 17 그런즉 모든 대 수가 아브라함부터 다윗까지 열네 대요 다윗부터 바벨론으로 사로잡혀 갈 때까지 열네 대요 바벨론으로 사로잡혀 간 후부터 그리스도까지 열네 대러라

---

10) 마 1:1~17에 관한 주석은 유태엽, 「마태의 신학」 (감리교신학대학 출판부, 2008), 185-191에서 발췌하여 정리하였다.

1) 본문 이해

마태는 자신의 공동체에게 예수에 대한 새로운 정보를 제공하려고 했을 뿐만 아니라, 예수의 교훈에 따른 합당한 삶을 살아가야 한다고 믿었던 신념들을 제시하고자 하였다. 이로 인해 비록 마가의 지형적 구조를 수용하고 마가가 사용한 많은 자료를 따랐음에도 불구하고, 마태는 결과적으로 새로운 작품을 만들어 낼 수 있었다. 마가와 비교했을 때 가장 먼저 눈에 띄는 것은, 시작 부분과 마지막 부분의 확대다. 마태는 세례 요한의 출현과 예수의 세례 이전의 사건들에 대한 설명으로 자신의 복음서를 시작한다. 먼저 아브라함으로부터 다윗으로 이어지는 예수의 가계에 초점을 맞춘 족보가 나온다(1:1~17).[11] 이어서 성령으로 인한 처녀의 임신이 요셉에게 계시로 알려진다.(1:18~25)

---

11) 〈마태(1~2장)와 누가(1~2장)의 유아 설화 비교〉
  1. 마태 : 족보가 먼저 나오고 아브라함부터 '그리스도'라 불리는 예수까지 진행된다. 구약에 언급된 세 명의 왕들(아하시야, 요아스, 아마샤)을 건너뛰면서, 다윗 계열을 중심으로 하여 세 부분으로 구성된 패턴(3×14대)을 따르고 있다. 족보의 가장 두드러진 특징은 다말, 라합, 룻, 밧세바(우리야의 아내), 이 네 여인에 대한 언급이다.
      누가 : 족보는 탄생 설화와 연관이 없다. 그것은 예수의 세례(3:22)에서의 Bath Qol의 '하나님의 아들'과 연관된다. 족보는 '요셉의 아들인 예수'로부터 거슬러 올라가 하나님의 아들인 아담의 아들까지 이어진다. 다윗의 계통은 나단, 즉 다윗 후손의 비통치 계통을 따라 진행된다. 따라서 다윗의 요소는 강조되지 않는다. 요점은 '하나님의 아들'에 있는 것으로 보인다.
  2. 마태의 유아 설화에서 주된 인물은 요셉이다. 즉 계시를 받은 자는 요셉이고, 그를 통해서 하나님의 구원 행위가 진행된다. 마태에서 꿈은 계시의 수단이다. 반면 누가에서는 마리아가 계시의 수혜자이고, 요셉은 다만 방관자로 묘사된다.
  3. 마태복음 2장에 언급된 동방박사의 방문, 애굽으로의 피신, 베들레헴에서의 유아 학살, 유다로의 귀환과 갈릴리 나사렛으로의 계속된 도망 등 그 어떠한 사건도 누가복음 1~2장에 암시되거나 언급되지 않는다. 더욱이 마태에 따르면 요셉과 마리아는 베들레헴에 살고 있었고, 나사렛에서의 그들의 정착은 하나님의 특별한 인도에 의한 것이다. 반면에 누가에 의하면, 요셉과 마리아는 나사렛에 살고 있다. 후에 그들의 고향인 나사렛으로 귀환한다(2:39). 유아 설화에는 헤롯이 출현하지 않으며, 단지 목자와 경건한 유대인인 시몬과 안나가 있을 뿐이다. 그리고 세례 요한과 예수 사이의 병행을 찾아볼 수 있다.

마태는 네 개의 정경복음서 가운데 구약의 족보 형식으로 이야기를 시작하는 유일한 복음서다(1:1~17). 족보는 종종 마태가 성취 인용문에서 반영하고자 하는, 즉 구약의 예언이 예수의 삶에서 성취되었다는 전체 작품의 주요 메시지의 기초가 된다. 족보에 이어 나오는 요셉을 향한 예고(1:18~25)는 그것의 주요 요점으로서, 족보와 연속적인 주제를 함께한다. 예수를 마리아의 자녀라고 지칭함으로, 그리고 그를 자신의 아들로 받아들임으로 다윗의 자손 요셉은 예수를 다윗의 계통으로 받아들인다. 그러나 족보와 불연속적인 요소가 나타난다. 처녀 임신은 다윗의 아들을 임마누엘로 만드는, 최고의 비정상적인 사건이다.

2) 본문 해석

1절 "아브라함과 다윗의 자손" 1절은 마태복음의 표제다. 복음서의 서두에서 예수가 누구인가를 말해 주고 있다. 족보를 정리하는 논평에 해당하는 17절과 함께, 족보가 말하고자 하는 바를 독자들에게 주지시키고자 한다. 먼저 예수는 '아브라함의 아들'로 선언된다. 모든 나라가 아브라함에서 축복을 받는다(창 22:18). 이 약속은 모든 민족을 향한 선교(28:16~20)와 함께 복음서의 마지막에서 성취된다. 그러나 이미 2장에서 그리스도에게 만민이 나아오는 예시와 동방박사 이야기에서 예시되고 있다. 유대교의 대표적 인물들인 헤롯, 대제사장, 서기관, 그리고 모든 예루살렘이 예수를 거부한 반면에, 이방인들은 유대인의 왕에게 나아와 그에게 경배하였다. 예루살렘의 통치자들은 예수를 죽이려고 시도한다. 잔인한 학살 가운데서 하나님은 그의 아들을 죽음에서 구출하신다. 아기 예수가 이집트로 내려가고 이어서 이집트를 떠나는 이야기는 구약에서의 하나님의 자녀인 이스라엘의 역사를 되풀이한다. 유아 설화의 최고 절정은 예수가 단지 다윗의 아들,

아브라함의 아들, 요셉의 아들, 마리아의 아들이 아니라, 호세아의 인용을 통해서 두드러지게 '내 아들'(마 2:15)이라고 하시는 하나님의 선언에서 극에 달한다. 예수는 갈릴리 나사렛에 자리를 잡게 되는데, 이는 공생애의 전승들과 연결되는 곳이다(3:13; 4:13). 예수는 그의 백성을 구원할, 진실로 성스러운 거룩한 자라는 의미에서(참조. 삼손의 출생 이야기에서의 *nazir*, 삿 13:5, 7) '나사렛 사람'(2:23)이라 불릴 것이다.

예수께서는 '아브라함의 자손'일 뿐만 아니라 '다윗의 자손'이다. 17절에서 보듯이 족보를 14대씩 3개의 그룹으로 구분한 것에는 마태의 의도가 담겨 있다.

2~16절 "다말에게서 … 라합에게서 … 룻에게서 … 우리야의 아내에게서" 마태의 족보에 나타나는 가장 두드러진 특징 가운데 하나는, 예수의 조상들 중에서 여인들의 이름이 언급되고 있다는 점이다. 여인들은 아버지와 아들로의 한 인물의 계통을 추구하는 이전의 다른 족보에는 전혀 나타나지 않는다(예. 역대상 1~9장). 그러나 마태는 족보를 마리아란 여인으로 끝을 낼 뿐만 아니라 다말(3절), 라합(5절), 룻(5절), 그리고 '우리야의 아내' 밧세바(6절), 이 네 명의 여인들도 포함한다. 유대 성경에서 이 네 여인에 관한 이야기를 찾아볼 수 있다(다말–창 38장; 라합–수 2, 6장; 룻–룻 1~4장; 밧세바–삼하 11~12장). 하지만 왜 마태는 굳이 여기에서 여인들을 언급하는가? 그동안 학자들이 제안했던 이론 가운데 두 가지가 흥미롭다.

첫째로 네 명의 여인은 모두 이방인들이다. 즉 그들은 비 이스라엘인으로, 다말과 라합은 가나안인이고, 룻은 모압 족속, 밧세바는 히타이트족인 우리야와 결혼하였다. 따라서 하나님의 구원 계획은 유대인뿐만 아니라 이방인들까지 포용한다는 사실을 보여 주기 위해 마태가 그들을 언급하였다고 볼 수 있다(예. 동방박사에 대한 이야기). 이것은 매력적인 이론이다. 그러나 이 주장은 하나의 결정적인 약점을 갖고 있다. 이 네 여인이 마지막에 언급되는 마리아(즉 이방인이 아닌)와 어떻게 연결이 되는지를 설명하지 못한다. 이 때문에 아마도 다음의 두 번째 설명을 더 선호할 수 있을 것이다.

둘째로 네 명의 여인은 성적인 스캔들로 보일 수 있는 행동과 관련이 있다. 하지만 그들의 행동은 하나님의 목적을 진전시켰다. 다말은 스스로 매춘부로 가장하여 그의 시아버지를 속여 자신과 성행위를 하게 하였다. 라합은 여리고에 살고 있던 매춘부였다(마태에 의하면, 그녀는 룻의 시어머니가 되었다). 룻은 그의 친척 보아스를 유혹하여 그와 결혼하였다(그들은 다윗의 조부가 되었다). 밧세바는 다윗과 간통을 행하였고, 그녀의 남편이 전쟁터에서 죽게 된 뒤에 그와 결혼하게 된다(다윗의 아들인 솔로몬을 낳았다). 왜 이러한 이야기들이 마태에게 예수의 족보를 위해 적합한 것으로 받아들여진 것인가? 또 예수의 어머니인 마리아와는 무슨 관계가 있는 것인가? 마리아역시 불법적인 성적 행위를 한 것으로 고려된다(그녀는 혼인하지 않고 임신하였다). 요셉도 이러한 사실을 알고 비밀스럽게 그들의 관계를 청산하고자하였다. 하지만 마태는 사실을 다르게 보았다. 다시 한 번 예수를 성령에 의해 처녀인 한 여인으로부터 태어나게 함으로써 하나님은 잠정적인 성적 스캔들을 자신의 구원 계획을 진전시키기 위해 사용하였다는 것이다.

"마리아에게서 그리스도라 칭하는 예수가 나시니라" 1장 18~25절은 예수가 어떠한 과정을 통해서 이 세상에 나셨는지에 대해 말해 준다. 따라서 16절은 18~25절에 대한 초록이라 할 수 있다.

17절 "아브라함부터 다윗까지 열네 대요 … 그리스도까지 열네 대러라" 족보는 각각 14대씩 3개의 그룹으로 구분되어 있다. 14대의 세 그룹은, 예수의 때가 완성과 성취의 시기임을 지적한다($3 \times 14 = 6 \times 7$). 즉 모든 구속사가 하나님에 의해 성취된다는 신념이다. 하지만 두 번째 그룹을 제외하고 첫 번째와 세 번째 그룹은 각각 13명의 선조들만을 열거하고 있다. 따라서 14대씩 구분하기 위해서는 첫 번째와 세 번째 그룹에서는 각각 마지막 인물의 아들을 포함하여야만 정확하게 계산될 수 있다. 즉 다윗과 예수다.[12] 족보와 17절 논평 사이의 이러한 모순은, 다윗과 예수에 대한 특별한 관심을 유도한다.[13] 그리고 이 두 사람을 서로에게 연관시킨다. 특별히 이 두 사람에게만 특별한 칭호(5절 다윗 왕, 16절 그리스도라 칭하는 예수)가 주어짐으로써 항목에 열거된 다른 사람들보다 중요한 인물임을 드러낸다.

마태가 어떤 특별한 의미를 부여하기 위해 일부 인물들을 건너뛰면서까지 14대로 예수의 족보를 조정하였기 때문에, 우리는 14란 수가 마태에게 어떠한 의미가 있는지 묻게 된다. 비록 마태가 그것이 14대를 포함하고 있다고 주장하지만, 마지막 그룹에서는 13명의 이름만이 나온다. 그렇다면 14란 숫자 자체는 어떤 의미가 있는가? 그 동안 마태복음 해석자들은 이 질문에 답하기 위해 다양한 이론들을 제시해 왔다. 그 중에서 두 개의 이론에 주목하게 된다.

첫 번째로, 숫자들이 상징적 의미를 지녔던 고대 사회에서처럼, 이스라엘에서 7이란 숫자는 완전과 신성의 상징으로서의 가치를 지닌다. 고대인들은 일 주일을 칠 일로 나누었다. 아마도 이는 일곱 개의 유성이 있다고 믿었기 때문이다. 어떤 고대 유대인들은 인간의 삶에는 일곱 단계가 있으며 인간의 영혼도 일곱 부분으로 구성되어 있다고 믿었다. 일곱 하늘과 일곱 구획으로 나누어진 지옥과 일곱 구역으로 형성된 낙원이 있으며, 일곱 등급의 천사와 하나님의 일곱 수행자들이 있다. 유명한 1세기 유대인 철학자 필

---

12) Werner Stenger, *Introduction to New Testament Exegesis* (Grand Rapids: W. B, Eerdmans Publishing, 1987), 135.

13) Ibid., 135.

로(Philo)는 다음과 같이 말하고 있다. "나는 어떤 사람이 7이란 숫자의 특성을 적절하게 표현할 수 있을지 확신할 수가 없다. 왜냐하면 그 특성은 말로 다 전부 표현할 수 없기 때문이다(*On the Creation of the World*, 30)." 이처럼 7이 신과 결합된 완전 숫자라면, 14란 수는 무엇을 말하는가? 물론 7의 두 배 수다. 그렇다면 숫자들이 각각의 의미를 지녔던 고대 사회에서, 그것은 이중적으로 완전한 숫자가 되었을 것이다. 마태는 예수의 완전한 신성을 보여 주기 위해 14대씩 족보를 설정하였던 것으로 보인다.

두 번째 이론은, 족보를 더욱 더 밀접하게 예수에 대한 묘사와 연결시킨다. 고대 언어는 서수를 표현하기 위해 알파벳 숫자를 사용하였다. 그래서 이름에 숫자를 더해 숫자적 가치로 평가할 수 있었다. 아는 바처럼 마태는 다윗의 후손으로서의 예수의 메시아적 특성을 강조한다. 다윗의 이름은 히브리어로 세 글자(דוד)로 표현된다. 영어의 D, V, D(고대 히브리어에서는 모음이 사용되지 않음)에 해당한다. 흥미롭게도 히브리어의 D는 4이고, V는 6이다. 결국 다윗의 이름은 14란 숫자적 가치를 지니게 된다. 따라서 14는 '다윗'의 히브리어 표기 글자가 지니고 있는 숫자적 의미를 뜻하는 것이다. 그 이유는 메시아가 다윗의 자손에게서 나올 것이라는 전통이 있었기 때문이다. 그 숫자는 마태 공동체의 메시아적 기대를 분명하게 표현한다. 마태는 14란 숫자를, 예수를 유대의 메시아로 그리고 그가 다윗의 자손임을 강조하기 위해 사용하였다고 볼 수 있다.

3) 본문 적용

복음서의 시작인 본문을 통해 마태는 예수가 누구인가를 말해 주고 있다. 그는 아브라함과 다윗의 자손이다. 하나님이 아브라함을 만민에게 복을 주기 위한 도구로 삼으셨듯이(창 22:18), 예수의 복음은 모든 민족에게

울려 퍼질 것이다(28:16~20). 이러한 복음서의 표제는 족보를 통해서 확증된다.

그분은 다윗의 자손으로 이 땅에 오셨으며, 스스로 다윗의 자손 가운데 메시아가 날 것이라는 예언을 성취하였다. 하지만 하나님은 예수의 출생을 위하여 유대인뿐만 아니라 이방인 여인들도 사용하셨다. 아브라함의 소명에서 표현된 하나님의 구원 계획은 이처럼 오랜 과정을 통해서 잠정적으로 실현되었고, 이러한 혈통 가운데 나신 예수는 십자가의 고통을 견디신 후에 부활하심으로 만민의 구주가 되셨다.

4. 사도행전 24장 1~21절 [14]

1 닷새 후에 대제사장 아나니아가 어떤 장로들과 한 변호사 더둘로와 함께 내려와서 총독 앞에서 바울을 고발하니라 2 바울을 부르매 더둘로가 고발하여 이르되 3 벨릭스 각하여 우리가 당신을 힘입어 태평을 누리고 또 이 민족이 당신의 선견으로 말미암아 여러 가지로 개선된 것을 우리가 어느 모양으로나 어느 곳에서나 크게 감사하나이다 4 당신을 더 괴롭게 아니하려 하여 우리가 대강 여짜옵나니 관용하여 들으시기를 원하나이다 5 우리가 보니 이 사람은 전염병 같은 자라 천하에 흩어진 유대인을 다 소요하게 하는 자요 나사렛 이단의 우두머리라 6 그가 또 성전을 더럽게 하려 하므로 우리가 잡았사오니(6하반~8상반 없음) 8 당신이 친히 그를 심문하시면 우리의 고발하는 이 모든 일을 아실 수 있나이다 하니 9 유대인들도 이에 참가하여 이 말이 옳다 주장하니라 10 총독이 바울에게 머리로 표시하여 말하라 하니 그가 대답하되 당신이 여러 해 전부터 이 민족의 재판장 된 것을 내가 알고 내 사건에 대하여 기꺼이 변명하나이다 11 당신이 아실 수 있는 바와 같이 내가 예루살렘에 예배하러 올라간 지 열이틀 밖에 안 되었고 12 그들은 내가 성전

---

14) 이 단락은 유태엽, "누가의 수사학적 역사 기술에 대한 소고: 행 24:1~21를 중심으로," [신학과 세계] 43 (2001, 가을호): 131-152를 주석 형태로 발췌하여 정리하였다.

에서 누구와 변론하는 것이나 회당 또는 시중에서 무리를 소동하게 하는 것을 보지 못하였으니 13 이제 나를 고발하는 모든 일에 대하여 그들이 능히 당신 앞에 내세울 것이 없나이다 14 그러나 이것을 당신께 고백하리이다 나는 그들이 이단이라 하는 도를 따라 조상의 하나님을 섬기고 율법과 선지자들의 글에 기록된 것을 다 믿으며 15 그들이 기다리는 바 하나님께 향한 소망을 나도 가졌으니 곧 의인과 악인의 부활이 있으리라 함이니이다 16 이것으로 말미암아 나도 하나님과 사람에 대하여 항상 양심에 거리낌이 없기를 힘쓰나이다 17 여러 해 만에 내가 내 민족을 구제할 것과 제물을 가지고 와서 18 드리는 중에 내가 결례를 행하였고 모임도 없고 소동도 없이 성전에 있는 것을 그들이 보았나이다 그러나 아시아로부터 온 어떤 유대인들이 있었으니 19 그들이 만일 나를 반대할 사건이 있으면 마땅히 당신 앞에 와서 고발하였을 것이요 20 그렇지 않으면 이 사람들이 내가 공회 앞에 섰을 때에 무슨 옳지 않은 것을 보았는가 말하라 하소서 21 오직 내가 그들 가운데 서서 외치기를 내가 죽은 자의 부활에 대하여 오늘 너희 앞에 심문을 받는다고 한 이 한 소리만 있을 따름이니이다

1) 본문 이해

1~2절은 청중이 수사학이 시행된 상황과 성격을 이해하도록 도움을 준다. 바울의 위험을 알게 된 천부장은 편지를 써서 가이사랴에 머무는 총독 벨릭스에게 그 사건에 대해 심의해 줄 것을 요청한다. 벨릭스는 우선 바울이 어느 지역 사람인가를 묻는다(23:30). 그 당시에는 범죄가 피소자의 고향이 아닌 다른 지역에서 발생하였을 경우, 재판을 담당한 지역관이 그를 자신의 고향으로 돌려보내 재판을 받게 하거나 혹은 상황에 따라서 범죄가 일어난 지역에서 재판을 진행하였다.[15] 벨릭스는 바울에게 어느 지역 사람인지를 물어, 길리기아 출신인 바울의 사건을 자신이 담당할 수 있음을 확

---

15) H. W. Tajra, *The Trial of St. Paul: A Juridical Exegesis of the Second Half of the Acts of the Apostles* (J. C. B. Mohr; Tübingen, 1989), 118.

인하였다. 닷새 후에 대제사장 아나니아와 장로들, 그리고 더둘로라는 변호사(ῥήτορος)가 가이사랴로 내려옴으로써 바울의 재판이 시작된다. 가이사랴는 헤롯 대왕이 황제를 위해 기원전 13년에 건립한 헬라 도시다. 그들이 함께 예루살렘에서 이곳까지 내려왔다는 사실은 재판의 경우(case)가 매우 중요하였음을 보여 준다. 이것은 바울의 재판이 유대적 상황(setting)이 아닌 헬라적 상황에서 이루어졌음을 의미한다.[16]

1절에서 더둘로는 변호사로 소개된다. 이는 수사학자(rhetor)로서, 기능적인 면에서 '고소하는 자'로 해석될 수 있다. 그는 헬라의 전문적인 수사학 기술을 훈련받은 자임에 분명하다. 그의 이름 더둘로(Tertullus)는 라틴어 이름이다. 2~8절에 '우리'라는 말로 보아 그가 자신을 '유대인'과 동일시한다고 볼 수도 있지만, 5절과 9절에서 '유대인'과 자신을 구분하는 것으로 보아 그 같은 주장은 분명치가 않다. 아마도 그는 헬라어를 말하는 유대인으로 추정된다.[17]

대제사장은 유대인 출신인 수사학자를 대동하고 총독인 벨릭스 앞에 나타났다. 누가는 사건의 생동감을 더하기 위해 대제사장 일행이 장로들과 수사학자를 대동하고 총독 앞에 나타나기까지의 '닷새 후'란 기간을 명시한다. 이 기간은 단순하게 역사 기술의 안목에서 보면, 바울이 가이사랴에 도착한 지 5일이 지났음을 말하는 것이라고 할 수 있다.[18] 어떤 주석가는 짧은 기간 안에 재판이 열리고 수사학자까지 대동한 것은 바울의 문제를 속히 해결하려는 유대 당국자들의 의도였다고 말한다.[19] 하지만 누가가 명

---

16) Tajra, *The Trial of St. Paul*, 109.
17) 대제사장과 장로들이 고용한 수사학자라면 유대인일 가능성이 높다.
18) 주석가들은 5일 후의 기간에 대해 바울이 예루살렘에서 가이사랴에 도착한 기간으로 추정한다. Joseph A. Fitzmyer, *(The) Acts of the Apostles* (N.Y.: Doubleday, 1982), 652; Ernst Haenchen, *The Acts of the Apostles* (Oxfprd: Basil Blackwell, 1985), 652.

시한 이 기간을 단순히 바울 사건의 시간 흐름으로만 이해하기는 어렵다. 수사학적 분석의 관점에서 보면 '5일 후'라는 기간은 재판을 열기 위한 유보 기간(the trial interval)으로 보인다.[20] 그레코-로마 시대에는 한 사건을 다룬 후에 다음 심의까지 어느 정도 기간을 두고 다시 법정을 열었다.[21] 이러한 사실을 고대의 헬라소설인 Chaereas and Callirhoe에서 찾아보게 된다.[22] 이 작품은 수사학자 아테나고라스(Athenagoras)의 비서였다고 자신을 소개하는 카리톤(Chariton)이 기록하였다. 수사학자의 비서답게 소설 가운데 재판 과정을 생생하게 묘사하고 있다.[23] 흥미로운 것은 재판을 마친 후에 재판관이 동일한 사건을 5일 후에 다시 다루겠다고 선언하고 있음을 보게 된다.[24] 이것이 가능하다면 '5일 후'라는 누가의 명시는 청중에게 재판의 유보 기간이 흘렀음을 인식하게 해 준다. 이처럼 '5일 후'에 대제사장이 바울을 고소하기 위해 수사학자를 대동하고 재판관인 총독에게 나아갔다는 사실만 미루어 보아서도 청취자는 이미 이제부터 전개되는 수사학적 이

---

19) Ben Witherington III, *The Acts of the Apostles: A Socio-Rhetorical Commentary* (Michigan: Grand Rapids, 1998), 703.

20) 사도행전의 수사학적 주석을 시도한 Witherington도 이 점을 지적하지 않았다. 그도 역시 바울이 가이사랴에 도착하여 벨릭스 앞에 선 기간을 의미한다고 보았다. 참고. Acts, 703.

21) 캘리포니아의 경우, 가벼운 민사상의 심의는 보통 10일을 유보 기간으로 정한다.

22) 이 책은 현존하는 가장 초기의 헬라소설로, 문학사적인 배경에서 상당한 가치를 지니고 있으며 기록 연대는 2세기 중엽으로 알려져 있다. 두 연인의 사랑, 이별, 갈등, 고통, 만남 등의 주제가 잘 조화되어 있는 첫 번째 유럽소설이다. B. P. Reardon, ed., *Collected Ancient Greek Novels* (L.A.: University of California Press, 1989).

23) Ronald F. Hock은 신약성서와 Chariton의 소설 사이에 많은 병행을 발견하였다. "The Greek Novel," in *Greco-Roman Literature and the New Testament*, ed. D. Aune, SBL Sources for Biblical Study 21 (Atlanta: Scholars Press, 1988), Chapter 7.

24) 참조. Reardon, Collected, 86. 디오니시우(Dionysius)는 재판관인 왕 아타쎌쎄스(Artaxerxes)에게 Chaereas가 자신의 부인인 Callirhoe를 가로채려 했다고 고소한다. 하지만 왕은 Chaereas를 석방하고 다음 재판을 위한 준비 기간으로 5일을 허락한다. "I will give you the chance to make your preparations before you come for the trial. I grant you an interval of five days."

행이 어떠한 성격을 지니고 있는지 예측하게 된다.

　3절 이하의 더둘로와 바울의 연설을 분석하기 위해서 수사학적 연설의 표준 유형을 적용할 수 있다. 수사학적 연설은 크게 서언(exordium), 서술(narratio), 논증(confirmatio), 결어(conclusio), 이 네 부분으로 구성되어 있었다.[25] 연설가는 서언에서 상황에 대해 설명하고 청중의 호의를 유도하였다. 서술에서는 상황을 열거하고 문제가 되는 점들을 부각시키면서 에토스, 파토스, 로고스에 호소함으로 명제를 성립하였다. 논증에서는 상황에 대한 증거들을 정리하였으며, 자신에게 유리하도록 분석해 놓은 예들을 제공하였다. 결어에서는 논증을 요약하고 그것을 수용하도록 다시 한 번 청중에게 호소하였다.

2) 본문 해석

　3~4절 더둘로의 연설에서 재판을 위한 전형적인 수사학(forensic rhetoric)의 이행을 보게 되는데, 다음과 같이 분류할 수가 있다. 1) 서언(exordium): 3~4절 2) 서술(narratio): 5~6절 3) 지지 논증(probatio): 7절 4) 결어(peroratio): 8~9절. 우선 더둘로는 벨릭스에게 수사학적 관습인 아첨의 말(*captatio benevolentiae*)로 고소를 시작한다.

　"우리가 당신을 힘입어 태평을 누리고 … 어느 곳에서나 크게 감사하나이다" 수사학에서 재판관의 호의를 끌기 위한 이러한 관습은 1세기 청취자에게는 익숙한 것이었다. 수사학을 이행하는 사람은 서언을 통해 재판관 혹은 청취자의 호의를 자신에게 유도하여 자신의 의도대로 유리하게 연설을 이끌어야 한다. 수사학적 관습과 당시의 벨릭스 행위에 대한 충분한 지

---

25) 벌턴 맥, 「수사학과 신약성서」, 64-66.

식이 없는 후대의 독자들은 이러한 더둘로의 증언에 대해 오해할 수 있다. 요세푸스는 벨릭스가 여러 경우에 있어 유대인들과 대립하였고, 많은 유대인들을 죽였다고 보도한다.[26] 또 역사가 타시투스(Tacitus)는 그를 비열한 인간으로 규정하고 있다. "[펠래의 관대함을 그의 형제인 벨릭스에게서는 찾아볼 수가 없다. 그는 얼마 전에 유대의 총독직을 부여받았고, 그러한 권력을 가지고 모든 악한 행동을 범하였다."[27] A.D. 52~59년까지 총독직을 수행한 그는 도덕성에 있어서도 유대인들의 비난을 받고 있었다.

당시 유대와 갈릴리에는 왕이 없었다. 아그립바 1세 이후로 45년부터 전 팔레스타인은 시리아 총독들의 권한에 있었고, 56년에 아그립바 2세가 빌립이 다스리던 지역을 통치하고 예루살렘을 관할하는 권한을 얻었지만, 총독의 권한은 전 지역에 걸쳐서 절대적이었다. 그는 임기 동안 실효성 있는 자신만의 칙령을 발효하였다. 어떠한 상황에서는 사형을 처할 수 있는 권한도 있었다.[28] 벨릭스는 자기 부인을 버리고 아그립바 1세의 딸인 드루실라를 강탈하였다. 이 때문에 그는 드루실라와 함께 바울을 만난 자리에서 바울이 "의와 절제와 장차 오는 심판"을 강론할 때 두려워하였다(행 24:25). 더욱이 누가가 묘사한 것처럼 그는 죄수들로부터 돈을 원한 자로 알려져 있다(행 24:26). 재판관의 호의를 유도하는 이러한 *captatio benevolentiae*에 대한 수사학적 관찰은 역사성과 주석상에 있어서 그것에 큰 비중을 가질 필요가 없음을 밝혀 준다. 수사학의 단위에 있어서 이 부분에 해당하는 서언 부분은 과장과 아첨으로 포장되었던 것이다. 그의 임기 동안에 있었던

---

26) Josephus, Wars of the Jews, 14,1. *The Complete Works of Josephus*, trans. by Wm. Whiston (Michigan: Grand Rapids), 1981.
27) Tacitus, Ann. XII, 54.
28) 경우에 따라서 지방 총독들이 로마 시민권을 가지고 있는 자도 처형하였다. 참고. P. Garnsey, "The Criminal Jurisdiction of Governors," *JRS* 56 (1966), 54.

계속적인 소요는 더둘로가 추켜세우는 '태평'(peace)과는 거리가 멀었다.

5~6절 "우리가 보니 이 사람은 전염병 같은 자라 … 우리가 잡았사오니" 서언을 통해 재판관의 호의를 유도한 뒤, 수사학자 더둘로는 다음과 같이 바울을 고소한다(narratio). 유능한 수사학자는 단순히 사건의 개요만을 진술하는 것이 아니라 청취자의 에토스와 파토스와 로고스에 호소한다. 더둘로는 우선 이 고소 사건이 사사로운 개인의 감정 문제가 아니라 여러 사람들이 공감하고 있는 사실임을 말하기 위해 '우리'라는 표현을 사용한다. 그러고는 청취자의 에토스, 파토스, 로고스에 호소하기 위해 세 가지를 지적한다. 우선 바울의 위험성을 부각시킨다. 즉 그를 유대인을 소요하게 하는 정치적으로 위험한 인물로 지적하고 있다. 소요(στάσις)는 엄한 중형을 부여할 수 있는 죄목이었다.[29] 총독의 주요한 행정 임무는 공공의 평안(salus publica)이었다. 그러나 바울이 총독 앞에서 재판받는 것은 그 자체가 예외적인 일(extra ordinem)이었다.[30] 총독은 유대인 내부의 일에는 좀처럼 관여하지 않으려 했기 때문이다. 하지만 더둘로의 제안은 당시에 계속된 소요로 인해 사람들에게 민감한 주제였고, 재판관인 총독의 에토스에 호소할 만한 내용이었다. 두 번째로 더둘로는 바울을 "나사렛 이단의 우두머리"라고 지적한다. '나사렛 이단'(Ναζωραίων)은 초기 기독교 운동이 공인종교(Religio licita)의 일부가 아니며 불법적인 집단이라는 유대인들의 입장을 표명한다.[31] 세 번째로 더둘로는 바울을 체포한 이유에 대해 그가 성전을 더

---

29) 참고. Cicero, *De Inventione* 2.516-8.28.

30) Tajra, *The Trial of St. Paul*, 115.

31) 학자들 중에는 기독교가 공인종교인 유대교와 근원이 같은 한 지체라는 것을 보여 주고자 누가-행전의 저자가 자신의 문서를 기록했다고 주장하는 이들이 있다. 참고. B. S. Easton, *The Purpose of Acts* (London, 1936); C. K. Barrett, *Luke the Historian in Recent Study* (London, 1961).

럽히려 했기 때문이라고 밝힌다(6절). 성전 모독은 유대인 자신들의 내적인 문제로 매우 민감한 사항이었다. 성전 모독으로 인한 유대인 내부의 문제는 로마 당국에서도 묵인하였다. 스데반 사건과 예수의 죄목에 있어서 성전 모독이 결정적이었다.[32] 훈련받은 수사학자는 서술(narratio)에서 주장하고자 하는 논증들을 나열할 때, 강한 논증으로 시작하여 더욱 더 강한 논증을 마지막에 나열한다. 이 사실을 감안할 때, 더둘로가 지적한 세 가지 중에서 어떠한 주제가 가장 중요한지를 수사학적 분석으로 예측할 수가 있다. 관심의 우선순위로 보면 성전을 더럽힌 자, 소요자, 그리고 이단의 우두머리로 바울을 고소한다. 대제사장과 유대인들이 재판관인 총독에게 성전 문제를 가장 크게 부각시켰음을 보게 된다.

8~9절 "당신이 친히 그를 심문하시면 … 유대인들도 이에 참가하여 이 말이 옳다 주장하니라" 다음으로 더둘로의 고소는 지지 논증(probatio)과 결어(peroratio)로 끝을 맺는다. 더둘로는 자신이 고소한 내용을 총독이 직접 심문하여 확인할 수 있음을 밝힌다(8절). 사실상 이 부분은 더둘로 연설의 결어에 해당한다고 볼 수 있다. 9절 부분을 통해 더둘로의 고소는 한층 더 지지되고 있다. "유대인들도 이에 참가하여 이 말이 옳다 주장하니라"(9절). 이와 같은 더둘로의 연설은 수사학적으로 완벽한 것이었다. 더둘로의 연설은 누가의 손길을 통해서 요약되고 다듬어진 것이 분명하지만, 수사학자 더둘로가 재판을 통해 얼마나 성공적으로 수사학을 이행했는지 살펴볼 수 있다.

바울의 변호에 대한 구조는 다음과 같이 구분할 수 있다. 1) 서언 : 10절

---

32) 더둘로는 더 많은 사실을 예로 들어 바울을 고소하였을지 모른다. 하지만 누가가 기록한 이 세 가지 사실만으로도 청취자의 마음을 이끌기에 충분하였다.

2) 서술 : 11~13절 3) 지지 논증 : 14~18절 4) 반박 : 19~20절 5) 결어 : 21절.
바울은 마찬가지로 재판관에게 수사학적 관습인 아첨의 말(*captatio benevolentiae*)로 자신의 고소에 대한 변호를 시작한다.

10절 "당신이 여러 해 전부터 이 민족의 재판장 된 것을 … 변명하나이다" 변명(ἀπολογούμαι)이라는 용어는, 이후의 재판 과정에서만 바울의 입을 통하여 다섯 번 사용된다.[33] 바울은 이곳에서 자신을 방어함과 동시에 복음에 대한 잘못된 비난에 대해서도 변호한다.[34] 바울서신을 통해 알 수 있는 것은, 바울은 수사학의 달인(a master of rhetoric)이었다는 사실이다. 자신은 수사학자들처럼 매끄러운 말만 나열하는 자가 아니라 그들과는 다른 복음을 증거한다고 주장한다.[35] 하지만 바울 자신도 당시의 관습인 수사학을 철저하게 이행하고 있음을 보게 된다.[36] 바울이 자신을 길리기아 다소 사람이라고 밝히고 있는 점 등을 미루어 어렸을 적에 헬라의 기본 교육을 받았을 것으로 보인다. 헬라 교육에서 수사학은 가장 보편적이고 필수적인 것이었다.[37] 바울의 연설이 누가의 정돈이라 해도, 바울의 수사학적 능력을 충분히 가늠해 볼 수 있다. 바울이 24절 이하에서 벨릭스가 두려워할 정도로 그의 그릇된 행실에 대해 도덕적인 설교를 하였지만, 이곳에서는 수사학

---

33) 24:10; 25:8; 26:1, 2, 24. Haenchen은 '변명'이 사도행전의 마지막 장들을 이어 주는 주요한 단어라고 규정한다(Acts, 654).
34) Tajra, *The Trial of St. Paul*, 125.
35) 고전 1:17 이하.
36) 바울의 수사학적 시행을 보여 주는 다음의 논문을 참조할 수 있다. Hans–Dieter Betz, *Galatians* (Philadelphia: Fortress, 1979); James D. Hester, "The Rhetorical Structure of Galatians 1:11~2:14," *JBL* 103 (1984), 223–33; D. F. Watson, "Rhetorical Criticism of the Pauline Epistles since 1975," in *Currents in Research: Biblical Studies* 3 (1995), 232–34.
37) 그레코–로망 세계에서 수사학이 어떻게 실행되었는지 살펴보기 위해서는 다음의 책을 참조할 수 있다. Donald L. Clark, *Rhetoric in Greco–Roman Education* (New York: Columbia University Press, 1957).

적 관습에 따라 서언을 아첨의 말로 장식하고 있음을 보게 된다. 고소자인 더둘로와 비교하면 바울은 단순한 관습의 형식을 따르고 있다.

11~13절 "당신이 아실 수 있는 바와 같이 ⋯ 모든 일에 대하여 그들이 능히 당신 앞에 내세울 것이 없나이다" 이어 바울은 반박의 내용을 서술한다(narratio). 모든 고소의 내용에서 중요한 것은 그것의 신빙성이다. 바울을 고소한 자들은 사실 아시아 지역에서 온 유대인들로, 그들이 주장하는 것처럼 바울이 예루살렘 성전에서 대화를 통해 무리를 선동하거나 성전을 모독한 것을 목격하지 못했다. 따라서 이 고소는 성립될 수가 없었다. 바울은 가장 먼저 이 핵심적인 면을 지적한 것이다. 하지만 바울은 그들의 고소가 더욱 더 정당하지 못함을 입증하기 위해 지지 논증(probatio)을 펼친다.

14~18절 "그러나 이것을 당신께 고백하리이다 나는 그들이 이단이라 하는 도를 따라 조상의 하나님을 섬기고 율법과 선지자들의 글에 기록된 것을 다 믿으며 ⋯ 그들이 보았나이다 그러나 아시아로부터 온 어떤 유대인들이 있었으니" 자신은 먼저 그들이 고소하는 것처럼 유대인을 소요하게 하는 자가 아니라 유대인의 신조와 관습을 따랐을 뿐임을 주장한다. 조상의 하나님, 율법과 선지자들의 예언을 지켰음을 말한다. 이는 나사렛 이단이라는 더둘로의 고소에 대한 반응으로 볼 수 있으며, 바울이 전개하는 '그리스도 운동'(Christ Movement)이 유대교에 뿌리를 두고 있다는 주장이기도 하다.[38] 다음으로 바울은 자신은 유대인들이 지니고 있는 하나님께 향한 소망, 즉 부활을 믿고 있음을 밝힌다. 이러한 고백은 양심에 어긋나지 않는 당당한 것이라고 말한다. 부활 사상은 바리새파가 주장하는 사상으로,

---

38) 이러한 바울의 주장의 바탕에는, 누가-행전의 기록 목적 가운데 하나로 언급되는, 기독교가 공인종교인 유대교와 다르지 않음을 보여 주려는 의도가 있었음을 보게 된다.

바울은 이곳에서 전략적으로 부활의 문제를 언급하고 있으며, 연설을 마무리하면서 자신이 고소당함은 바로 부활 신앙에 있음을 강조한다. 이어서 바울은 자신은 민족의 어려운 기근을 위해 구제금을 가지고 예루살렘에 올라와서는 규례를 따랐고, 그들의 주장과는 달리 아무런 소동도 성전 안에 일으키지 않았음을 말한다.

일상적으로 변호하는 자는 논증의 나열을 약한 것에서 시작하여 강한 것으로 전개하는데, 바울의 논조 역시 점점 강해져 갔다. 바울의 이러한 지지 논증으로 고소는 사실상 무기력해졌고, 아무런 근거가 없는 거짓이 되고 말았다. 하지만 바울은 더욱 더 분명하게 재판을 자신에게 유리하게 이끌기 위해, 반박(refutatio)을 통해 자신의 주장을 마무리하고자 한다.

19~20절 "그들이 만일 나를 반대할 사건이 있으면 마땅히 당신 앞에 와서 고발하였을 것이요 … 말하라 하소서" 퀸트리안(Quintilian)은 수사학적 이행에 있어서 이 부분을 중시하였다.[39] 재판을 위한 연설에서 변호하는 자는 반박을 통해 결정적으로 자신의 입장을 유리하게 전환할 수 있었다. 바울은 우선 고발하는 자가 있으면 직접 자신들이 이곳에 있어야 함을 밝힌다. 고소가 성립되기 위해서는 고소자가 직접 법정에 있어야 한다. 하지만 고소자는 아시아의 유대인들로서 가이사랴에 내려오지 않았다. 사실상 이 사건은 법적인 효력을 지닐 수가 없는 것이다. 이어서 바울은 그들이 직접 자신의 잘못된 내용을 진술하게 하라고 주장한다. 증거를 밝히라는 것이다.

21절 "오직 내가 그들 가운데 서서 외치기를 내가 죽은 자의 부활에 대하여 오늘 너희 앞에 심문을 받는다고 한 이 한 소리만 있을 따름이니이다" 바울은 결어(conclusio)에서 다시 한 번 자신의 부활 신앙을 강조한다. 바울

---

39) Quintilian, 5,13,25-28.

은 훈련받은 수사학자로서, 다시금 청취자의 호의를 확인하고 자신의 주장을 확대한다. 이 부분은 그의 전체 변증 연설의 정점을 이룬다. 복음의 핵심을 변증한다. 누가가 묘사한 바울신학(Paulinism)에서 부활의 교리가 얼마나 핵심적인 것인지를 다시 한 번 보게 된다.[40] 자신이 심문을 받고 있는 이유는 오직 한 가지, 죽은 자의 부활에 대한 견해 때문임을 주장하였다. 바울은 더둘로와 버금가는 완전한 수사학의 실행을 보여 주었다. 대제사장이 수사학자를 동반하여 바울을 고소하였으나, 오히려 바울의 변호가 재판관의 마음을 사로잡는 상황이 되었다.

3) 본문 적용

수사학적 분석에 의해 명확하게 나타나는 것처럼, 고소하는 자는 바울의 죄목에 대해서 세 가지를 지적하고 있다. 바울은 디아스포라 전 지역에 흩어져 살고 있는 유대인들을 선동한 자로, 나사렛 이단의 우두머리로서 전염병과 같은 존재이며, 무엇보다도 성전을 더럽힌 자다. 사실상 이 세 가지는 재판관인 총독의 입장에서는 모두 심각하게 다루어야만 하는 죄목들이었다. 하지만 모두가 거짓이요, 과장된 것이었다. 대제사장이 고용한 수사학자 더둘로는 사실과는 상관없이 일방적으로 자신의 소송 의뢰인의 입장만을 대변하고 있었다. 이에 비해 바울은 자신의 삶에서 우러나오는 진실한 말로 변호했다. 바울의 답변으로 인해 고소하는 자들의 의도가 얼마나 거짓된 것인지 밝혀지게 되었다. 수사학자를 대동하고 가이사랴까지 내려온 대제사장의 음모는 수포가 되었다.

진실과 양심의 행위는 가려지는 것 같지만, 반드시 의와 불의는 드러나

---

40) Tajra, *The Trial of St. Paul*, 128.

게 된다. "진실한 입술은 영원히 보존되거니와 거짓 혀는 잠시 동안만 있을 뿐이니라."(잠 12:19)

Achtemeier, Paul J. "The Origin and Function of the Pre-Markan Miracle Catenae." *JBL* 91 (1972): 198-221.

Aland, K., and B. Aland, *The Text of the New Testament.* Grand Rapids, MI: Eerdmans, 1989.

Alt, A. "The Origins of Israelite Law." In *Essays on Old Testament History and Religion.* N.Y.: Doubleday, 1968.

Barrett, C. K. *Luke the Historian in Recent Study.* London, 1961.

Barth, Karl. *Church Dogmatics,* Vol. 1. Westminster: John Knox Press, 1994.

_____. *The Epistle to the Romans.* London: Oxford University Press, 1968.

Barton, S. C. "Historical Criticism and Social Scientific Perspectives in New Testament Study." In *Hearing the New Testament: Strategies for Interpretation,* ed. J. B. Green, 61-89. Grand Rapids: Eerdmans, 1995.

Beardslee, W. *Literary Criticism of the New Testament.* Philadelphia, Fortress, 1971.

Belo, Fernando. *A Materialist Reading of the Gospel of Mark.* Maryknoll, N.J.: Orbis Books, 1981.

Betz, H. D. *Galatians.* Philadelphia: Fortress, 1979.

Black, C. "The Rhetorical Form of the Hellenistic Jewish and Early Christian Sermon." *HTR* 81 (1988): 1-18.

Boring, M. Eugene, Carston Colpe, Klaus Berger, eds., *Hellenistic Commentary to the New Testament.* Nashvill: Abingdon Press, 1995.

Bornkamm, G. "The Stilling of the Storm in Matthew." In *Tradition and Interpretation in Matthew,* 52-57. Philadelphia: Fortress, 1963.

Brown, R. E. *The Sensus Plenior of Sacred Scripture.* Baltimore: St. Mary's

University, 1955.

Brownlee, W. "John the Baptist in the New Light of Ancient Scrolls." In ed. Krister Stendahl, *The Scrolls and the New Testament.. 33-53*. N.Y.: Harper & Brothers, 1957.

Bultmann, R. *Jesus Christ and Mythology*. New York: Charles Scribner's Sons, 1958.

_____. *The Gospel of John: A Commentary*. Philadelphia: Westminster, 1971.

_____. *Die Geschichte der synoptischen Tradition* (1921). *The History of the Synoptic Tradition*. N.Y.: Harper & Row, 1963.

Camery-Hoggatt, J. *Irony in Mark's Gospel: Text and Subtext*. SNTS Monograph Series 72. Cambridge: Cambridge University Press, 1992.

Chatmann, S. *Story and Discourse: Narrative Structure in Fiction and Film*. N.Y.: Cornell University Press, 1978.

Church, F. "Rhetorical Structure and design in Paul's Letter to Philemon." *HTR* 71 (1978): 17-33.

Clark, Donald L. *Rhetoric in Greco-Roman Education*. New York: Columbia University Press, 1957.

Charles, R. H. *The Apocrypha and Pseudepigrapha of the Old Testament in English*. Oxford: Clarendon Press, 1913.

Charlesworth, J. H. *The Pseudepigrapha and Modern Research, with a Supplement*. SCS 7; Chico, CA: Scholars Press, 1981.

_____. *The Apocrypha and Pseudepigrapha of the Old Testament in English*; E. Kautzsch, ed., Die Apokryphen und Pseudepigraphen des Alten Testament. Hildesheim: Georg Olms, 1962[1900].

Conzelmann, H. *The Theology of St. Luke*, trans. G. Buswell. New York: Harper & Row, 1960.

Crossan, J. D. *The Cross that Spoke: The Origins of the Passion Narrative*. San Francisco: Harper & Row, 1988.

Culpepper, R. A. *Anatomy of the Fourth Gospel: A Study in Literary Genre*. Philadelphia: Fortress, 1983.

Dibelius, M. "The Speeches in Acts and Ancient Historiography." In *Studies in the Acts of the Apostles*, trans. M. Ling, 138-85. London: Charles Scribner's Son, 1956.

_____. *Die Formgeschichte des Evangeliums* (1919), *From Tradition to Gospel*. N.Y.: Charles Scribner's Sons, 1935.

Dodd, C. H. *According to the Scripture: The Sub-structure of New Testament Theology*. London: Nisbet, 1952.

_____. *The Apostolic Preaching and Its Development*. New York: Harper, 1964.

Doty, W. G. *Contemporary New Testament Interpretation*. Englewood Cliffs, Prentice-Hall, 1972.

Easton, B. S. *The Purpose of Acts*. London, 1936.

Ehrman, B. D., and M. W. Holmes, eds., *The Text of the New Testament in Contemporary Research: Essays on the Status*. Grand Rapids, MI: Eerdmans, 1995.

Elliot, John H. *1 Peter: Estrangement and Community*. Chicago: Franciscan Herald, 1979.

_____. *What is Social-Scientific Criticism?* Philadelphia: Fortress, 1993.

Evans, C. A. "Midrash." In *Dictionary of Jesus and the Gospels,* ed. Joel B. Green, Scot Mcknignt, I. Howard Marshall, 544-545. Downers Grove: InterVarsity Press, 1992, .

Farmer, W. *The Synoptic Problem: A Critical Analysis*. New York: Macmillan, 1964.

Fiore, B. " 'Covert Allusion' in 1 Corinthians 1-4." *CBQ* 47 (1985): 85-104.

Fitzmyer, Joseph A. *(The) Acts of the Apostles*. N.Y.: Doubleday, 1982.

Fowler, R. "The Rhetoric of Indirection in the Gospel of Mark." *PEGLAMBS* 5 (1985): 47-56.

Franzmann, M. *Jesus in the Nag Hammadi Writings*. Edinburgh: T. &T. Clark, 1996.

Funk, R. *Language, Hermeneutics and Word of God*. New York: Harper & Row, 1966.

Gadamer, H. G. *Truth and Method.* London: Shees & Ward, 1975.

Gager, J. G. *Kingdom and Community: The Social World of early Christianity.* Englewood Cliffs, N.J.: Prentice-Hall, 1975.

Goldingay, J. *Models for Scripture.* Grand Rapids: Eerdmans, 1994.

Gottwald, Norman K. *The Tribes of Yahweh; A Sociology of the Religion of Liberated Israel, 1250-1050 B.C.E.* Maryknoll, N.Y.: Orbis Books, 1979.

Grant, R. M. *A Short History of the Interpretation of the Bible.* Minneapolis: Fortress Press, 1984.

Gunkel, H. *The Psalms.* Philadelphia: Fortress, 1967.

Habermas, J. "Der Universalitätsanspruch der Hermeneutik." In *Hermeneutik und Ideologiekritik.* Theorie-Diskusion, 120-59. Frankfurt am Main, 1971.

Haenchen, E. *The Acts of the Apostles.* Oxford: Basil Blackwell, 1985.

Hays, John H. ed., *Methods of Biblical Interpretation.* Nashvill: Abingdon Press, 2004.

Hester, James D. "The Rhetorical Structure of Galatians 1:11-2:14." *JBL* 103 (1984): 223-33.

Hock, Ronald F. "The Greek Novel," in *Greco-Roman Literature and the New Testament*, ed. D. Aune, Chapter 7. SBL Sources for Biblical Study 21. Atlanta: Scholars Press, 1988.

Jackson, F. J. Foakes., and K. Lake, *The Acts of the Apostles.* Grand Rapids: Baker Books, 1979.

Kearley, F. F. *Biblical Interpretation: Principles and Practice.* Grand Rapids: Baker Book House, 1986,

Kee, H. C. *Jesus in History: An Approach to the Study of the Gospels.* N. Y.: Harcourt Braco Jovanovich, Inc., 1971.

Kelber, W. ed., *The Passion in Mark: Studies on Mark 14-16.* Philadelphia: Fortress, 1976.

Kennedy, G. *New Testament Interpretation through Rhetorical Criticism.* Chapel Hill: University of North Carolina Press, 1985.

Kennedy, G. *Classical Rhetoric and its Christian and Secular Tradition from Ancient to Modern Time.* Chapel Hill: The University of North Carolina Press, 1980.

Kingsbury, J. D. *Matthew as Story.* Minneapolis: Fortress, 1988.

Lemke, S. "The Inspiration and Truthfulness of Scripture." In B. Corley, S. Lemke, G. Lovejoy, *Biblical Hermeneutics: A Comprehensive Introduction to Interpreting Scripture,* 149-54. Nashville: Broadman Pub., 1996,

Lewis N., and Reinhold, eds, *Roman Civilization II.* New York: Harper & Row, 1955.

Macdonald, D. R. *(The) Homeric Epics and the Gospel of Mark.* New Haven: Yale University Press, 2000.

Mack, B. *A Myth of Innocence: Mark and Christian Origins.* Philadelphia: Fortress, 1988.

Malherbe, A. "Exhortation in First Thessalonians." *NovT* 25 (1983): 238-56.

Malina, Bruce. *The New Testament World: Insights from Cultural Anthropology.* Atlanta: John Knox Press, 1981.

Marxsen, W. *Mark the Evangelist: Studies on the Redaction History of the Gospel,* trans., J. Boyce, W. Poehlmann, and R. A. Harrisville. Nashville: Abingdon, 1969.

Mass, P. *Textual Criticism.* Oxford: Clarendon Press, 1958.

Meeks, Wayne. *The First Urban Christians: The Social World of the Apostle Paul.* New Haven, Conn.: Yale University Press, 1983.

Metzger, B. M. *The Text of the New Testament: Its Transmission, Corruption and Restoration.* New York: Oxford University Press, 1992.

Muilenburg, J. "Form Criticism and Beyond." *JBL* 88 (1969): 1-18.

Mulholland, Jr., M. Robert. "Sociological Criticism." In *Interpreting The New Testament: Essay on Methods and Issues.* Nashville: Broadman & Holman, 2001, 171-174.

Murphy, J. J. *Rhetoric in the Middle Ages. A History of Rhetorical Theory from St. Augustine to the Renaissance.* Berkley, C.A.: University of California, 1974.

Noth, M. *(A) History of Pentateuchal Tradition.* Atlanta: Scholars Press, 1981.

Osborne, Grant R. (The) Hermeneutical Spiral: A Comprehensive Introduction to Biblical Interpretation. S.A.: InterVarsity Press, 1991.

Patton, J., and V. Robbins, "Rhetoric and Biblical Criticism." QJS 66 (1980): 327-36.

Pearson, Birger A. "Nag Hammadi Codices." ABD, vol 4. Doubleday, 1992, 984-91.

Perkins, Pheme. "Logos Christologies in the Nag Hammadi Codices." VC 35 (1981): 379-396.

_____. "New Testament Christologies in Gnostic Transformation." In (The) Future of Early Christianity: Essays in Honour of Helmut Koester, 433-41.

Pervo, Richard I. "Wisdom and Power: Petronius' Satyricon and the Social World of Early Christianity." ATR 67 (1985): 311-13.

Powell, M. A. What is Narrative Criticism?. Minneapolis: Fortress, 1990.

Ramm, Bernard. Protestant Biblical Interpretation. Grand Rapids: Baker, 1970,

Reardon, B. P, ed., Collected Ancient Greek Novels. L.A.: University of California Press, 1989.

Rhodes, D., and D. Michie, Mark as Story. Philadelphia: Fortress, 1982.

Ricoeur, P. Essays on Biblical Interpretation. Philadelphia: Fortress, 1980.

Riley, G. One Jesus, Many Christs. HarperSanFrancisco, 1977.

Robbins, Vernon K. "By Land and by Sea: The We-Passages and Ancient Sea Voyages." In Perspectives on Luke-Acts, ed. C. H. Talbert. Danville, 215. 242. Va.: National Association of Baptist Professors of Religion, 1978.

Robbins, V. Jesus the Teacher: A Socio-Rhetorical Interpretation of Mark. Philadelphia: Fortress, 1984.

Robinson, James, ed., The Nag Hammadi Library in English. N.Y.: E. J. Brill, 1988.

Robinson, J. M., and J. Cobb, eds., The New Hermeneutics. New York: Harper & Row, 1964.

Robinson, J. A. T. "The Baptism of John and the Qumran Community." HTR 50 (1957): 175-76.

Roetzel, Calvin J. The Letters of Paul: Coversations in Context. Westminster: John Knox, 1991,

Rogerson, J. W., and Werner G. Jeanrond, "History of Interpretation." In ed. Joel B. Green, Scot Mcknight, I. Howard Marshall, *Dictionary of Jesus and the Gospels*, 424-443. Downers Grove: InterVarsity Press: 1992.

Rowley, H. H. *The Relevance of Apocalyptic*. London: Athlone, 1944.

Quispel, Gilles. "The Gospel of Thomas and the New Testament." *VC* 11 (1957): 189-207.

Scroggs, R. "Can New Testament Theology be Saved? The Threat of Contextuality." *USQR* 42/1-2 (1988): 17-31

Silva, M. *Has the Church Misread The Bible?: The History of Interpretation in the Light of Current Issues*. Grand Rapids: Zondervan, 1987.

Smith, Dennis E. *From Symposium to Eucharist: The Banquet in the Early Christian World*. Minneapolis: Fortress, 2003.

Smith, Dennis E. "Social Obligation in the Context of Communal Meals." Diss. Harvard, 1980, 101-77.

Snodgrass, Klyne. "The Use of the Old Testament in the New." In ed. David A. Black and David S. Dockery, *Interpreting the N.T.: Essays on Methods & Issues*, 209-29. Nashville: Broadman & Holman Publishers, 1991.

Sparkes, A. Brian. "Kottabos: An Athenian After-Dinner Game." *Archaeology* 13 (1960): 202-7.

Stendahl, K. *(The) Scrolls and the N.T.*. New York: Harper, 1957

Stenger, Werner. *Introduction to New Testament Exegesis*. Grand Rapids: W. B, Eerdmans Publishing, 1987.

Sternberg, M. *The Poetics of Biblical Narrative*. Bloomington: Indian UP, 1987.

Streeter, B. H. *The Four Gospels: A Study of Christian Origins*. New York: Macmillan, 1926.

Tajra, H. W. *The Trial of St. Paul: A Juridical Exegesis of the Second Half of the Acts of the Apostles*. J. C. B. Mohr; Tübingen, 1989.

Talbert, C. H. *Literary Patterns, Theological Themes and the Genre of Luke-Acts*. Missoula: Scholars Press, 1974.

Tannehill, R. C. *(The) Narrative Unity of Luke-Acts*. Philadelphia: Fortress, 1986.

Taylor, V. *(The) Formation of the Gospel Tradition*. London: Macmillan and Co.,
1960.

Theissen, Gerd. *The Sociology of Early Palestinian Christianity*. Philadelphia:
Fortress, 1978.

Tuckett, C. M. *Nag Hammadi and the Gospel Tradition: Synoptic Tradition in the
Nag Hammadi Library*. Edinburgh: T. & T. Clark, 1986.

Vermes, G. *The Dead Sea Scrolls in English*. New York: Penguin Books, 1987.

Vermes, G. *The Dead Sea Scroll. Qumran in Perspective*. Philadelphia: Fortress,
1981.

Via Jr., D. O. *The Parables: Their Literary and Existential Dimension*. Philadelphia:
Fortress, 1967.

Virkler, Henry A. *Hermeneutics: Principles and Process of Biblical Interpretaion*.
Grand Rapids: Baker Academic, 2007.

von Rad, G. *The Problem of the Hexateuch and Other Essays, 1-78*. Edinburgh
and London: Oliver & Boyd, 1966.

Watson, D. F. "Rhetorical Criticism of the Pauline Epistles since 1975." *Currents in
Research: Biblical Studies* 3 (1995): 232-34.

Wenham, David., and Steve Walton, *Exploring the New Testament: A Guide to the
Gospels & Acts*. Downers Grove, Illinois: InterVarsity Press, 2001.

West, M. L. *Textual Criticism and Editorial Technique*. Stuttgart: Teubner, 1973.

Wilder, A. *Early Christian Rhetoric*. Peabody: Hendrickson, 1971.

Wills, L. "The Form of the Sermon in the Hellenistic Judaism and Early
Christianity." *HTR* 77 (1984): 277-99.

Witherington III, Ben. *The Acts of the Apostles: A Socio-Rhetorical Commentary*.
Michigan: Grand Rapids, 1998.

Wuellner, Wilhelm. "Where is Rhetorical Criticism Taking Us?." *CBQ* 49 (1987):
455-458.

고든 웬함. 「창세기 16-50 」, *World Biblical Commentary*, 윤상문. 황수철 옮김. 솔
       로몬, 2001.

게르하르트 폰 라드. 「창세기」, 한국신학연구소 역. 한국신학연구소, 1983.

C. 마빈 패트, 「사해사본과 신약성서」, 유태엽 옮김 (감신대출판부, 2008),

메쯔거, 「사본학, 강유중 역. 기독교문서선교회, 1979.

벌튼 맥. 「수사학과 신약성서」, 유태엽 역. 나단출판사, 2001.

이레인 페이젤스. 「숨겨진 복음서 영지주의」, 하연희 옮김. 루비박스, 2006.

강성열, 오덕호, 정기철. 「성서해석학 입문」. 대한기독교서회, 2002.

민경식. 「신약성서, 우리에게 오기까지」. 대한기독교서회, 2008.

유태엽. 「마가복음:해석과 적용」. 고려글방, 2008.

_____. 「복음서 이해」. 감신대출판부, 2005.

_____. 「마태의 신학」. 감신대출판부, 2008.

_____. "헬라의 심포지움과 누가의 혁명적 예수 상." [신학과 세계] 48 (2003): 133-
       156.

_____. "누가의 수사학적 역사기술에 대한 소고: 행 24:1-21를 중심으로." [신학과
       세계] 43 (2001, 가을호): 131-152.

성서 해석의
길잡이

초판 1쇄 2010년 5월 10일
   4쇄 2021년 10월 19일

유태엽 지음

발 행 인 이 철
편 집 인 한만철
펴 낸 곳 도서출판kmc

  서울특별시 종로구 세종대로 149 감리회관 16층
  (재)기독교대한감리회 도서출판kmc
  전화 02-399-2008 팩스 02-399-2085
  www.kmcpress.co.kr

인   쇄 리더스커뮤니케이션

ISBN 978-89-8430-470-3 03230

값 10,000원